W0110440

HEINER ULLRICH

RUDOLF STEINER

HEINER ULLRICH

RUDOLF STEINER

LEBEN UND LEHRE

C.H.BECK

Mit 24 Abbildungen

©Verlag C.H.Beck oHG, München 2011
Gesetzt aus der Bembo und Optima bei Amann, Aichstetten
Druck und Bindung: GGP Media GmbH, Pößneck
Gedruckt auf säurefreiem, alterungsbeständigem Papier
(hergestellt aus chlorfrei gebleichtem Zellstoff)
Printed in Germany
ISBN 978 3 406 61205 3

www.beck.de

Inhalt

Zweites Kapitel
Die Lehre

Drittes Kapitel
Rezeption und Kritik

Viertes Kapitel
Der größte Erfolg: Die Waldorfpädagogik

**Nachwort
Steiner als Lebensreformer** 243

Anhang

Einleitung

Das Rätsel Steiner

Kaum eine andere intellektuelle Persönlichkeit des frühen zwanzigsten Jahrhunderts hat eine so starke und immer noch zunehmende erziehungs- und lebensreformerische Wirkung entfaltet und dabei eine vergleichsweise so geringe Beachtung in der wissenschaftlichen Öffentlichkeit gefunden wie Rudolf Steiner. Seine Reformimpulse wirken weltweit, nicht nur im Bereich der Waldorfschulen, sondern auch auf den Gebieten der heilpädagogischen und sozialtherapeutischen Arbeit, der alternativen Medizin, der biologisch-dynamischen Landwirtschaft, der betrieblichen Organisation, der darstellenden und bildenden Künste sowie der Architektur. Es gibt wohl auch kaum einen anderen Lebensreformer, dessen Denken und Wirken seit langem so kontrovers beurteilt wird. Das Spektrum der Reaktionen auf Rudolf Steiner reicht von enthusiastischer Bewunderung bis hin zu Verachtung. Vor allem seine anthroposophische Schülerschaft verehrt Steiner als den «vielleicht genialsten ‹eingeweihten› Universalisten unseres Jahrhunderts» (Schreiner 1983, 12). Andere versuchen pragmatisch, immerhin innovative Potentiale anzuerkennen. Und von Seiten vehementer Kritiker werden Steiners ideelle Grundlagen infrage gestellt und als bloßer Synkretismus demontiert.

Wer sich über das Wirken Rudolf Steiners ein eigenes Urteil bilden möchte, sieht sich früher oder später zur Auseinandersetzung mit seiner Lehre über den Menschen und dessen Stellung in Natur und Gesellschaft genötigt. Sie ist niedergelegt in den zahlreichen

Schriften und in dem gigantischen rhetorischen Werk, jenen zahllosen Vorträgen, die Rudolf Steiner – über zwei Jahrzehnte lang unermüdlich reisend – nicht nur in Deutschland, Österreich und in der Schweiz, sondern unter anderem auch in Skandinavien, Italien, Ungarn, Frankreich, in den Niederlanden und in Großbritannien gehalten hat. Die Rudolf-Steiner-Gesamtausgabe ist bislang auf einen Umfang von rund 400 Bänden konzipiert und liegt zum allergrößten Teil nur in deutscher Sprache vor. Nicht nur das Volumen des Steinerschen Opus, sondern auch seine unterschiedlichen Bestandteile und deren Genese erschweren das Studium und eine adäquate Rezeption seiner Auffassungen. Während sich zum Beispiel die philosophisch ausgerichteten Frühschriften Steiners an einen breiten fachlich kompetenten Leserkreis richten und seine übrigen Publikationen das weltanschauliche und lebensreformerische Programm der Anthroposophie für die Öffentlichkeit entfalten, besteht der größte Teil des Vortragswerkes aus unkorrigierten und unautorisierten Mitschriften seiner Zuhörer in den inneren Zirkeln seiner Anhängerschaft.

Das vielleicht größte Hindernis für eine wissenschaftliche Auseinandersetzung mit Rudolf Steiner liegt jedoch in seiner oft fremdartig-esoterisch anmutenden, eher bildhaften als begrifflichen Terminologie, mit der er sich auf die «übersinnlichen Wesenheiten» bezieht, die für sein umfassendes Verständnis des Menschen grundlegend sind.

Angesichts dieser Hürden scheint es am einfachsten, den Zugang zu Werk und Wirkung Rudolf Steiners über seine intellektuelle Biographie zu suchen. Dieser Weg liegt schon deshalb nahe, weil Steiner auf dem Höhepunkt seines öffentlichen Wirkens im Dezember 1923 damit begann, seine Memoiren zu verfassen (siehe GA 28). Wegen seines unerwarteten Todes im Frühjahr 1925 fließt der Strom seiner unvollendeten Lebenserinnerungen allerdings nur bis in den Mai des Jahres 1907.

Die Autobiographie des charismatischen weltanschaulichen Führers Steiner trägt angesichts der heftigen zeitgenössischen Kritik unverkennbar apologetische Züge. Sie betont vor der eigenen Anhängerschaft die innere Kontinuität eines Lebenslaufes, der für viele Außenstehende eher von Brüchen und Wandlungen gekennzeichnet scheint. Obwohl Steiners Lebenserinnerungen fragmentarisch geblieben sind und mancherlei harmonisierende Selbstdarstellungen enthalten, muss man *Mein Lebensgang* jedoch als die wichtigste Quelle für ein intellektuelles Porträt Steiners betrachten.

Das zweibändige biographische Standardwerk von Christoph Lindenberg aus dem Jahr 1997 übernimmt mit vielerlei Ergänzungen Steiners Selbstdeutung seines «äußeren» Lebens als eines Aufstiegs aus Armut und Verkennung zum Erfolg und seines «inneren» Lebens als eines fortschreitenden Prozesses der Selbsterkenntnis, der zunächst von Ideen und dann zunehmend durch übersinnliche kosmische Wesenheiten und Schicksalsverkettungen bestimmt ist. Die von Nicht-Anthroposophen immer wieder hervorgehobenen Ambivalenzen und Diskontinuitäten in Steiners Einstellung zu den zeitgenössischen Ideen Ernst Haeckels und Friedrich Nietzsches, zu Anarchismus, Christentum und Theosophie werden von Lindenberg jedoch kaum beachtet und erst recht nicht problematisiert.

Eine quellenkritische Biographie, die auch die krisenhaften Momente in Steiners Lebenslauf, etwa die Diskontinuitäten zwischen seiner frühen «goetheanisch»-idealistischen und seiner späteren theosophisch-anthroposophischen Lebensphase, klarer akzentuiert, bleibt also weiterhin ein Desiderat. Bis sie vorliegt, kann das im Jahre 2007 erschienene monumentale Werk des Wissenschaftshistorikers Helmut Zander über *Anthroposophie in Deutschland* auf einer breiten Quellengrundlage hierzu die einstweilen zuverlässigsten Befunde präsentieren (siehe Zander 2007, 553 ff.).

Das Rätsel Steiner

Der Anspruch des vorliegenden Buches ist bescheidener: Es will auf dem neuesten Forschungsstand und mit größtmöglicher Fairness in das Leben und die Entwicklung der Lehre Rudolf Steiners einführen. Ein besonderer Akzent liegt dabei auf der Waldorfpädagogik, über die heute die meisten Menschen mit der Anthroposophie in Kontakt kommen. Viele von ihnen werden – aus einer kritischen, aber nicht polemischen Außenperspektive – genauer wissen wollen, was es mit der Lehre des Rudolf Steiner auf sich hat.

Erstes Kapitel

Lebensgang und Gedankenwelt

Kindheit und Jugend in der Fremde

Rudolf Steiner wurde am 25. Februar 1861 in dem Dorf Kraljevec (heute in Kroatien, damals in Ungarn gelegen) als erstes von
drei Kindern eines österreichischen Bahntelegraphisten in be-
scheidenen, bildungsfernen Verhältnissen geboren und nach rö-
misch-katholischem Ritus getauft. Als der kleine Rudolf das Licht
der Welt erblickte, brach in den fernen Vereinigten Staaten von
Amerika der Bürgerkrieg aus, und im benachbarten Italien wurde
gerade die nationale Einigung vollendet, während die englische
Krone schon im dritten Jahr die politische Herrschaft über Indien
ausübte. Als berühmte Mitbürger Steiners in der Donaumonarchie wurden etwa zur selben Zeit Sigmund Freud (1856), Edmund
Husserl (1859) und Gustav Mahler (1860) geboren. Zu seinen Ge-
nerationsgefährten und Zeitgenossen im weiteren Sinne darf man
auch die Philosophen Henri Bergson (1859) und Benedetto Croce
(1866) in Europa und John Dewey (1859) und George Herbert
Mead (1863) in Nordamerika zählen, ebenso die soziologischen
Klassiker Emile Durkheim (1858) und Max Weber (1864), die pädagogischen Reformer Cecil Reddie (1858) in England, Berthold
Otto (1859) in Deutschland, Jane Addams (1860) in den Vereinigten Staaten und Maria Montessori (1870) in Italien oder den spa-
nischen Architekten Antonio Gaudí (1852).

Rudolf Steiners Eltern Franziska Steiner (1834–1918) und Johann Steiner
(1829–1910). Seine Mutter beschrieb Steiner als eine stille Frau, die sich
ganz Haus und Garten hingab, den Vater als einen wohlwollenden Mann
mit einem zuweilen aufbrausenden Temperament.

Im Gegensatz zu den meisten von ihnen wuchs Rudolf Steiner
nicht im kunstsinnigen städtischen Bildungsbürgertum auf, sondern im besitzlosen kleinbürgerlich-ländlichen Milieu und in der
sprachlichen Diaspora. Als Österreicher in der Fremde geboren,
als ein Auswärtiger im Dorf und wegen seiner intellektuellen Interessen ein Fremdling im Elternhaus: so erlebte Rudolf Steiner
seine Kindheit und Jugend. Geographische und soziale Heimat-
losigkeit kennzeichnete auch seinen weiteren Lebensweg. Die elf
Stationen seines Lebens und Wirkens, die ihn über Wien nach
Weimar, Berlin, Stuttgart und schließlich nach Dornach bei Basel
in die Schweiz führten, ließen ihn nirgendwo feste Wurzeln schlagen. Einen festen Wohnsitz, ein eigenes Haus und einen soliden
bürgerlichen Beruf erwarb Steiner nirgendwo. Und beide Ehen,
die er in seinem späteren Leben schloss, blieben kinderlos.

Lebensgang und Gedankenwelt

Ausschlaggebend für den Lebensweg des jungen Steiner waren seine Lust am Lernen und seine weitgespannten Interessen. Durch seine schulischen Lernerfolge konnte er aus dem dörflichen Milieu herauswachsen und Zugang zum intellektuellen Leben seiner Zeit finden. Sein Vater erkannte früh die Begabung des Sohnes und sorgte dafür, dass er neben dem Unterricht in der Volksschule «Extrastunden» erhielt. Damit sein Sohn die Höhere Schule besuchen und später einmal Eisenbahningenieur werden konnte, ließ sich der Vater an eine Bahnstation in die Nähe von Wiener Neustadt versetzen. Wegen seiner guten Schulnoten wurde Steiner in der lateinlosen, naturwissenschaftlich ausgerichteten Oberrealschule als «Vorzugsschüler» geführt; dadurch mussten seine Eltern kein Schulgeld mehr entrichten. Schon als Fünfzehnjähriger begann er überdies damit, Nachhilfeunterricht zu erteilen und so zu seinem eigenen Unterhalt beizutragen. Seine Maturitätsprüfung, die dem deutschen Abitur entspricht, bestand er «mit Auszeichnung». Damit erfüllte er die Voraussetzung für ein Studienstipendium an einer Technischen Hoch-

Rudolf Steiner als Maturant
(Abiturient) der Oberrealschule
Wiener-Neustadt, 1879

Kindheit und Jugend in der Fremde

schule, das ihm die österreichische Südbahn auf Antrag des Vaters auch prompt gewährte.

Trotz seines schulischen Erfolges blieb jedoch der kulturelle Horizont des jungen Steiner zunächst sehr beschränkt. Den Weg zu Literatur und Geistesgeschichte bahnte sich Steiner unabhängig von der Schule selbst. Als leidenschaftlicher Autodidakt las er sich schon als Schüler in die Philosophie des Deutschen Idealismus (Kant, Herbart u. a.) ein.

Steiner führte sein besonderes Interesse an philosophischen und religiös-weltanschaulichen Fragen in seinen späteren autobiographischen Betrachtungen auf seine von Elternhaus und Schule unbeachtete Fähigkeit zur Erfahrung übersinnlich-geistiger Gegebenheiten zurück, die sich bei ihm angeblich bereits im Alter von sieben Jahren mit der telepathischen Wahrnehmung des Selbstmordes seiner Tante zeigte. Im autobiographischen Rückblick war ihm die Wirklichkeit der geistigen Welt schon früh ebenso gewiss wie die der sinnlichen. Die Spannung zwischen beiden Sphären sollte sein weiteres Leben, Denken und Wirken wie das Hauptthema eine Symphonie durchziehen.

Student und Hauslehrer in Wien (1879–1889)

Ein ungeliebtes Brotstudium

Mit einem Stipendium versehen immatrikulierte sich der naturwissenschaftlich-technisch gebildete, aber viel stärker philosophisch-literarisch interessierte Rudolf Steiner im Jahre 1879 an der Technischen Hochschule in Wien für die Fächer Mathematik, Naturgeschichte und Chemie. Über ein ungeliebtes «Brotstudium» wollte er Realschullehrer werden. Die Tore der ihn eigentlich viel stärker anziehenden Philosophischen Fakultät der Uni-

Student der Mathematik, Naturgeschichte und Chemie:
Rudolf Steiner um 1882

versität Wien blieben dem begabten jungen Studenten verschlossen, weil er nicht die erforderliche gymnasiale Matura in Latein (und Griechisch) erworben hatte.

Als armer und zweitklassiger Student vom Lande fand Steiner nur einen schmalen Zugang zum kulturellen Leben in der Metropole der Donaumonarchie. Die Welt der Aristokratie und des industriellen Großbürgertums, in welcher Johann Strauß mit seinen Operetten gerade rauschende Triumphe feierte, blieb ihm ebenso versperrt wie die des Proletariats in den Arbeitervorstädten. Die komplexen sozialen Problemlagen und stetig sich verschärfenden

Student und Hauslehrer in Wien (1879–1889)

Spannungen in diesem Wiener «Laboratorium der Moderne» registrierte Steiner gleichwohl wach und sensibel. Er befasste sich intensiv mit den politischen Fragen der Zeit, die stark vom erwachenden Nationalismus und Antisemitismus im Vielvölkerstaat Österreich-Ungarn bestimmt waren.

Doch diese Beschäftigung hatte ihren Preis: Steiner beendete sein naturwissenschaftliches Studium im Jahre 1883 ohne Abschluss. Nunmehr mittellos verdiente er sich seinen Lebensunterhalt von 1884 bis 1890 als Hauslehrer und Erzieher in der großbürgerlichen Familie des jüdischen Baumwollimporteurs Ladislaus Specht in Wien. Hier hatte er vier Knaben zu erziehen, wobei ihm insbesondere die Erziehung und Förderung des jüngsten, an Hydrocephalus – «Wasserkopf» – leidenden Sohnes anvertraut wurde. Im Laufe der Zeit gelang es ihm, den Knaben so zu fördern, dass er das Lernpensum der Volksschule nachholen und das Gymnasium regulär absolvieren konnte.

So ernst der Hauslehrer seine pädagogische Alltagsarbeit auch nahm, band sie keineswegs alle seine intellektuellen Energien. Steiner suchte – und fand – Anschluss an Gleichgesinnte. Die literarischen und weltanschaulichen Kreise, in denen der junge Steiner damals – insbesondere im Umfeld der Dichterin Marie Eugenie delle Grazie (1864–1931) – verkehrte, waren überwiegend von einer rückwärtsgewandten idealistischen und spätromantischen Atmosphäre und von katholisch-theologischen Orientierungen bestimmt. Und so stand auch Steiner selbst, der sich nebenher als Theaterkritiker und Redakteur einer deutsch-national gesonnenen politischen Zeitschrift versuchte, den vielen Gestalten des Fortschritts – zur gleichen Zeit und am gleichen Ort entwickelte Sigmund Freud die Grundlagen der Psychoanalyse – höchst skeptisch gegenüber. In die letzten Jahre seiner Wiener Zeit fielen auch erste Kontakte zur Gruppe der Theosophen, zu deren Ideen Steiner zunächst eine entschieden ablehnende Haltung einnahm.

Lebensgang und Gedankenwelt

Ein idealistisches Credo

Während seiner Wiener Studien- und Hauslehrerzeit begann Steiner damit, sich philosophierend mit dem «Geist seiner Zeit» auseinanderzusetzen und eine eigene weltanschauliche Position zu beziehen, die sich als evolutionärer objektiver Idealismus bezeichnen lässt. Das philosophische Denken in Mitteleuropa war in der zweiten Hälfte des neunzehnten Jahrhunderts durch die Tendenzen der «Verleiblichung» und der Verwissenschaftlichung geprägt. Seit dem Zusammenbruch des Idealismus nach Hegels Tod war die Vernunftmetaphysik fraglich geworden, und es setzte sich mit den philosophischen Lehren Schopenhauers und Nietzsches bis hin zur Psychoanalyse Freuds die Auffassung durch, dass die Vernunft nicht mehr das Erste und Mächtigste sei, was das Handeln bestimmt, sondern vielmehr der Wille im Sinne eines dunklen Dranges der Begierden und Triebe. Damit wurde nicht mehr der Geist, sondern der Leib ausdrücklich als maßgeblich gesetzt; denn dieser ist der Träger des Willens. Nicht mehr die Vergeistigung, sondern die Verleiblichung ist die Aufgabe, die dem Menschen nach Nietzsche gestellt ist. Auch in der materialistischen Geschichtsdeutung durch Karl Marx ist nicht mehr die sich entfaltende Vernunft wie bei Hegel der Bestimmungsfaktor der Geschichte, sondern der jeweilige Stand der Produktivkräfte, der sich von der ökonomischen Wissenschaft objektiv bestimmen lässt. Geschichtsrelevantes Handeln entspringt auch nicht mehr dem Bewusstsein einzelner, sondern den materiellen Interessen der sozialen Klassen.

Parallel zu dieser Entthronung der idealistischen Metaphysik veränderte sich im Laufe des neunzehnten Jahrhunderts auch das Verhältnis von Philosophie und Wissenschaft. Beide entfremdeten sich zunehmend voneinander. Bis zur Philosophie des Idealismus bei Hegel und Schelling hatte die Naturwissenschaft mit der Philosophie eine Einheit gebildet, weil es beiden um die Erkenntnis der Grundlagen und der ewigen Ordnung der Welt ging. Die Naturwissenschaft erhielt ihren Rang erst, wenn sie von der Philosophie auf ein systematisch begründetes Fundament gestellt wurde. Mit dem Siegeszug der exakten Naturwissenschaften im neunzehnten Jahrhundert, der wesentlich auf der Abwendung von den idealistischen Systemen und auf einer Vergleichgültigung der Frage nach dem Wesen der Dinge beruhte, trennten sich die Wege.

Die rasante eigenständige Entwicklung der Wissenschaft wurde nach der Jahrhundertmitte von den Zeitgenossen als ein sich ständig beschleunigender Erkenntnisfortschritt und als eine explosionsartige Vermehrung von Spezialwissen erfahren, das anders als noch zur Zeit Goethes und Hegels für eine einzelne Person nicht mehr überschaubar war. Philosophie erschien nun vielen nur noch als Erkenntnis- und Wissenschaftstheorie möglich. Ein allumfassendes wissenschaftliches Weltbild wurde zur Sache von Dilettanten und Wissenschaftspopularisatoren. Zur Befriedigung der Sinnbedürfnisse, die das spezialisierte und professionell erzeugte wissenschaftliche Wissen nicht mehr stillen konnte, entstanden neue Weltanschauungen, die im Unterschied zu den überlieferten religiösen Glaubenslehren mit dem Anspruch auf Wissenschaftlichkeit auftraten.

Die populärste wissenschaftliche Weltanschauung des letzten Jahrhundertdrittels war der Evolutionismus, der sich auf Darwins Forschungen über «Die Entstehung der Arten» berief. Zu Rudolf Steiners Studienzeit war für viele seiner gebildeten Zeitgenossen die Überzeugung maßgebend, dass nicht mehr Religion und Philosophie, sondern die Naturwissenschaft das eigentliche Terrain sei, auf dem sich der denkende Mensch zu bewegen habe. Die Humanisierung der Kultur durch das wissenschaftliche Denken sei der Sinn der Geschichte, der sich aus der Evolution alles Lebendigen ergebe. Der weltanschauliche Evolutionismus verknüpfte erneut Wissenschaft mit Metaphysik, weil er wie die frühere idealistische Geschichtsphilosophie plausibel machte, dass die Entwicklung «nach oben» zu umfassender Humanität führte. Diese Teleologie wird jedoch nicht durch die Objektivierung des Geistes bestimmt, sondern ergibt sich – so suggerieren ihre Verfechter – empirisch aus dem Gang der Natur selber.

Der erfolgreichste Streiter für diesen weltanschaulichen Evolutionismus war der an der Universität Jena lehrende Zoologe Ernst Haeckel (1834–1919). Von der Abstammungslehre Darwins her und auf der Grundlage eigener Studien entwarf Haeckel eine evolutionäre Weltanschauung, die sich mit der monistischen Vorstellung von einer allem Lebendigen zugrunde liegenden sowohl materiellen als auch ideellen Substanz eng an die idealistische Naturauffassung Goethes anlehnte. In Haeckels populärwissenschaftlichen Schriften wurde der Begriff des Monismus zur Chiffre für eine freireligiöse Weltanschauung, in der sich die moderne naturwissenschaftliche Evolutionslehre mit einer pantheistischen Religiosität verband.

Wie viele andere war auch Rudolf Steiner von Haeckels Monismus und vom Grundgedanken der teleologischen Evolution einer zugleich ideellen und materiellen Ursubstanz stark beeindruckt. Seine ersten philosophischen Notizen und Reflexionen zeigen ihn allerdings zunächst noch stärker einem vordarwinistischen idealistischen All-Einheitsdenken verhaftet, als dessen Gewährsmänner er Denker des Deutschen Idealismus wie Fichte und Schelling bemüht. Kurz vor seinem zwanzigsten Geburtstag schrieb Steiner an einen Freund über seine fundamentale philosophische Intuition:

Es war die Nacht vom 10. auf den 11. Januar, in der ich keinen Augenblick schlief. Ich hatte mich bis ½ 1 Uhr mitternachts mit einzelnen philosophischen Problemen beschäftigt, und da warf ich mich endlich auf mein Lager; mein Bestreben war voriges Jahr, zu erforschen, ob es denn wahr wäre, was Schelling sagt: «Uns allen wohnt ein geheimes, wunderbares Vermögen bei, uns aus dem Wechsel der Zeit in unser innerstes, von allem was von außen hinzukam entkleidetes Selbst zu-

Student und Hauslehrer in Wien (1879–1889)

rückzuziehen und da unter der Form der Unwandelbarkeit das Ewige in uns anzuschauen.» Ich glaubte und glaube nun noch, jenes innere Vermögen ganz klar an mir entdeckt zu haben – geahnt habe ich es ja schon längst; die ganze idealistische Philosophie steht nun in einer wesentlich modifizierten Gestalt vor mir; was ist eine schlaflose Nacht gegen einen solchen Fund. (GA 38, 13)

Steiner brachte in seinen Wiener Jahren die mystisch-religiöse Dimension seines Denkens unverstellt zum Ausdruck. In seinem «Credo – Der Einzelne und das All», das er als Siebenundzwanzigjähriger niederschrieb, wird der Grundriss seiner idealistischen Weltanschauung, die an den Neuplatonismus erinnert, genauer erkennbar. Zentrale Aussagen sind:

Die Ideenwelt ist der Urquell und das Prinzip alles Seins. In ihr ist unendliche Harmonie und selige Ruhe. [...] Die Idee ist der in sich klare, in sich selbst und mit sich selbst sich genügende Geist. [...] Der Mensch aber fühlt und erkennt als Einzelnes sich, wenn er zu seinem vollen Bewusstsein erwacht. Dabei aber hat er die Sehnsucht nach der Idee eingepflanzt. [...] Lasse die Einzelheit dahinfahren und folge der Stimme in Dir, denn sie nur ist das Göttliche! [...] Handelt man «im Geiste», dann lebt man sich hinein das allgemeine Weltwirken. Ertötung aller Selbstheit, das ist die Grundlage für das höhere Leben. Denn wer die Selbstheit abtötet, der lebt ein ewiges Sein. [...] Es gibt vier Sphären menschlicher Tätigkeit, in denen der Mensch sich voll hingibt an den Geist mit Ertötung des Eigenlebens: die Erkenntnis, die Kunst, die Religion und die liebevolle Hingabe [...]. Hat der Mensch sich durch eine der vier Sphären hindurch, aus der Einzelheit heraus, in das göttliche Leben der Idee eingelebt, dann hat er das erreicht, wozu der Strebenskeim in seiner Brust liegt: seine Vereinigung mit dem Geiste; und dies ist seine wahre Bestimmung. (GA 40, 1981, 274 f.)

Steiner sollte in den folgenden Jahren die Möglichkeit und Notwendigkeit der Erfahrung der ewigen Ideenwelt am Beispiel der idealistischen Morphologie des Naturforschers Goethe, aber auch in seinen eigenen «erkenntnistheoretischen» Schriften darlegen.

Credo
Der Einzelne und das All (um 1888)

Die *Ideenwelt* ist der Urquell und das Prinzip alles Seins. In ihr ist unendliche Harmonie und selige Ruhe. Das Sein, das sie mit ihrem Lichte nicht beleuchtete, wäre ein totes, wesenloses, das keinen Teil hätte an dem Leben des Weltganzen. Nur, was sein Dasein von der *Idee* herleitet, das bedeutet etwas am Schöpfungsbaume des Universums. Die Idee ist der in sich klare, in sich selbst und mit sich selbst sich genügende Geist. Das Einzelne muß den Geist in sich haben, sonst fällt es ab, wie ein dürres Blatt von jenem Baume, und war umsonst da.

Der Mensch aber fühlt und erkennt als Einzelnes sich, wenn er zu seinem vollen Bewußtsein erwacht. Dabei aber hat er die Sehnsucht nach der Idee eingepflanzt. Diese Sehnsucht treibt ihn an, die Einzelheit zu überwinden und den Geist in sich aufleben zu lassen, dem Geiste gemäß zu sein. Alles, was selbstisch ist, was ihn zu *diesem* bestimmten, einzelnen Wesen macht, das muß der Mensch in sich aufheben, bei sich abstreifen, denn dieses ist es, was das Licht des Geistes verdunkelt. Was aus der Sinnlichkeit, aus Trieb, Begierde, Leidenschaft hervorgeht, das will nur dieses egoistische Individuum. Daher muß der Mensch dieses selbstische Wollen in sich abtöten, er muß statt dessen, was *er* als Einzelner will, *das* wollen, was der Geist, die Idee in ihm will. Lasse die Einzelheit dahinfahren und folge der Stimme der Idee in Dir, denn sie nur ist das Göttliche! Was man als Einzelner will, das ist am Umfange des Weltganzen ein wertloser, im Strom der Zeit verschwindender Punkt; was man « im Geiste » will, das ist im Zentrum, denn es lebt in uns das Zentrallicht des Universums auf; eine solche Tat unterliegt nicht der Zeit. Handelt man als Einzelner, dann schließt man sich aus der geschlossenen Kette des Weltwirkens aus, man sondert sich ab. Handelt man «im Geiste», dann lebt man sich hinein in das allgemeine Weltwirken. Ertötung aller Selbstheit, das ist die Grundlage für das höhere Leben. Denn wer die Selbstheit abtötet, der lebt ein ewiges *Sein*. Wir sind in dem Maße *unsterblich*, in welchem Maße wir in uns die Selbstheit ersterben lassen. Das an uns Sterbliche ist die Selbstheit. Dies ist der wahre Sinn des Ausspruches: «Wer nicht *stirbt*, bevor er *stirbt*, der *verdirbt*, wenn er *stirbt*.» Das heißt, wer nicht die Selbstheit in sich aufhören läßt während der Zeit seines Lebens, der hat keinen Teil an dem allgemeinen Leben, das unsterblich ist, der ist nie dagewesen, hat kein wahrhaftes Sein gehabt.

Es gibt vier Sphären menschlicher Tätigkeit, in denen der Mensch sich voll hingibt an den Geist mit Ertötung alles Eigenlebens: die Erkenntnis, die Kunst, die Religion und die liebevolle Hingabe an eine Persönlichkeit im Geiste. Wer nicht wenigstens in einer dieser vier Sphären lebt, lebt überhaupt nicht. *Erkenntnis* ist Hingabe an das Universum in Gedanken, *Kunst* in der Anschauung, *Religion* im Gemüte, *Liebe* mit der Summe aller Geisteskräfte an etwas, was uns als ein für uns schätzenswertes Wesen des Weltganzen erscheint. Erkenntnis ist die geistigste, Liebe die schönste Form selbstloser Hingabe. Denn Liebe ist ein wahrhaftes Himmelslicht in dem Leben der Alltäglichkeit. Fromme, wahrhaft geistige Liebe veredelt unser Sein bis in seine innerste Faser, sie erhöht alles, was in uns lebt. Diese reine fromme Liebe verwandelt das ganze Seelenleben in ein anderes, das zum Weltgeiste Verwandtschaft hat. In diesem höchsten Sinne lieben, heißt den Hauch des Gotteslebens dahin tragen, wo zumeist nur der verabscheuungswürdigste Egoismus und die achtungslose Leidenschaft zu finden ist. Man muß etwas wissen von der Heiligkeit der Liebe, dann erst kann man von Frommsein sprechen.

Hat der Mensch sich durch eine der vier Sphären hindurch, aus der Einzelheit heraus, in das göttliche Leben der Idee eingelebt, dann hat er das erreicht, wozu der Strebenskeim in seiner Brust liegt: seine Vereinigung mit dem Geiste; und dies ist seine wahre *Bestimmung*. Wer aber im Geiste lebt, lebt frei. Denn er hat sich alles Untergeordneten entwunden. Nichts bezwingt ihn, als wovon er gerne den Zwang erleidet, denn er hat es als das Höchste erkannt.

Lasse die Wahrheit zum Leben werden; verliere Dich selbst, um Dich im Weltgeiste wiederzufinden!

Quelle: Rudolf Steiner: Wahrspruchworte (ca. 1886–1925). GA 40. Dornach 1981, S. 274 f.

Terminologisch dem Geist seiner Zeit huldigend, stellte Rudolf Steiner seinen fachphilosophisch unzeitgemäßen mystisch-vor-kritischen Idealismus als eine «moderne Weltanschauung» dar, die sich durch «Beobachtungs-Resultate nach naturwissenschaftlicher Methode» empirisch beweisen lasse, wie es auf dem Titelblatt der Erstausgabe seiner *Philosophie der Freiheit* aus dem Jahre 1894 heißt. Die mathematisch-naturwissenschaftlichen Studien an der Technischen Hochschule Wien boten Steiner für die Entwicklung seiner philosophisch-weltanschaulichen Fragen nicht den geeigneten Raum. Diesen fand er schon früh in den von ihm zusätzlich belegten Vorlesungen des Literaturwissenschaftlers und Volkskundlers Karl Julius Schröer. Dieser hatte sich vor allem als Mundartforscher profiliert, der die Dialekte und Volksdichtungen der deutschen Sprachinseln des Balkans erforschte. Die große Leidenschaft des Literaturwissenschaftlers Schröer aber gehörte Goethe und seiner Zeit. Rudolf Steiner sah mit Schröers Augen die Größe und Erhabenheit der Goethezeit und begriff wie sein akademischer Lehrer die eigene Gegenwart als eine Zeit des Niedergangs. Schröers idealistische Auffassung kam zugleich Steiners Ringen um die Klärung seiner eigenen Weltanschauung entgegen. Der Literaturwissenschaftler Schröer edierte damals gerade die Dramen Goethes in dem monumentalen Sammelwerk der *Deutschen National-Litteratur*. Er schlug dem Gesamtherausgeber Joseph Kürschner als Bearbeiter für die auf fünf Bände angelegten naturwissenschaftlichen Schriften Goethes den gerade einundzwanzigjährigen Studenten Rudolf Steiner vor. Nachdem Kürschner zugestimmt hatte, entschied sich der philosophische Autodidakt und philologische Laie Steiner für eine wissenschaftliche Karriere, die ihn von Anfang an mit dem Risiko der Mittellosigkeit konfrontierte. Denn auch Steiner musste ja wissen, dass eine solche «Karriere» ohne Promotion in Deutschland und Österreich inzwischen vollkommen unmöglich war.

Student und Hauslehrer in Wien (1879–1889)

Nach einer Talentprobe wurde Steiner 1886 zur Mitarbeit an der bis heute größten Goethe-Edition, der «Weimarer- oder Sophien-Ausgabe», aufgefordert: Er sollte sechs Bände mit den morphologischen Schriften Goethes textkritisch edieren. Im Sommer 1889 reiste er zum ersten Mal nach Weimar, in die Stadt der Klassiker Goethe, Schiller und Herder, um seine künftige Arbeitsstätte und seinen Aufgabenbereich kennenzulernen. Im Jahre 1890 begann er mit der Editionsarbeit.

Archivar in Weimar (1890–1896)

Die Philosophie der Goetheschen Naturforschung

Von 1890 bis 1896 wirkte Steiner als schlecht bezahlter freier Mitarbeiter am Goethe- und Schiller-Archiv in der kleinen thüringischen Residenzstadt Weimar. In einem geistigen Höhenflug begann er damit, aus dem unaufgearbeiteten Material die fünf Bände der naturwissenschaftlichen Schriften Goethes für die «Sophien-Ausgabe» zu edieren. Schon bald wurde die anfangs von ihm als faszinierend empfundene Archivarbeit für ihn jedoch zur Qual. Denn er verstand sich bei seiner Aufgabe nicht primär als quellenkritischer Philologe, sondern als philosophischer Sachwalter der völlig im Gegensatz zu den zeitgenössischen experimentell-quantifizierenden Naturwissenschaften stehenden idealistischen Naturforschung Goethes. Während diese bei den Zeitgenossen Steiners schon in Vergessenheit geraten war oder kaum mehr respektiert wurde, war für ihn «Goethe [...] der Kopernikus und Kepler der organischen Welt» (GA 1, 1949, 95).

Tatsächlich widmete Goethe seinen heute zumeist vergessenen, nur noch wissenschaftsgeschichtlich interessanten naturwissenschaftlichen Studien mehr Zeit als seinen klassisch gewordenen

Archivar und Sachwalter
der Goetheschen
Naturforschung:
Rudolf Steiner
in Weimar, um 1892

Dichtungen. Deshalb darf man ihn mit Recht als einen Naturforscher bezeichnen, der auch Dichter war. Bis ins hohe Alter interessierten ihn naturwissenschaftliche Probleme auf das Lebhafteste: Die letzten Seiten, die er vor seinem Tode im März 1832 niederschrieb, betrafen das biologische Problem der Evolution und Konstanz der Arten. Goethe hat in ganz unterschiedlichen Bereichen der Naturwissenschaften geforscht: der Optik (Farbenlehre), der Geologie und Meteorologie, der Botanik und der Zoologie (Morphologie). Die Naturwissenschaften waren zu seiner Zeit noch nicht zur professionalisierten Forschung von Spezialisten in der Scientific Community ausdifferenziert, sondern galten als ein Bereich der allgemeinen Bildung. Den wesentlichen Gewinn der naturwissenschaftlichen Erkenntnisse sah auch Goethe primär in der Steigerung der Selbsterkenntnis.

Die Voraussetzung für diese Ansicht Goethes und vieler seiner

Zeitgenossen war die Annahme einer inneren Verwandtschaft von Mensch und Natur. In seiner Farbenlehre brachte Goethe diesen Grundsatz als die Verwandtschaft von Licht und Auge auf den Begriff. In den Zahmen Xenien heißt es mit dem Neuplatoniker Plotin: «Wär' nicht das Auge sonnengleich, die Sonne könnt' es nie erblicken.» In seiner Morphologie ging Goethe davon aus, dass sich der Bildungsprozess der organischen Gestalten im Menschen vollende. Die Natur wird in der Nachfolge Spinozas nicht nur als gegebene Dingwelt im Sinne eines fertigen Produkts *(natura naturata)* betrachtet, sondern auch als der permanente tätige Prozess der Hervorbringung der Gestalten *(natura naturans)* verstanden. Deshalb muss der Naturforscher über die Kenntnis der Gesetzmäßigkeiten zwischen den Produkten der Natur hinausgehen und diese als Werke einer produzierenden Kraft verstehen, welche allen Wesen ihre Form gibt. Der adäquate Weg zur Erfassung der Gestaltungskräfte, die in den Naturphänomenen zum Ausdruck kommen, ist nicht die objektivierende Messung und Abstraktion, sondern das tief eindringende Verstehen durch inneren Mitvollzug – die «gleichstellende Erkenntnis» (Jonas Cohn). In der demütigen Anschauung der Gestaltenfülle der Natur erscheinen dem Menschen die Urphänomene und Typen, erscheinen Kontinuität und Wandlung, Maß und Wesen der Dinge. Das «sonnenhafte» menschliche Auge erkennt die Farben als «Taten und Leiden des Lichts» in seiner Auseinandersetzung mit der Finsternis, das Leben in uns versteht das andere Lebendige, der emporstrebende Geist des Menschen erlebt die Steigerung in der Natur. Das uralte Bild vom Menschen als Mikrokosmos ist die Grundlage für Goethes «gleichstellendes Erkennen»: Was der Mensch an Kräften besitzt, gehört der großen All-Natur an und ist zum Organ des Erkennens auszubilden – Sinnesempfindung, Phantasie, exakte Beobachtung und logisches Denken.

Den schärfsten Gegensatz zur gleichstellenden Erkenntnis sieht

Goethe in der «beherrschenden» Methode der mathematisierenden Physik. Denn hier missachte der Forscher das Phänomen und verfüge experimentell über das ihm innerlich fremde Erkenntnisobjekt. Goethe wirft im historischen Teil seiner *Farbenlehre* Newton vor, dass dieser sich bei der Erforschung des Lichts von dem zu untersuchenden Phänomen trenne und dabei die Vorstellung von einer harmonischen, sinnlich unmittelbar erfahrbaren Entsprechung zwischen Mensch und Natur – hier zwischen Auge und Licht – eliminiere. Newtons «beherrschende» Forschungsmethode ziele auf Isolierung, analytische Zergliederung und Messbarkeit des Gegenstandes – hier des Lichts. Die experimentelle und quantifizierende Naturwissenschaft Newtons und seiner Nachfolger «[spannt] die Natur auf die Folter, um sie zu dem Bekenntnis dessen zu nötigen, was er schon vorher bei sich festgesetzt hatte» (Goethe).

Während für Newton die Welt der Phänomene nur den subjektiv-trügerischen Schein einer dahinter verborgenen, nur modellhaft-abstrakt erkennbaren und mathematisch formulierbaren Wahrheit darstellt, offenbart sich für Goethe die Wahrheit allein in den sinnlich fassbaren Phänomenen selbst. Im nicht weiter reduzierbaren «Urphänomen» zeige sich der Anschauung unmittelbar die wirkende Gesetzlichkeit der Natur. Die Aufgabe des Naturforschers sei es deshalb, alle Einzelphänomene eines Gegenstandsfeldes genetisch auf das ihnen zugrunde liegende Urphänomen zurückzuführen. In seiner vergleichenden Morphologie erfasst Goethe die Gestaltenfülle der Pflanzenwelt als Modifikationen eines Typus durch Metamorphosen, in deren Steigerungsfolge sich das reine Phänomen manifestiert. Seine genetische Betrachtungsweise zielt auf die Erfassung der Grundgestalten (etwa der «Urpflanze»), das heißt der unbekannten, nur geahnten Ideen, nach denen die immer schaffende Natur *(natura naturans)* verfährt.

Archivar in Weimar (1890–1896)

Indem er sich ganz mit diesem «empirischen Idealismus» Goethes identifizierte, resümierte Rudolf Steiner dessen Grundsatz so:

> Der Gedanke ist ganz klar: Eine ideelle, typische Form, die als solche selbst nicht sinnenfällig wirklich ist, realisiert sich in einer unendlichen Menge räumlich voneinander getrennter und ihren Eigenschaften nach verschiedener Wesen bis herauf zum Menschen. Auf den niederen Stufen der Organisation verwirklicht sie sich stets nach einer bestimmten Richtung; nach dieser bildet sie sich besonders aus. Indem diese typische Form bis zum Menschen heransteigt, nimmt sie alle Bildungsprinzipien, die sie bei den niederen Organismen immer nur einseitig ausgebildet hat, die sie auf verschiedene Wesen verteilt hat, zusammen, um *eine* Gestalt zu bilden. Daraus geht auch die Möglichkeit einer so hohen Vollkommenheit beim Menschen hervor. Bei ihm hat die Natur auf *ein* Wesen verwendet, was sie bei den Tieren auf viele Klassen und Ordnungen zerstreut hat. (GA 1, 1949, 42)

Steiner betrachtete die von ihm edierten naturwissenschaftlichen Schriften Goethes nicht mit den Augen des detailbesessenen, textgetreuen Philologen. Er begriff sich vielmehr als der geistesverwandte philosophische Interpret der Goetheschen Weltanschauung in einer dem Positivismus verfallenen Epoche. Steiner fand gerade in Goethes idealistischer Morphologie empirische und naturphilosophische Antworten auf Fragen nach dem Verhältnis von Idee und Wirklichkeit sowie nach der Stellung und Aufgabe des Menschen in der Welt, die ihn schon seit seiner Wiener Studienzeit bewegt hatten. Die besondere Sendung des Menschen in der Natur ergibt sich für Goethe wie für Steiner aus dem Sachverhalt, dass im Inneren der menschlichen Person wie in einem Mikrokosmos alle Bildungsprinzipien der äußeren Natur zusammenwirken und gleichsam zur Sprache kommen. Gern zitierte Steiner immer wieder den enthusiastischen, menschheitsreligiösen Satz Goethes aus seinem Aufsatz über Winckelmann:

Wenn die gesunde Natur des Menschen als ein Ganzes wirkt, wenn er sich in der Welt als einem großen, schönen, würdigen und werten Ganzen fühlt, wenn das harmonische Behagen ihm ein reines, freies Entzücken gewährt – dann würde das Weltall, wenn es sich selbst empfinden könnte, als an sein Ziel gelangt aufjauchzen und den Gipfel des eigenen Werdens und Wesens bewundern. (Goethe 1989, 98)

Der Naturforscher Goethe erkannte, so Steiners Deutung, mittels seiner produktiven Einbildungskraft überall in der Stufenordnung der Natur das Walten der Ideen. Während aber Goethe sich dabei der Begrenztheit seiner Erkenntnis und des Abstandes seines endlichen Geistes vom absoluten bewusst war und aus Ehrfurcht vor dem Unerforschlichen in der sinnlichen Anschauung der Phänomene verblieb, drängte es Steiner von Anfang an über die von Kant gezogenen Schranken der Verstandeserkenntnis hinaus zur unmittelbaren intellektuellen Anschauung der Ideenwelt. Durch die Konzentration auf die Ideenlehre des frühen Goethe und die Vernachlässigung von Goethes Kant-Rezeption sowie durch die enge Bindung der Metamorphosenlehre Goethes an den Darwinismus nahm Steiner Goethes Vorstellungen für seinen eigenen erkenntnistheoretischen Monismus in Anspruch, welchen er im Jahre 1897 als *Goethes Weltanschauung* (GA 6) darstellte.

In seinen philosophischen Frühschriften übertrug Steiner die von ihm charakterisierte Forschungsmethode Goethes auf den menschlichen Geist als Forschungsgegenstand. So versuchte er, in der Selbstanschauung des Denkens das Walten der Ideen in der menschlichen Erkenntnistätigkeit «empirisch» nachzuweisen. Selbstbewusst bezog er eine eigene philosophische Position:

Unser Standpunkt ist Idealismus, weil er in der Idee den Weltgrund sieht; er ist Realismus, weil er die Idee als das Reale anspricht; und er ist Positivismus oder Empirismus, weil er zu dem Inhalt der Idee nicht durch apriorische Konstruktion, sondern zu ihm als einem Gegebe-

Archivar in Weimar (1890–1896)

31

nen kommen will. Wir haben eine empirische Methode, die in das Reale dringt und sich im idealistischen Forschungsresultat zuletzt befriedigt. (GA 1, 1949,169)

So differenzierte Steiner sein objektiv-idealistisches «Credo» erkenntnistheoretisch weiter aus. Seiner pantheistisch-anthropozentrischen Metaphysik zufolge hatte sich die Idee beziehungsweise der Weltgrund vollständig in die Welt ausgegossen. Die höchste Form, in der sie in der Wirklichkeit auftrete, sei im Stufenreich des Kosmos das menschliche Denken. Deshalb könnten wir uns in der Beobachtung unseres Denkens – ähnlich wie Goethe in der Anschauung der Naturgestalten – der Idee vergewissern, könnten wir uns als Einzelne mit dem Urgrund der Welt, mit dem All-einen Wesen verbinden, das alles durchdringt.

Ein philosophischer Doktor ohne Karriere

Im Jahre 1893 erschien Steiners philosophisches Hauptwerk *Die Philosophie der Freiheit. Grundzüge einer modernen Weltanschauung. Beobachtungsresultate nach naturwissenschaftlicher Methode* (GA 4). In der damals vom Neukantianismus und vom Historismus beherrschten Fachwelt fand es keinerlei Beachtung; bis heute bleibt die Resonanz aus. Nur wenige Exemplare der ersten Auflage des Buches wurden verkauft; die Rezensionen der damals renommierten deutschen Philosophen Eduard von Hartmann und Arthur Drews waren vernichtend (siehe GA 28, 1962, 244 ff.).

Schon am Ende seiner Wiener Jahre und vor allem während seiner Arbeit an der Herausgabe der naturwissenschaftlichen Schriften Goethes in Weimar träumte Steiner von einer akademischen Karriere. Seine Wünsche richteten sich auf eine Professur für Philosophie. Einige Jahre lang bemühte er sich vergeblich darum, dass für ihn an der Technischen Hochschule Wien ein Lehrstuhl für Philosophie geschaffen würde. Seine «lateinlose» Vorbildung an der Oberrealschule und sein mathematisch-naturwissenschaftliches Studium an der Technischen Hochschule ließen damals keine Promotion an einer Universität zu. Gleichwohl begann Steiner 1890 mit der Abfassung eines schmalen Werkes mit dem Titel *Die Grundfrage der Erkenntnistheorie mit besonderer Rücksicht auf Fichtes Wissenschaftslehre. – Prolegomena zur Verständigung des philosophierenden Bewusstsein mit sich selbst,* das er im Jahr darauf als Dissertation an der Philosophischen Fakultät der Universität Rostock einreichte.

In dieser Schrift, die er im Jahre 1892 mit einigen Ergänzungen unter dem Titel *Wahrheit und Wissenschaft* veröffentlichte, entwarf er erstmals im Rückgang auf die Analyse des Erkennens seine objektiv-idealistische Philosophie. Die Rostocker Fakultät erklärte sich schließlich bereit, diese von einem Externen schon fertig vorgelegte Schrift als Dissertation anzunehmen, und beantragte beim Landesfürsten den Dispens des Kandidaten von den üblichen Anforderungen – mit Erfolg. Steiner wurde zur Promotion zugelassen und bestand am 23. Oktober 1894 das Examen, allerdings nur mit der schwächsten Note «rite».

Steiner hatte offensichtlich mehr erhofft als nur den Doktortitel. Doch das Examen ohne Prädikat hindert ihn daran, sich – wie geplant – in der Nähe der Goethestadt Weimar an der Universität Jena habilitieren zu lassen. Seinen lang gehegten Plan, in eine Universitätslaufbahn einzutreten, musste er definitiv begraben. Wie wäre wohl sein weiterer Lebensgang verlaufen, wenn er mit «summa cum laude» zum «philosophiae doctor» promoviert worden wäre? Von einer Professur in Jena aus wäre Steiner wahrscheinlich nicht in Kontakt mit der Theosophischen Gesellschaft geraten, und er wäre wohl auch kaum zur Herausbildung der Anthroposophie mit ihrer internationalen Anhängerschaft veranlasst worden!

Archivar in Weimar (1890–1896)

Ohne Aussicht auf eine wissenschaftliche Karriere beendete Rudolf Steiner 1896 offiziell seine Editionstätigkeit am Goethe- und Schiller-Archiv in Weimar. Ohne Beschäftigung und ohne klare Zukunftsperspektive versuchte er nun, für sein Leben eine neue Richtung zu entdecken. Nachdem er anfangs in Friedrich Nietzsche und Max Stirner neue Vorbilder gesucht hatte, fand er nach jahrelangem intellektuellen Herumirren durch das ihm innerlich fremd bleibende Berlin schließlich in der Theosophie seine definitive weltanschauliche Heimat. Von dieser Berliner Zeit sprach Steiner später als einer «Höllenfahrt».

Höllenfahrt in Berlin (1897–1902)

Ein individualistischer Anarchist

Seine Weimarer Jahre beendete Steiner durch den Entschluss, zusammen mit dem Theaterschriftsteller Otto Erich Hartleben (1864–1905) die Herausgabe und Redaktion des in Berlin erscheinenden renommierten, aber kaum rentablen *Magazins für Litteratur* zu übernehmen. Als er nach seinem Umzug am 1. Juli 1897 seine Redaktionstätigkeit in Berlin aufnahm, fand er sich in der nach London und Paris drittgrößten Metropole Europas wieder, deren Einwohnerzahl gerade auf zwei Millionen anwuchs. Die jahrhundertealte Garnisons- und Residenzstadt hatte sich in einem atemberaubenden Tempo innerhalb weniger Jahrzehnte zu einer Industriestadt mit Firmen von Weltruf wie Siemens, AEG oder Schering entwickelt. Damit verbunden waren der Zuzug und die Proletarisierung vieler Menschen aus dem ländlichen Osten Deutschlands. Berlin war das Regierungszentrum des erst seit 1871 bestehenden, aber bereits um Weltgeltung und Vormachtstellung in Europa ringenden Deutschen Reiches. Hier befand sich der Reichstag, und hier residierte der deutsche Kaiser, der zugleich König von Preußen war. Berlin war die Stadt der Presse, der großen Verlage, der vielen Theater und der Museen. Hier befand sich auch die größte und exzellenteste Universität des Deutschen Reiches mit einer beeindruckenden Forschungsproduktivität sowohl in den Natur- als auch in den Geisteswissenschaften.

Während das politische Leben in Berlin stark von den Gegensätzen zwischen Besitz- und Bildungsbürgertum einerseits und dem Proletariat andererseits bestimmt war, gab es im kulturellen Bereich große Differenzen zwischen dem exklusiven großbürgerlichen Establishment und den vielfältigen Mikromilieus der künstlerischen Avantgarde und lebensreformerischen Bohème. In diese letzteren Kreise tauchte Rudolf Steiner als Redakteur seines Literaturjournals und als Mitglied der «Dramatischen Gesellschaft» ein. Man fand ihn nun häufig an den Biertischen der Berliner Künstlerkneipen, in denen bis zum frühen Morgen diskutiert wurde.

In seiner Zeitschrift waren deshalb in besonderem Maße die innovativen naturalistischen, sozialkritischen, impressionistischen und symbolistischen Richtungen der Dichtung vertreten. Steiners eigene Beiträge waren zumeist Buchbesprechungen und handelten von der Notwendigkeit, eine moderne, naturwissenschaftlich begründete Weltanschauung wie zum Beispiel den darwinistisch inspirierten Monismus Haeckels zu entwickeln, den er nunmehr vehement gegen seine Gegner verteidigte. Die traditionellen Positionen der christlichen Kirchen lehnte der Freigeist Steiner damals ebenso scharf ab wie die gerade in großbürgerlichen Kreisen in Mode kommende Theosophie. Im Jahre 1897 schrieb er in seinem «Magazin» voller Verachtung über die Theosophen, deren Generalsekretär er fünf Jahre später werden sollte:

Höllenfahrt in Berlin (1897–1902)

Nicht durch abstraktes Denken, auf das wir Abendländer nun einmal angewiesen sind, sondern durch mystisches Schauen, durch Intuition suchen diese orientalischen Weisheitssucher zu ihrem Ziele zu gelangen. Es wäre vergebens, wenn wir Abendländer es ihnen nachmachen wollten. […] Ich rate jedem, der mit einem Theosophen zusammenkommt, sich vollständig gläubig zu stellen und zu versuchen, etwas von den Offenbarungen zu hören, die ein solcher von morgenländischer Weisheit vollgesogener Esoteriker in seinem Innern *erlebt*. Man hört nämlich nichts; nichts als Redensarten, die den morgenländischen Schriften entlehnt sind, ohne eine Spur von Inhalt. Die inneren Erlebnisse sind nichts als Heuchelei. (GA 32, 194)

Seit dem Herbst 1898 stand Steiner in einem intensiven Gesprächskontakt mit dem Biographen des anarchistischen deutschen Philosophen Max Stirner, dem Schriftsteller John Henry Mackay (1864–1933). Von der im Rahmen der *Philosophie der Freiheit* (1893) entworfenen, von seiner Nietzsche-Begeisterung inspirierten Position des ethischen Individualismus aus sah Steiner damals enge Übereinstimmungen mit der anarchistischen Philosophie Stirners und Mackays. In einem offenen Brief, den er in seinem «Magazin» veröffentlichte, bekannte er sich dazu, ein «individualistischer Anarchist» zu sein:

Der «individualistische Anarchist» will, dass kein Mensch durch irgend etwas gehindert werde, die Fähigkeiten und Kräfte zur Entfaltung bringen zu können, die in ihm liegen. Die Individuen sollen in völlig freiem Konkurrenzkampfe sich zur Geltung bringen. Der gegenwärtige Staat hat keinen Sinn für diesen Konkurrenzkampf. Er hindert das Individuum auf Schritt und Tritt an der Entfaltung seiner Fähigkeiten. Er hasst das Individuum. […] Auf die Gewalt und die Autorität aber sind die gegenwärtigen Staaten gegründet. Der individualistische Anarchist steht ihnen feindlich gegenüber, weil sie die Freiheit unterdrücken. Er will nichts als die freie, ungehinderte Entfaltung der Kräfte. Er will die Gewalt, welche die freie Entfaltung niederdrückt, beseitigen. […] Deshalb bekämpft er den Staat, der auf Gewalt beruht (zit. n. Kugler 1980, 171).

Mit diesem Bekenntnis schlug Steiner zugleich eine Brücke zu den intellektuellen Kreisen Berlins, in denen damals die Nietzsche-Begeisterung einen Kult des «Übermenschen» ausgelöst hatte. Die konservativ-bürgerlichen Teile der Leserschaft des «Magazins» reagierten empört auf diese umstürzlerischen Parolen des Herausgebers und kündigten nach und nach ihre Abonnements. Der Einkommensverlust traf Steiner schwer: Im Oktober 1899 hatte er seine in erster Ehe verwitwete frühere Weimarer Vermieterin Anna Eunicke geheiratet, und so wuchs der Zwang, eine halbwegs solide materielle Basis für das gemeinsame Leben zu schaffen.

Von 1899 bis 1904 erteilte Steiner daher Unterricht an der sozialistischen Berliner Arbeiterbildungsschule in den Fächern Geschichte, Redekunst und Naturwissenschaften. Diese Tätigkeit eröffnete ihm Zugang zu einem fremden Milieu, zur Welt des Berliner Proletariats. In seiner Lehrtätigkeit versuchte er, seine vom Zugang zur höheren schulischen Bildung ausgeschlossene Zuhörerschaft mit den philosophischen und weltanschaulichen Positionen des neunzehnten Jahrhunderts vertraut zu machen. Steiner hat sich später in seinen Memoiren selbstkritisch von seiner anarchistischen Wendung in der Berliner Zeit distanziert; gleichwohl ist er seiner damals entstehenden staatskritischen Position auch späterhin treu geblieben. Er variierte sie zwei Jahrzehnte später im Rahmen der von ihm anthroposophisch inspirierten Bewegung für eine Dreigliederung des «sozialen Organismus».

Die Zeit um die Jahrhundertwende war von vielen Reformbewegungen bestimmt, im gesellschaftspolitischen Bereich von der Arbeiter- und Frauenbewegung, auf dem Felde der Erziehung von der Reformpädagogik, für die die Schwedin Ellen Key mit ihrer Schrift *Das Jahrhundert des Kindes* (1900) den programmatischen Auftakt gegeben hatte. Jugendbewegung, Jugendstil und Lebensreform regten das kulturelle Leben in der Großstadt Berlin um 1900 an. In der Literatur, im Theater, in den bildenden Künsten und in der Musik bahnten sich die Aufbrüche zum Beispiel in Expressionismus und Neue Sachlichkeit an, die heute als «klassische Moderne» bezeichnet werden.

Auch Rudolf Steiner verband mit dem neuen Jahrhundert die Hoffnung auf eine geistige Erneuerung des kulturellen Lebens. Auf der Suche nach Gleichgesinnten schloss er sich zwei Vereinigungen an, die im Frühjahr 1900 in Berlin gegründet wurden: dem Kreis der «Kommenden», der ein Forum für jüngere Literaten, Künstler und Intellektuelle bieten wollte, und dem «Giordano-Bruno-Bund» für eine monistische Weltanschauung im Sinne des Evolutionismus Ernst Haeckels.

In den Vortrags- und Diskussionsveranstaltungen des «Giordano-Bruno-Bundes» ging es vor allem um die philosophischen und weltanschaulichen Fragen, die sich aus den Erkenntnissen der modernen Naturwissenschaften für die Menschheit «nach dem Tode Gottes» (Nietzsche) ergeben. Im kleineren Kreis der «Kommenden» leitete Steiner nach dem plötzlichen Tod des Gründers Ludwig Jacobowski (1868–1900) die Vortragsabende, an denen er sich selbst mit zwei ideengeschichtlichen Vortragsreihen beteiligte. Über die damalige Stellung und Wirkung Rudolf Steiners unter den «Kommenden» schrieb der diesem Kreis gleichfalls angehörende Stefan Zweig (1881–1942) im Rückblick:

Persönlich wirkte er nicht so führerhaft wie Herzl, aber mehr verführerisch. In seinen dunklen Augen wohnte eine hypnotische Kraft, und ich hörte ihm besser und kritischer zu, wenn ich nicht auf ihn blickte, denn sein asketisch-hageres, von geistiger Leidenschaft gekennzeichnetes Antlitz war wohl angetan, nicht nur auf Frauen überzeugend zu wirken. Rudolf Steiner war zu jener Zeit noch nicht seiner eigenen Lehre nahe gekommen, sondern selbst noch ein Suchender und Lernender […]. Es war aufregend, ihm zuzuhören, denn seine Bildung war stupend und vor allem gegenüber der unsrigen, die sich allein auf Literatur beschränkte, großartig vielseitig […]. Trotzdem – wenn ich

Lehrer in der sozialistischen Berliner Arbeiterbildungsschule:
Rudolf Steiner um 1901

Höllenfahrt in Berlin (1897–1902)

mich heute frage, ob ich damals diesem jungen Manne eine derartige philosophische und ethische Massenwirkung prophezeit hätte, muss ich es zu meiner Beschämung verneinen. Ich habe von seinem sucherischen Geist Großes erwartet in der Wissenschaft, und es hätte mich keineswegs verwundert, von einer großen biologischen Entdeckung zu hören, die seinem intuitiven Geist gelungen wäre; aber als ich dann Jahre und Jahre später in Dornach das grandiose Goetheanum sah [...], war ich eher enttäuscht, dass sein Einfluss so sehr ins Breit-Reale und stellenweise sogar ins Banale gegangen. (Zweig 1944, 1970, 139 f.)

Die Bekehrung zur Theosophie

Das Jahr 1900 bedeutete im Leben Rudolf Steiners den Aufbruch zu neuen Horizonten. Nachdem er im September desselben Jahres die Redaktion des «Magazins» niedergelegt und dieses zum Verkauf angeboten hatte, stand er – wie drei Jahre zuvor in Weimar – wieder vor dem Nichts. Mit den Honoraren aus seiner Unterrichtstätigkeit, den Vorträgen und den daraus hervorgehenden Publikationen allein konnte er sich und seine Frau nicht mehr über Wasser halten. Da erreichte ihn die Einladung der Sophie Gräfin von Brockdorff (1848–1906), einer Mitbegründerin der Deutschen Theosophischen Gesellschaft, in den Räumen der Theosophischen Bibliothek der gräflichen Familie am 22. September 1900 einen Vortrag über Friedrich Nietzsche zu halten, dem sich am gleichen Abend noch ein zweiter über «Goethes geheime Offenbarung» anschloss.

Nach diesen beiden Vorträgen wurde aus der Zuhörerschaft, deren soziales wie weltanschauliches Spektrum von wohlhabenden adeligen Esoterikern bis zu antibürgerlich-radikalen Lebensreformern reichte, der Wunsch nach einer Fortsetzung laut. So folgten im darauf folgenden Winter dreiundzwanzig (!) Vorträge, in denen Steiner über die «Mystik im Aufgange des neuzeitlichen Geisteslebens» (GA 7) und ihr Verhältnis zur modernen Weltanschauung sprach. Mit dieser Darstellung der Mystik als religiös-spirituelle Erfahrung, die mit dem Erkenntnisanspruch der neueren Naturwissenschaft vereinbar sein sollte, deutete sich bereits die spätere Spiritualität Steiners an.

Beflügelt von der starken Resonanz seiner Auftritte in der theosophischen Szene hielt Steiner 1901 mehr als 130 Vorträge und Kursstunden. Sein zweiter Vortragszyklus in der Theosophischen Bibliothek trug den Titel «Das Christentum als mystische Tatsache und die Mysterien des Altertums» (GA 8). Steiners zentrale These ist: Das Christentum ist eine fortgeschrittene Entwicklungsstufe der Mysterienweisheit; denn das Kreuz auf Golgatha ist der in eine Tatsache zusammengezogene Mysterienkult des Altertums, der nun aber als Inhalt des Glaubens allen offenbart wird.

Nicht der Einzelne, sondern Alle konnten der Wahrheit teilhaftig werden. Aber sie konnten es nur, indem sie auf die Art verzichteten, wie in den Mysterien der Einzelne es konnte. Das Christentum holte das Mysterium aus der Tempel-Dunkelheit in das helle Tageslicht hervor. Aber es verschloss zugleich die Tempeloffenbarung in das innerste Gemach, in den Inhalt des Glaubens. (GA 8,140 f.)

Im Dezember 1901 wurde Rudolf Steiner von führenden Mitgliedern der Theosophischen Gesellschaft aufgefordert, der Gesellschaft beizutreten und die Leitung der Deutschen Sektion zu übernehmen. Steiner willigte unter der Bedingung ein, dass die ihm freundschaftlich verbundene baltische Aristokratin Marie von Sivers (1867–1948) die Geschäftsführung übernahm. Sie sollte später seine zweite Ehefrau und eine aktive Mitstreiterin für die Sache der Anthroposophie werden. Am 11. Januar 1902 trat Rudolf Steiner der Theosophischen Gesellschaft bei. Im Herbst des Jahres 1902 wurde er Generalsekretär der Deutschen Sektion, nachdem er bereits im Juli bei einem theosophischen Weltkongress in London die Gelegenheit hatte, Annie Besant (1847–1933),

Geschäftsführerin und zweite Ehefrau:
Marie von Sivers um 1901

Lebensgang und Gedankenwelt

die spätere Präsidentin der weltweiten Theosophischen Gesellschaft, persönlich kennenzulernen. Sie nahm ihn noch im selben Jahr in die «Esoterische Schule», das heißt in den nichtöffentlichen innersten Kreis der Gesellschaft, auf, den Steiner 1904 auch für die deutsche Sektion einrichtete.

Der weltanschauliche Führer (1902–1912)

Die Geheimlehre der Helena Petrovna Blavatsky

Unter Theosophie versteht man seit dem sechzehnten Jahrhundert in der christlichen Theologie eine Art der philosophisch-spekulativen Gotteserkenntnis, zu deren Erlangung ein besonderes universales Wissen vorausgesetzt wird. Dieses gründet sich auf Traditionen «geheimer» Schauungen, die von Sehern und Mystikern von der Antike bis zur Gegenwart weitergegeben worden sein sollen. Dabei handelt es sich um eine in unmittelbarer Erfahrung gegründete, zunächst verborgene, aber durch Gebet, Meditation und Studium erreichbare übersinnliche Erkenntnis, die Einsicht in das Wesen und die Bestimmung des Menschen geben soll.

Es gibt verschiedene Strömungen der Theosophie, die hauptsächlich mit der christlichen Religion oder mit den Religionen des Orients in Verbindung stehen. Das spekulative Verlangen trieb die Theosophie nicht selten in die Nähe von Alchemie und Astrologie, aber auch Mystik und Askese waren allzeit Verbündete der Theosophie, weil nur geläuterte Seelen an den höheren Intuitionen und an dem Wunder der Schau des Ganzen Anteil haben können. Eine Neigung zum Synkretismus ist für das theosophische Denken charakteristisch: Überall in der Welt werden die großen Eingeweihten als geistige Führer verehrt, seien es Hermes Trismegistos, Pythagoras oder Platon, Jesus, Zarathustra oder Buddha.

Ebenso eigentümlich ist der esoterische Grundzug: Nur Auserwählte und besonders Gewürdigte sollen die Erkenntnisse über die höheren Welten erlangen können.

Völlig außerhalb der christlichen Tradition, die zum Beispiel für die Theosophen Jakob Böhme und Emanuel Swedenborg maßgebend war, gründete die spiritistisch begabte Russin Helena Petrovna Blavatsky (1831–1891) 1875 in New York die Theosophische Gesellschaft, die im weiteren Verlauf des neunzehnten und zwanzigsten Jahrhunderts eine beherrschende Rolle bei der Verbreitung theosophischer Gedanken spielen sollte. Die Theosophische Gesellschaft ist eine internationale und interreligiöse Religionsgemeinschaft, die in ihren Anfängen vor allem von der adeligen Oberschicht und von Vertretern des gebildeten Bürgertums getragen wurde. Bemerkenswert ist der hohe Frauenanteil unter den Theosophen von mehr als 50 Prozent. Selbst in den Leitungspositionen agierten Frauen.

Als ihre Hauptziele legte die Theosophische Gesellschaft 1896 fest: Erstens: Bildung einer weltumspannenden Gemeinschaft ohne Ansehen der Rasse, der Religion, des Geschlechts und der sozialen Stellung; zweitens: Auseinandersetzung mit den Weltreligionen, insbesondere mit den uralten indischen Weisheitslehren; und drittens: Erforschung der okkulten Phänomene und der menschlichen Fähigkeiten zu übersinnlicher Erkenntnis. Bei aller Betonung des Gleichheitsgrundsatzes besitzt die Theosophische Gesellschaft – ähnlich wie ein vormoderner Geheimbund – durch die Einrichtung eines zur Geheimhaltung verpflichteten inneren Kreises sowie verschiedener Logen und Orden eine hierarchisch-elitäre Struktur. Die von ihr propagierte Philosophie, die sich sowohl gegen den Positivismus und Materialismus des neunzehnten Jahrhunderts als auch gegen die christliche Lehre richtet, versteht sich als idealistische Weltanschauung, die in einem wissenschaftlichen Zeitalter «uralte Weisheiten» aus den unterschiedlichsten re-

Gründerin der Theosophischen Gesellschaft:
Helena Petrovna Blavatsky 1875 in New York

Der weltanschauliche Führer (1902–1912)

ligiösen und esoterischen Traditionen, insbesondere der indischen, wiederbeleben will.

Die Theosophen gehen davon aus, dass die Fähigkeit zur Erkenntnis der geistigen Welten ursprünglich in jedem Menschen angelegt war. Erst unter dem Einfluss des neuzeitlichen Rationalismus und Materialismus sei sie den meisten abhanden gekommen. Die jüngste Entwicklung der Menschheit gebe indes Anlass zu der Hoffnung, dass in Zukunft immer mehr Menschen eine neue Hellsichtigkeit gewinnen würden. Für den Weg, auf dem die Fähigkeit zur übersinnlichen Erkenntnis wieder erlangt werden kann, geben die theosophischen Schriften Blavatskys genaue Anweisungen. Dabei spielen die Ausbildung einer asketischen und moralisch verantwortlichen Lebensführung sowie die Meditation eine zentrale Rolle.

Nach der Verlegung des Hauptsitzes der Theosophischen Gesellschaft, die sich vor allem im südlichen Asien stark ausbreitete, in das indische Adyar wurden zunehmend brahmanische, buddhistische und hinduistische Elemente wie die Reinkarnationslehre und der Karma-Glaube in das theosophische Lehrgebäude Blavatskys aufgenommen. Eine wichtige Rolle spielte hierbei die Engländerin Annie Besant, die nach dem Tode der Gründerin und ihres Nachfolgers Olcott von 1907 bis 1938 Präsidentin der Theosophischen Gesellschaft war. Besant bekannte sich schon früh zum Brahmanismus und verehrte enthusiastisch die großen indischen Meister und Weisheitslehrer. Sie vertrat entschieden den indischen Weg der Theosophie, als der promovierte Philosoph und Goethe-forscher Rudolf Steiner die Leitung der kleinen deutschen Sektion in Berlin übernahm.

Steiner fand mit der «Geheimlehre» Blavatskys und in den Schriften Besants bereits ein kanonisiertes Lehrgebäude vor, das ihm als idealer Hintergrund für seine Vortragstätigkeit als Generalsekretär der Deutschen Sektion der Theosophischen Gesellschaft diente und in das er sich 1902 systematisch einarbeitete. Die Grundgedanken dieser «Geheimlehre» sollen hier nur kurz angedeutet werden, da sie bei der Darstellung der Lehre Steiners noch ausführlicher zur Sprache kommen müssen.

Nach dem Prinzip der universalen Einheit sind Gott, die Welt und der Mensch wesensgleich. Alles Leben ist ursprünglich eins mit der höchsten Existenz. Die Weltentwicklung vollzieht sich als Heraustreten aus der Einheit und Rückkehr in sie. Die ursprüngliche Einheit hat die siebenfach gestuften Seinsregionen von der höchsten geistigen bis hinab zur untersten physischen aus sich heraus entlassen; im Laufe der Evolution des Universums kehren sie durch einen ansteigenden Vergeistigungsprozess, in dem die Menschheit eine zentrale Rolle spielt, wieder in die höchste Einheit des Seins zurück. Das menschliche Wesen weist dieselben sieben Stufen ansteigender Vergeistigung auf, wobei die meisten Menschen gegenwärtig auf die untersten vier Stufen – den physischen, den ätherischen, den astralischen und den Ich-Leib – beschränkt sind. Die kosmische Aufgabe des Menschen besteht darin, die moralischen und geistigen Fähigkeiten auszubilden, die ihn «wieder» auf die höchste Stufe führen.

Die volle Entwicklung der geistigen Kräfte kann das Ich allerdings nicht in einem einzigen Menschenleben erreichen. Sie geschieht durch die Reinkarnation des geistigen Ich-Kernes in mehreren aufeinanderfolgenden Lebensläufen. Im Augenblick des Todes stirbt nur der physische Leib, die anderen Wesensteile des Menschen leben in den übersinnlichen Welten weiter und bereiten sich auf ihre Wiedergeburt in einer neuen Person vor. Nach der Lehre vom Karma wird das Leben jedes Menschen nicht nur von den Taten und Gedanken in seinem aktuellen Leben bestimmt, sondern auch von den Taten in seinen früheren Erdenleben. Gegenwärtiges Leid und Unrecht können daher die Folgen früherer Verfehlungen sein, die von einem geistigen Ich vor Jahrhunderten in einer anderen Verkörperung begangen worden sind. Das Gesetz des Karma sorgt dafür, dass nichts ungesühnt bleibt. Es kann nur von jenen durchschaut werden, die nach vielen Reinkarnationen in ihrem gegenwärtigen Leben Seher oder Eingeweihte geworden sind. Das Entwicklungsziel des menschlichen Lebens ist – sowohl individualbiographisch als auch gattungsgeschichtlich – die Vergeistigung aller Lebensprozesse und der Aufstieg beziehungsweise die Rückkehr in die geistige Welt.

Die Vorträge des Doktor Steiner

Nachdem sich Rudolf Steiner für das Amt des Generalsekretärs der Deutschen Theosophischen Gesellschaft entschieden hatte, hielt er – gleichsam zum Abschied von seiner vormaligen Welt der Freigeister und Freireligiösen – im Giordano-Bruno-Bund noch einen letzten Vortrag über das Thema «Monismus und Theosophie». Hierin versuchte er, den naturwissenschaftlichen Evolutionsgedanken Haeckels in einen konsistenten Zusammenhang mit dem theosophischen Weg der spirituellen Höherentwicklung des Menschen zu stellen. Doch wo Steiner eine ideelle Kontinuität zwischen Monismus und Theosophie sah, bestand für die meisten seiner Zuhörer ein deutlicher Bruch. Für sie hatte er durch seine unerwartete Konversion zur Theosophie, über deren Anhänger er sich zuvor nur negativ geäußert hatte, das Projekt einer naturwissenschaftlich begründeten Weltanschauung ohne schlüssige Erklärung endgültig aufgegeben.

Steiner behauptete in seinem mehr als zwanzig Jahre später verfassten autobiographischen Rückblick auf diese Jahre die innere Konsistenz und die Kontinuität seines Weges im Sinne eines sich schrittweise erweiternden Erkenntnisstandes über den Menschen – von der Darwinschen Sicht einer naturgeschichtlich «aufsteigenden» Evolution zum theosophischen Bild einer «absteigenden»

Emanation unmittelbar aus der geistigen Ureinheit. So schrieb er über sein Umschwenken zur Theosophie:

> Während dieser hatte ich noch die naturwissenschaftliche Anschauung vor meinem Seelenauge, die aus der Darwin'schen Denkart hervorgegangen war. Aber diese galt mir nur als eine in der Natur vorhandene sinnenfällige Tatsachenreihe. Innerhalb dieser waren für mich *geistige Impulse* tätig, wie sie Goethe in seiner Metamorphosenidee vorschwebten. So stand die naturwissenschaftliche Entwickelungsreihe, wie Haeckel sie vertrat, niemals vor mir als etwas, worin mechanische oder bloß organische Gesetze walteten, sondern als etwas, worin der Geist die Lebewesen von den einfachen durch die komplizierten bis herauf zum Menschen führt. Ich sah in dem Darwinismus eine Denkart, die auf dem Wege zur Goethe'schen ist, aber hinter dieser zurückbleibt. Das alles war von mir in ideellem Inhalte noch *gedacht*; zur imaginativen Anschauung arbeitete ich mich erst später durch. Erst diese Anschauung brachte mir die Erkenntnis, dass in Urzeiten in geistiger Realität ganz anderes Wesenhaftes vorhanden war als die einfachsten Organismen. Dass der Mensch als Geist-Wesen älter ist als alle anderen Lebewesen, und dass er, um seine gegenwärtige physische Gestaltung anzunehmen, sich aus einem Weltenwesen herausgliedern musste, das *ihn* und die anderen Organismen enthielt. [...] Der Mensch als makrokosmisches Wesen, das alle übrige irdische Welt in sich trug, und das zum Mikrokosmos durch Absonderung des übrigen gekommen ist, das war für mich eine Erkenntnis, die ich erst in den ersten Jahren des neuen Jahrhunderts erlangte. (GA 28, 1983, 300 f.)

Steiner stellte seine vortheosophische, an der Naturwissenschaft orientierte Weltanschauung als eine notwendige Etappe und Vorstufe auf einem Erkenntnisweg dar, der schließlich zur unmittelbaren Anschauung einer übersinnlichen geistigen Welt führte. Sein gesamtes, nunmehr beginnendes Lebensprojekt einer Erforschung der geistig-übersinnlichen Welten lässt sich im Kern als der riskante Versuch charakterisieren, die Aussagen der theosophischen Geheimlehre und die sie ergänzenden eigenen Schauungen als Resultate eines wissenschaftlichen, das heißt methodisch gesicherten und intersubjektiv nachprüfbaren Erkenntnisprozesses zu erweisen. Steiner ist es tatsächlich gelungen, in seiner Anhängerschaft seine Sicht der eigenen Entwicklung als eines kontinuierlichen Bildungsganges vom idealistischen Goethe-Verehrer über den nietzscheanischen Freigeist und individuellen Anarchisten zum Anführer der deutschen Theosophen durchzusetzen. Das zeigen alle bisher vorliegenden Biographien. In seinen Memoiren trennt er eine intellektuell bewegte und unstete «äußere» Lebensgeschichte von einer kontinuierlichen «inneren», die mit der verschwiegenen Erfahrung einer okkulten Welt in seiner Kindheit beginnt, sich in nur angedeuteten Begegnungen mit geistigen Lehrern fortsetzt und erst in seinem Bekenntnis zur Theosophie offenbar wird. Um seine biographische Kontinuitätsthese durchzusetzen, scheute Steiner nicht vor dramatischen Textänderungen bei den späteren Neuauflagen seiner vortheosophischen Frühwerke zurück, insbesondere in der *Philosophie der Freiheit*.

Rudolf Steiner: Theosophie
Einführung in übersinnliche Welterkenntnis und Menschenbestimmung

Aus der Vorrede zur zweiten Auflage, Leipzig 1908 (GA 9, VI ff.)

Der Verfasser dieses Buches schildert nichts, wovon er nicht Zeugnis ablegen kann durch Erfahrung, durch die Art von Erfahrung, die man in diesen Gebieten machen kann. Nur in diesem Sinne Selbsterlebtes soll dargestellt werden.

Wie man Bücher in unserem Zeitalter zu lesen pflegt, kann dieses nicht gelesen werden. In einer gewissen Beziehung wird von dem Leser jede Seite, ja mancher Satz *erarbeitet* werden müssen. Das ist mit Bewusstsein angestrebt worden. Denn nur so kann das Buch dem Leser werden, was es ihm werden soll. Wer es bloss durchliest, der wird es gar nicht gelesen haben. Seine Wahrheiten müssen erlebt werden. –Theosophie hat nur in diesem Sinne einen Wert. Vom Standpunkt der landläufigen Wissenschaft kann das Buch nicht beurteilt werden, wenn nicht der Gesichtspunkt zu solcher Beurteilung aus dem Buche selbst gewonnen wird. Wenn der Kritiker diesen Gesichtspunkt einnehmen wird, dann wird er freilich sehen, dass durch diese Ausführungen wahrer Wissenschaftlichkeit in nichts widersprochen werden soll. Der Verfasser weiss, dass er durch kein Wort mit seiner wissenschaftlichen Gewissenhaftigkeit hat in Widerspruch kommen wollen. Wer noch auf einem anderen Wege die hier dargestellten Wahrheiten suchen will, der findet einen solchen in meiner «Philosophie der Freiheit» (Berlin 1892). In verschiedener Art streben diese beiden Bücher nach dem gleichen Ziele. Zum Verständnis des einen ist das andere durchaus nicht notwendig, wenn auch für manchen gewiss förderlich. Wer in diesem Buche nach den «allerletzten» Wahrheiten sucht, wird es vielleicht unbefriedigt aus der Hand legen. Es sollten eben aus dem Gesamtgebiete der Theosophie zunächst die *Grundwahrheiten* gegeben werden.

[...] Wer eine Darstellung übersinnlicher Tatsachen gegenwärtig gibt, der sollte sich über zweierlei klar sein. Das erste ist, dass unsere Zeit die Pflege übersinnlicher Erkenntnisse *braucht*; das andere aber, dass heute im Geistesleben eine Fülle von Vorstellungen und Empfindungen vorhanden ist, die eine solche Darstellung für viele geradezu als wüste Phantasterei und Träumerei erscheinen lassen. Es braucht die Gegenwart übersinnliche Erkenntnisse, weil alles dasjenige, was auf die gebräuchliche Art der Mensch über Welt und Leben erfährt, eine Unzahl von Fragen in ihm anregt, die nur durch die übersinnlichen Wahrheiten beantwortet werden können. Denn darüber sollte man sich nicht täuschen: was man über die Grundlagen des Daseins innerhalb der heutigen Geistesströmung mitgeteilt erhalten kann, sind für die tiefer empfindende Seele nicht Antworten, sondern *Fragen* in Bezug auf die großen Rätsel von Welt und Leben.

[...] Der Verfasser dieser Schrift weiss, dass in ihr nichts steht, was nicht jeder anerkennen kann, der auf dem Boden der Naturerkenntnis der Gegenwart steht. Er weiss, dass man allen Anforderungen der Naturwissenschaft gerecht werden kann und gerade *deswegen* die Art der hier von der übersinnlichen Welt gegebenen Darstellung in sich gegründet finden kann. Ja, gerade echte naturwissenschaftliche Vorstellungsart sollte sich heimisch in dieser Darstellung fühlen.

Der weltanschauliche Führer (1902–1912)

In der Theosophischen Gesellschaft fand der Intellektuelle und Redner Rudolf Steiner ein Publikum, das ihn immer wieder hören wollte, seinem Leben dadurch eine neue Bestimmung gab und ihn von materiellen Sorgen befreite. In seiner neuen Aufgabe als Generalsekretär absolvierte der «Doktor Steiner» mit immenser Energie ein thematisch und zahlenmäßig beeindruckendes Vortragsprogramm, in welchem er die theosophische Lehre entfaltete und weiterentwickelte. Seine mehr als sechstausend stenografisch festgehaltenen Vorträge und seine rund dreißig Monografien legen davon ein eindrucksvolles Zeugnis ab. Jahr für Jahr war er den größten Teil seiner Zeit in Sachen Theosophie unterwegs. In manchen Jahren hielt er Vorträge in fast vierzig Städten des deutschsprachigen Raums sowie in einigen europäischen Metropolen, jeweils einen vor der Öffentlichkeit und einen im esoterischen Kreis der Mitglieder. So wuchs innerhalb von zehn Jahren unter Steiners Führung die Deutsche Sektion der Theosophischen Gesellschaft von 130 auf drei- bis viertausend Mitglieder an.

Sein großes Arbeitspensum konnte Steiner nur durch die aufopferungsvolle Mitarbeit seiner Geschäftsführerin und späteren zweiten Ehefrau Marie von Sivers bewältigen, die er als «Türöffnerin» zu den theosophischen Kreisen schon bei seinen ersten Vorträgen im Jahr 1900 kennengelernt hatte. Dank ihrer Ausbildung als Schauspielerin und Rezitatorin konnte er später daran gehen, mit ihr zusammen seiner Lehre jene künstlerische Dimension zu verleihen, die ihren Resonanzraum verglichen mit der Theosophie noch einmal erheblich vergrößern sollte. Sehr schnell wurde aus der täglichen Zusammenarbeit eine tiefe Freundschaft.

Die polyglotte Tochter einer wohlhabenden baltisch-russischen Offiziersfamilie mietete 1903 ein kleines Haus für Steiner und seine Ehefrau Anna Eunicke in Berlin und zog selber in die unmittelbare Nachbarschaft. In ihrem Domizil entstand die Zentrale der deutschen theosophischen Bewegung, die erst im Jahre 1914 nach Dornach bei Basel verlegt wurde. 1908 gründete Marie von Sivers den schnell aufblühenden «Philosophisch-Theosophischen Verlag», der zunächst einzelne Vorträge und dann ganze Vortragszyklen Steiners veröffentlichte. Hier erschienen bis zum Beginn des Ersten Weltkriegs etwa 25 Bände. Drei Jahre nach dem Tod von Steiners Ehefrau Anna im Jahr 1911 gaben sich Rudolf Steiner und Marie von Sivers schließlich am 24. Dezember 1914 in Dornach das Ja-Wort.

In den ersten Jahren seiner Tätigkeit als Generalsekretär wirkte Steiner über seine aus Zeitschriftenaufsätzen entstandenen Bücher *Theosophie* (1904), *Wie erlangt man die Erkenntnisse der höheren Welten?* (1905) und *Die Geheimwissenschaft im Umriss* (1910) als exoterischer Vermittler der theosophischen Grundlehren für ein immer größer werdendes Publikum. Hierzu bemerkt sein Biograph Christoph Lindenberg:

> Die Leistung dieser Epoche besteht darin, dass Steiner die vielfach konfusen Inhalte des damals vorliegenden Okkultismus, in denen Wissenschaft und Irrtum innig vermengt waren, gereinigt, erweitert und in eine gedanklich gefasste Form gebracht hat. Mit dieser ursprünglich nicht beabsichtigten Entfaltung der theosophischen Lehrinhalte in einem Riesenpanorama okkulter Wahrheiten setzte sich Steiner aber auch Missverständnissen aus: Dem Normalbürger und Normalwissenschaftler musste das Ganze als Spinnerei erscheinen, dem mystisch veranlagten Okkultisten kamen seine Darstellungen viel zu rationalistisch, ja oberlehrerhaft vor. […] Nur wenige erkannten, dass die «Geheimwissenschaft» vor allem als ein Schulungsbuch zur Entwicklung neuer Gedankenformen gemeint war. (Lindenberg 2004, 84)

Von der Theosophie zur Anthroposophie

Steiner systematisierte und verwissenschaftlichte nicht nur die von Blavatsky entwickelte theosophische Lehre, sondern nahm inhaltlich auch eine wichtige Erweiterung vor. Diese hängt unmittelbar mit seiner Deutung des Christentums und des Lebens Jesu zusammen. Sie brachte ihn zunehmend in Konflikt mit der «Zentrale» der theosophischen Weltgesellschaft, an deren Spitze seit 1907 Annie Besant als Präsidentin stand. Steiner hatte sich ebenfalls um dieses Amt beworben, war aber durchgefallen. Nun wuchsen die Konflikte zwischen den beiden Führungspersönlichkeiten und steigerten sich bis zum Bruch im Dezember 1912. Welche Rolle in diesem Machtkampf die zunehmenden inhaltlichen Differenzen über die Rolle der christlich-europäischen Tradition und die Bedeutung von Jesus Christus für die «Geheimwissenschaft» spielten, ist bis heute umstritten. Während die apologetischen Steiner-Biographen betonen, dass sich Steiner wegen seiner Identifikation mit dem «Christus-Impuls» von der Theosophie trennte, gehen kritischere Beobachter davon aus, dass Steiner diesen Teil seiner Lehre im Laufe der Auseinandersetzung mit Besant «zu einer bruchfähigen Differenz ausgebaut [hat]» (Zander 2007, S. 167, 1680 f.).

In Vortragszyklen über das Johannes-, Lukas- und Matthäusevangelium entwickelte Steiner zwischen 1908 und 1910 eine eigenwillige «Christosophie», in der das «Mysterium von Golgatha» das zentrale Ereignis der Menschheitsentwicklung auf der «Erdenstufe» darstellt. Steiner betrachtete die vier Evangelien als Einweihungsschriften von unterschiedlicher geistiger Tiefe. Er erweiterte ihre Erzählungen über das Leben des Jesus von Nazareth durch eigene Schauungen, die er als Geistesforscher der okkulten «Akasha-Chronik» entnahm. Dabei handelt es sich um ein übersinnliches «Buch des Lebens», das in immaterieller Form ein allumfassendes Weltgedächtnis enthält und das nur Eingeweihte «lesen» können. Steiner begann, diese Akasha-Chronik als «fünftes Evangelium» zu verkünden.

Für Steiner ist Christus ein geistiges Wesen, das sich nach der Trennung von Sonne und Erde in den Sonnenstrahlen verbirgt.

Konkurrenz zweier Charismatiker:
Annie Besant und Rudolf Steiner 1907

Der weltanschauliche Führer (1902–1912)

Nach mancherlei Vorbereitungen in den vorchristlichen Religionen und in der alttestamentarischen Geschichte Israels erschien der Sonnengeist Christus in der historischen Person Jesus in menschlicher Gestalt, um der Menschheitsevolution den entscheidenden geistigen Impuls zu geben. Vor der Inkarnation des Christus in den Leib des zwölfjährigen Jesus gab es den verschiedenen Genealogien bei den Evangelisten Matthäus und Lukas entsprechend zwei unterschiedliche Jesus-Knaben, den salomonischen und den nathanischen. Der salomonische Jesus hatte die Aufgabe, für den Christus die niedrigen Wesensglieder auszubilden; in ihm lebte das geistige Ich des Zarathustra. Im nathanischen Jesuskind, das den astralischen und Ich-Leib für den Christus erbringen musste, wirkte der Geist Buddhas. Beim Besuch des Tempels verließ das Zarathustra-Ich den Leib des zwölfjährigen salomonischen Jesusknaben und ging in denjenigen des nathanischen Jesus über. Während das salomonische Jesuskind starb, wurde der nathanische Jesus durch die lebendige Verbindung der geistigen Impulse Buddhas und Zarathustras in seiner Person zum höchsten religiösen Führer der Menschheit. Er war nun darauf vorbereitet, bei seiner Taufe im Jordan den kosmischen Sonnengeist beziehungsweise den göttlichen Logos des Christus in sich aufzunehmen, der von nun an in seinen weiteren Worten und Taten zum Ausdruck kam. Bei der Kreuzigung auf dem Berg Golgatha starb nur der Mensch Jesus von Nazareth, während der Geist des Christus wieder in die geistigen Welten aufstieg. Allerdings ist bei der Hinrichtung das aus den Wunden tropfende Blut des Christus Jesus in die Erde gelangt und damit in die Menschheitsevolution hineingeflossen. Die geistigen Kräfte des Sonnenwesens strömen in die Erde ein und verbinden sich mit ihr. Durch den Opfertod des Christus Jesus ist die Lage aller Menschen bis in ihre physische Konstitution hinein verbessert und umgewendet worden. Die Verbindung von Sonne und Erde ist wieder enger geworden, die

Entwicklung der Menschheit kann nun wieder stetig aufwärtsgehen. Der vom «Mysterium» Golgatha ausgehende «Christus-Impuls» hat in allen Menschen die Kräfte der Vergeistigung und Selbsterlösung gestärkt.

In der Gegenwart, deren Zeitgeist Steiner durch das Bild vom Sieg des Erzengels Michael über die Mächte der Finsternis symbolisiert sieht, ist der auf dem Glauben, der Bibel und der Kommunion beruhende *kirchliche* Weg des Christentums zu Ende. Die Bewusstseinsstufe des exoterischen Glaubens muss durch diejenige des esoterischen Wissens abgelöst werden, die Bibel durch die Erkenntnisse des Weltgedächtnisses («Akasha-Chronik») und das Abendmahl durch die meditative Selbst-Vergeistigung. Anders als das traditionelle kirchliche Christentum eröffnet die theosophische und anthroposophische Geistesforschung in der modernen wissenschaftlichen Zivilisation jedem einzelnen Menschen die Möglichkeit, durch die Schulung seiner höheren Erkenntniskräfte mit vollem Bewusstsein die wahren Gehalte des Christentums selbst zu erkennen und sich selbst mit dem Geist des kosmischen Christus zu verbinden, der sich erst in ferner Zukunft ganz entfalten wird.

Erst viel später – im Jahre 1921 – sollte Steiner zusammen mit kirchenkritischen, mehrheitlich protestantischen Theologen die «Christengemeinschaft» als eine eigenständige Kirche ins Leben rufen, in der seine theosophischen beziehungsweise anthroposophischen Erkenntnisse über Jesus Christus aufs Neue in einen christlichen Kult umgesetzt wurden.

Obwohl Annie Besant anfangs wegen der großen Resonanz Steiners in deutschen Theosophenkreisen bereit schien, neben ihrem eigenen östlichen auch einen «christlich-rosenkreuzerischen» Schulungspfad anzuerkennen, war der Bruch zwischen Berlin und Adyar unausweichlich. Am 6. Oktober 1909 wurde am indischen Hauptsitz der Theosophischen Weltgesellschaft der damals fünf-

Der weltanschauliche Führer (1902–1912)

Anthroposophische Gesellschaft, Cöln.
(THEOSOPHISCHE GESELLSCHAFT.)

EINLADUNG

an alle Mitglieder der Anthroposophischen Gesellschaft und
der Theosophischen Gesellschaft, mit Ausnahme der Mitglieder
des „Sternes des Ostens".

Am 28., 29., 30., 31. Dezember 1912 und am 1. Januar
1913, wird Herr Dr. Rudolf Steiner in Cöln, in der Aula
des Königlichen Gymnasiums, Thürmchenswall 50—54,
(nahe am Deutschen Ring) einen Cyklus halten über:

Die Bhagavad Gita und die Paulus Briefe.

Beginn der Vorträge abends 8 Uhr. Saalöffnung 7$^1/_2$ Uhr.

Cykluskarten zu 7 Mk , (Garderobe frei), können am 28. Dzbr.
von 4—6 Uhr, Belfortstr. 9, II. und abends an der Aula in
Empfang genommen werden.

Wir bitten Anmeldungen recht bald an Frau Eugen Kuenstler,
Cöln, Belfortstraße 9 II., zu richten.

Im Anschluss an den Cyklus werden am 2. und
3. Januar 1913, abends 8 Uhr, im großen Saale der
Lesegesellschaft, Langgasse No. 6, zwei öffentliche
Vorträge von Herrn Dr. R. Steiner gehalten über:

Wahrheiten der Geistesforschung.
Irrtümer der Geistesforschung.

HOTELS:
Hof von Holland, Hafergaße 11, 13, Tel. A 3917.
Hôtel Terminus, Hermannstraße 9, Tel. A 1651.
Hôtel Kaiser Wilhelm, Kaiser Wilhelm-Ring 43, Tel. A 4325.
Hôtel Baseler Hof, Hermannstr. 17, 19, Tel. B 5146.
Christliches Hospiz, Johannisstraße 39, Tel. B. 5446.

PENSIONEN:
Miss Oldfield, Blumenstraße 3.

VEGETARISCHE SPEISEHÄUSER:
Vegetarisches Speisehaus „Quisisana", Schildergasse 63.
Vegetarisches Speisehaus, Ecke Christophstraße und Kaiser Wilhelm-Ring.

Wahrheiten und Irrtümer der Geistesforschung:
Einladung zu einem Vortrag des Dr. Steiner, 1912

Lebensgang und Gedankenwelt

zehnjährige Hinduknabe Jiddu Krishnamurti zum künftigen Weltenheiland und wiedergeborenen Christus proklamiert und zur Vorbereitung seines Wirkens der Orden «Stern des Ostens» gegründet. Steiner weigerte sich, Mitglieder dieses Ordens in die deutsche Sektion der Theosophischen Gesellschaft aufzunehmen. Im Dezember 1912 konstituierte Steiner mit dem größten Teil der deutschen Sektionsmitglieder in Köln die Anthroposophische Gesellschaft, deren Führer er bis zu seinem Tode war. Im März 1913 schloss Besant die rund 2600 Steinerianer aus der Theosophischen Gesellschaft aus, der in Deutschland fortan nur noch etwa 220 Mitglieder zugehörig blieben.

Steiner bezeichnete die von ihm vertretene Lehre von nun an nicht mehr als «Theosophie» und «Geheimwissenschaft», sondern als «Anthroposophie» und «anthroposophische Geisteswissenschaft». Den Begriff der Anthroposophie hat er vermutlich von seinem Wiener Philosophie-Lehrer, dem Herbartianer Robert Zimmermann, übernommen, um eine über die Wissenschaft hinausgehende, Kunst und Metaphysik einbeziehende Form des Wissens zu bezeichnen. Mit dem Terminus «Geisteswissenschaft» signalisierte er den Exaktheits- und Allgemeingültigkeitsanspruch der Anthroposophie, den er auch für seine übersinnlichen Schauungen gelten lassen wollte.

Der Weg ins Goetheanum (1905–1924)

Rudolf Steiners Weiterentwicklung der Theosophie bestand nicht nur darin, dass er den wissenschaftlichen Anspruch stärker betonte und die Lehre Blavatskys mit seiner spirituellen Auffassung von Christus verband, sondern er bezog die Lehre auch auf soziale Fragen der Gegenwart und fand neue ästhetische Formen für die Vermittlung und Aneignung der «Geheimwissenschaft». Schon in einzelnen öffentlichen Vorträgen der Jahre 1905 bis 1907 war Steiner bemüht, die Bedeutung seiner spirituellen Einsichten für die Lösung sozialer Probleme aufzuzeigen. Es ging ihm um die Erneuerung und Erweiterung der Medizin, um ein gerechtes Verhältnis zwischen Kapital und Arbeit, um den Weltfrieden, die Frauenfrage und um die Erneuerung der Erziehung. Die lebenspraktischen Anregungen Steiners wurden damals jedoch kaum aufgegriffen. Dies gilt auch für seinen, ebenfalls als Aufsatz veröffentlichten Beitrag *Die Erziehung des Kindes vom Gesichtspunkte der Geisteswissenschaft* aus dem Jahr 1907, in dem sich bereits die ersten Umrisse seiner späteren Waldorfpädagogik abzeichnen. Eine größere und unmittelbare Wirkung hatten dagegen Steiners ästhetische Impulse auf den Feldern von Kult, Theater, Tanz und Architektur, die er vor allem auf dem von ihm organisierten 4. Jahreskongress der europäischen Theosophen 1907 in München setzte.

Freimaurerische Kulte

In der Zeit vor dem Kongress begab sich Rudolf Steiner zusammen mit Marie von Sivers auf das Feld der Freimaurerei, um für seine theosophische Anhängerschaft einen eigenen «rosenkreuzerischen» Ritus zu gestalten. Die im achtzehnten Jahrhundert entstandenen Freimaurerlogen waren traditionell von christlich-humanitären Ideen inspirierte Männerbünde. Sie praktizierten bei ihren Zusammenkünften Riten und Zeremonien, die von einer Aura der Geheimhaltung umgeben waren und angeblich an die Tradition der antiken Mysterienbünde und frühchristlichen Orden anknüpften. Grundlage für die soziale Strukturierung der Bünde und die rituelle Symbolik war die von den mittelalterlichen Bauhütten übernommene Stufung nach den Graden Lehrling, Geselle und Meister. Sie wurde in später entstandenen Logen durch weiter aufsteigende Hochgrade ergänzt. Nachdem Annie Besant als eine führende Repräsentantin der Theosophie schon 1902 in eine Freimaurerloge aufgenommen worden war, trat auch Rudolf Steiner zusammen mit Marie von Sivers im Jahre 1905 in einen Freimaurerbund ein, der als Hochgradsystem dem angeblich altägyptischen Misraim-Ritus folgte.

Die Teilnahme an freimaurerischen Einweihungsriten, die angeblich auf antike Mysterienkulte zurückgingen, gab Steiner die Möglichkeit, freimaurerische Symbole und Zeremonien in die Esoterische Schule der Theosophie zu integrieren. In seiner Freimaurerloge übernahm Steiner bald die Leitung der ordensähnlichen Einrichtung der «Mystica Aeterna», die schnell auf sechshundert Mitglieder anwuchs. Steiner benannte die Zeremonien später in «Michael-Dienst» um und schuf durch die Einbeziehung rosenkreuzerischer Symbole ein eigenes Ritual für seine Esoterische Schule. Theosophen, die hier die erste Stufe der Initiation absolviert hatten, konnten in weitläufig ausdifferenzierten maurerischen Riten und Zeremonien zunächst als Gesellen und dann als Meister in neun aufsteigenden Graden dem Mysterium der Weisheit näher kommen. Die höchste Stufe der Meisterschaft bezeichnete Steiner als «Rosenkreuzergrad». Mit der räumlich-symbolischen und performativ-zeremoniellen Inszenierung des freimaurerischen Ritus in der Esoterischen Schule gelang es Steiner, die Inhalte der theosophischen «Geheimwissenschaft» für seine größtenteils protestantisch sozialisierte Anhängerschaft sinnlich und spirituell erlebbar zu machen: «Es gab kaum einen religiösen Ritus im Kaiserreich, der (für Protestanten) Vergleichbares bot.» (Zander, 1014) Als «Großmeister» der «Mystica Aeterna» trat Steiner nicht mehr als «Geistesforscher» vor seine Zuhörerschaft, sondern als autoritativer Mystagoge vor seine Adepten.

Auch die Jahrestagung der europäischen Landessektionen der Theosophischen Gesellschaft verlor unter Steiners Leitung ihren bisherigen bloß intellektuellen Zuschnitt und kulminierte auf dem Münchener Kongress von 1907 im gemeinsamen ästhetischen und spirituellen Erlebnis eines kultischen Gesamtkunstwerks. Die theosophische Anhängerschaft betrat einen mit Bühnen- und Wandgemälden, Säulen und Statuen festlich dekorierten Raum, der das Bild eines spirituellen Tempels abgeben sollte. Neben den Vorträgen kam durch Rezitationen das dramaturgische Element zur Geltung, das noch durch die Aufführung eines Mysteriendramas gesteigert wurde. Dieses Zusammenwirken von ästhetisch-kultischer Umgebung und spiritueller Initiation war schon im arkanen Kreis der Freimaurerei praktiziert worden. Mit der Aufführung von Mysteriendramen überschritt die Ästhetisierung der Theosophie nunmehr die Schwelle zur Öffentlichkeit, um späterhin im architektonischen Gesamtkunstwerk des «Goetheanums» in Dornach ihre volle Entfaltung zu erreichen.

Mysteriendramen als Gesamtkunstwerke

Bis 1909 standen bei den Jahrestagungen der deutschen Sektion in München die Mysteriendramen des mit Steiner befreundeten Theosophen Edouard Schuré (1841–1929) im Mittelpunkt. Von 1910 bis 1913 brachte Steiner vier eigene Stücke zur Aufführung: *Die Pforte der Einweihung* (1910), *Die Prüfung der Seele* (1911), *Der Hüter der Schwelle* (1912) sowie *Der Seele Erwachen* (1913). Schuré thematisierte in seinem an antike Vorbilder erinnernden *Heiligen Drama von Eleusis* und in dem Theaterstück *Kinder des Luzifer* die spirituelle Selbsterlösung eines modernen Individuums in einem materialistisch-dekadenten Zeitalter. Die Erhebung der Seele geschieht außerhalb der christlich-kirchlichen Traditionen im Rahmen einer pantheistischen «luziferischen Religion», die Elemente aus unterschiedlichen Glaubens- und Weisheitslehren miteinander verknüpft. Schurés theosophische Schrift über die *Großen Ein-*

geweihten aus dem Jahr 1889 hatte für Steiners Denken eine ebenso große Bedeutung wie dessen spirituelle Dramen für seine künstlerische Tätigkeit.

Im Herbst 1910 ließ Steiner in den Münchner Kammerspielen sein erstes eigenes geistliches Schauspiel *Die Pforte der Einweihung – ein Rosenkreuzermysterium* aufführen; er war dabei Autor, Dramaturg und Regisseur in einer Person. Zwei Jahre später, 1912, ging er mit seinem dritten Stück *Der Hüter der Schwelle* über sein Vorbild Schuré hinaus, indem er neben den metrischen Rezitationen «eurythmische» Tanzepisoden in die Aufführung einbezog. Steiner thematisierte in seinen Dramen sein eigenes Leben zwischen Naturwissenschaft, Philosophie und Theosophie und transportierte das Geschehen durch die vokalreiche «sakrale» Stilisierung der Sprache auf eine übersinnliche Ebene. Angesichts der stetig wachsenden Zuschauerzahl – im Jahre 1913 sollen es im Münchner Volkstheater mehr als 1200 Besucher gewesen sein – entstand bei dem Wagnerianer Rudolf Steiner der Wunsch nach einer eigenen weihevollen Spielstätte – analog zum Bayreuther Festspielhaus – für die Aufführungen seiner Mysteriendramen.

Durch die Integration mehrerer Gattungen wurden Steiners Dramen zunehmend zu Gesamtkunstwerken. Dieser synästhetischen Theaterkonzeption war Steiner schon als Literaturkritiker in Berlin in den symbolistischen Dramen Maurice Maeterlincks (1862–1949) begegnet. Eines davon hatte er 1898 sogar selbst zusammen mit dem Mitherausgeber des *Magazins für Litteratur* Otto Erich Hartleben für die Dramatische Gesellschaft inszeniert. Die ins Unsagbare weisenden Stücke Maeterlincks und die eher lehrhaften Mysteriendramen Steiners weisen einige antinaturalistische Gemeinsamkeiten auf: Der äußere Handlungsverlauf tritt zugunsten von Reflexionen der Akteure auf ihre Seele zurück; die Akteure treten eher als Typen denn als Individuen in Erscheinung; ihre Bewegungen und ihr sprachlicher Ausdruck wirken sakral aufgeladen.

Der Weg ins Goetheanum (1905–1924)

Im unmittelbaren Zusammenhang mit der Aufführung der Mysteriendramen entwickelte Steiner seit 1912 als erste eigenständige ästhetische Praxis der Theosophie die Bewegungskunst der Eurythmie. Als tänzerische Ausdrucksform von Sprache oder Musik will die Eurythmie den Menschen sinnlich-ästhetisch mit den Gestalten und Geschehnissen der geistigen Welt verbinden. Im (Nach-)Erleben der tänzerischen Bewegungen sollen die Akteure aus dem Sinnlichen ins Übersinnliche aufsteigen. Dazu werden die Wörter der Sprache oder die musikalischen Klänge wieder in die «ursprünglichen» räumlichen Bewegungen und Gebärden zurückverwandelt, die nach Steiners Auffassung im Laufe der menschlichen Entwicklung durch die Stimmorgane zu Lauten und Tönen konzentriert und damit «unterdrückt» worden sind. Durch die nachbildenden Bewegungen der Arme, Hände und Füße und die sie umrahmenden choreographischen Formen wird mithin die Möglichkeit geschaffen, die übersinnlichen Bewegungen sichtbar zu machen, die dem menschlichen Sprechen und Singen zugrunde liegen. Die Eurythmie bringt also – mikrokosmisch – die Geheimnisse künstlerisch zur Darstellung, welche dem Makrokosmos innewohnen.

Diese «geistige» Tanzkunst wendet sich bewusst von den virtuosen und akrobatischen Ausdrucksformen des klassischen Balletts ab. Stattdessen tanzen die «Eurythmisten» und «Eurythmistinnen» zu pathetisch vorgetragenen Dichtungen oder Musikstücken ohne Körperkontakt und in flatternde Gewänder mit Schleiern verhüllt. Nahezu ohne mimische Regung und konzentriert auf ebenso verwickelte wie weich fließende Bewegungen der Arme werden komplexe Choreographien frontal zum Publikum getanzt. Anders als beim klassischen oder modernen Ballett liegt das körperliche Zentrum der Bewegungen nicht im

Wallende Gewänder, unbewegte Mienen, ursprüngliche Bewegungen: Eurythmisten des Else-Klink-Ensembles in Stuttgart und der Goetheanum-Bühne in Dornach führen gemeinsam die Produktion «Symphonie/Eurythmie 2008» auf.

Bereich der unteren Wirbelsäule, sondern oberhalb der Brust am Schlüsselbein.

Die Grundlagen für die Bewegungen, Gebärden und Gewänder der Tänzerinnen sind bei der Lauteurythmie in erster Linie die Laute der Sprache beziehungsweise die Buchstaben des Alphabets: Die Vokale sind Ausdruck innerseelischen Geschehens, die Konsonanten Abbilder der äußeren Erscheinungswelt. Weitere Differenzierungen ergeben sich etwa aus den Arten lyrischen, epischen oder dramatischen Sprechens. Bei der Toneurythmie werden den unterschiedlichen Tönen, Intervallen, Rhythmen usw. jeweils verschiedene Formen der Bewegung und Bekleidung zugeordnet. Die Farbgebung des Lichts, das die Tanzbewegungen auf der Bühne umspielt, richtet sich primär nach der seelischen Stimmung des rezitierten Textes oder dargebotenen Musikstücks.

Der Weg ins Goetheanum (1905–1924)

Im Dezember 1912 hielt Rudolf Steiner den ersten Eurythmie-Kurs ab. Im darauf folgenden Sommer wurden eurythmische Episoden erstmals in einem Mysteriendrama getanzt. Im Jahre 1919 kam es zur ersten öffentlichen Eurythmieaufführung, und 1923 wurde in Stuttgart die Ausbildungsstätte «Eurythmeum» gegründet. Bis heute begegnet man der Eurythmie als hochgradig artifizieller Form des spirituellen Tanzes fast ausschließlich innerhalb der anthroposophischen Bewegung.

Steiner hat zu einigen Hundert Dichtungen und Musikwerken die Eurythmie-Partituren geschaffen, die ähnlich den choreographischen Aufzeichnungen im klassischen Ballett dem «Eurythmisten» als Grundlage der Ausgestaltung des Werkes dienen. Neben der dramatischen Eurythmie, deren sprachrezitative Begleitung vor allem von Marie von Sivers kultiviert wurde, entwickelte Steiner auch die pädagogische Eurythmie, die in der später von ihm geleiteten Freien Waldorfschule zu einem obligatorischen Schulfach wurde. Im Zusammenhang mit der von ihm inspirierten anthroposophischen Medizin entstand schließlich die Heileurythmie, die «gesundende» physiologische Prozesse im Körper anregen soll.

So sehr die Eurythmie als eine spezifische Schöpfung Rudolf Steiners aus dem Geiste der Theosophie gelten darf, so sehr ist sie auch ein Spross der zeitgenössischen lebensreformerischen Tanzbewegung und des damit verbundenen Lebensstils. Auch die führenden Vertreter des «freien Tanzes» – von Isidora Duncan über Rudolf von Laban und Émile Jaques-Dalcroze bis zu Mary Wigman – entwickelten außerhalb des traditionellen Unterhaltungstanzes und seiner Perfektionszwänge Tanzformen, die Ausdruck einer ursprünglichen, kreativ-spirituellen Lebensgestaltung sein sollten. Gemeinsamkeiten zwischen Ausdruckstanz und Eurythmie können – wie schon in den Mysteriendramen – im Rekurs auf antike Vorbilder des Tempeltanzes, im Bezug auf spirituelle Er-

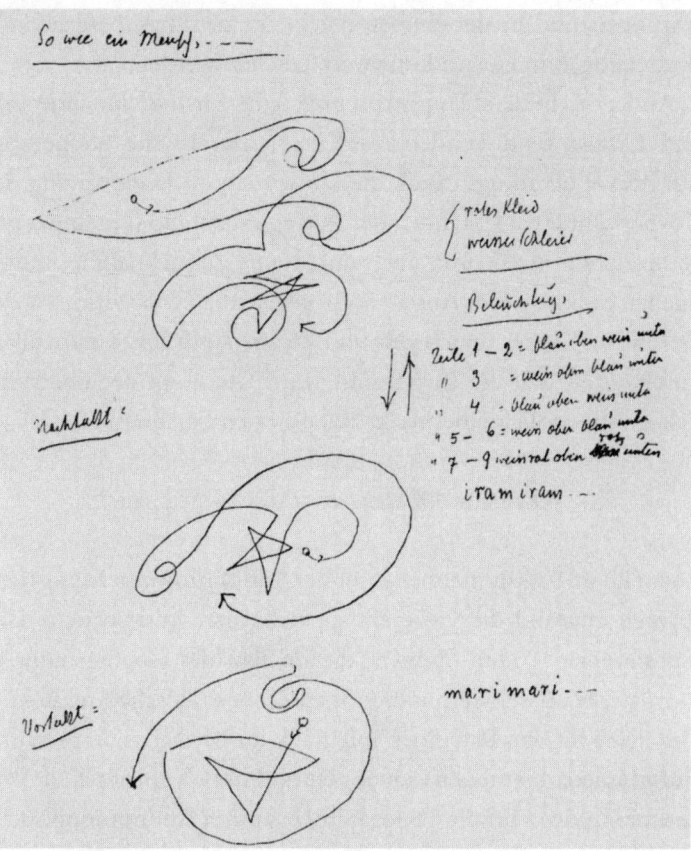

Eurythmie-Form Rudolf Steiners zu Christian Morgensterns Gedicht
«So wie ein Mensch»

Für Rudolf Steiner

So wie ein Mensch, am trüben Tag, der Sonne vergißt,–
sie aber strahlt und leuchtet unaufhörlich,–
so mag man Dein an trübem Tag vergessen,
um wiederum und immer wiederum
erschüttert, ja geblendet zu empfinden,
wie unerschöpflich fort und fort und fort
Dein Sonnengeist
uns dunklen Wandrern strahlt.

Christian Morgenstern

Der Weg ins Goetheanum (1905–1924)

fahrungen und in der Einbettung in die gattungsübergreifende Bestrebung zum Gesamtkunstwerk gesehen werden.

Anders als in den Hauptströmungen des zur Individualisierung und Ekstase tendierenden Ausdruckstanzes ist die Steinersche Eurythmie allerdings durch die konsequente Unterordnung des Körpers unter das Vokabular der Bewegungen und Gewänder gekennzeichnet und damit auch durch eine Zurücknahme individueller Expressivität. Anstatt sich gegen die Konventionen des klassischen Tanzes ungeregelt und kreativ ausdrücken zu wollen, unterwerfen sich die Eurythmisten im Dienst an der übersinnlich-geistigen Welt einer strikt ritualisierten Formensprache.

«Der Bau wird Mensch»: Das Goetheanum

Ebenfalls im Zusammenhang mit der Aufführung von Mysteriendramen entstand die vielleicht spektakulärste künstlerische Gestaltungsidee Rudolf Steiners: die im Bau des Goetheanums in Dornach bei Basel kulminierende anthroposophische Architektur. Die Pläne für den Bau einer Spielstätte für Mysteriendramen und Eurythmiedarbietungen sowie eines kultisch-spirituellen Versammlungsortes für die Theosophische, später Anthroposophische Gesellschaft wurden bei den jährlichen Münchener Theateraufführungen immer wieder diskutiert. Den Ausgangspunkt der Architektur Steiners bildeten 1907 seine mythologisch inspirierten, rosenkreuzerisch-symbolistischen Saal- und Theaterausstattungen. Hieraus erwuchs 1912 die Planung eines tempelähnlichen Kultbaus mit einer doppelten Kuppel, der als «Johannesbau» den Mittelpunkt einer von Theosophen bewohnten neuen Siedlung in München bilden sollte. Da die Stadt aber keine Baugenehmigung erteilte, entschied sich Steiner, den Bau auf einem Grundstück in Dornach bei Basel zu errichten, das ihm hierfür kurzfristig von einer reichen Baseler Familie zur Verfügung gestellt wurde.

Schöpfer eines Kultbaus: Rudolf Steiner mit dem Modell
des ersten Goetheanums, 16. Juni 1914

Am 20. September 1913 wurde der Grundstein für den Johannesbau gelegt. Mit dem Baubeginn verlagerte sich das Zentrum
der anthroposophischen Bewegung von Berlin nach Dornach,
wo – nach den kriegsbedingten Verzögerungen – auf einem Hügel
weithin sichtbar der aus Holz errichtete und mit grünem norwegi-
schen Schiefer gedeckte Doppelkuppelbau als «Goetheanum» am
26. September 1919 eröffnet wurde. Unter der von vierzehn Säulen
getragenen und intensiv bemalten großen Kuppel fanden 900 Per-
sonen Platz, um den im lichtlosen kleinen Kuppelsaal vor zwölf
Thronsitzen aufgeführten Dramen und Tänzen beizuwohnen, die
von einer Orgel auf der Empore begleitet werden konnten.

Ein architektonischer Grundgedanke Steiners war es, im Bau-
kunstwerk die Gesetze des Makrokosmos zur Erscheinung zu
bringen. Das schaffende Prinzip der Natur, das Prinzip der Entwicklung der Welt, soll sich in den Formen entfalten und sich in

Der Weg ins Goetheanum (1905–1924)

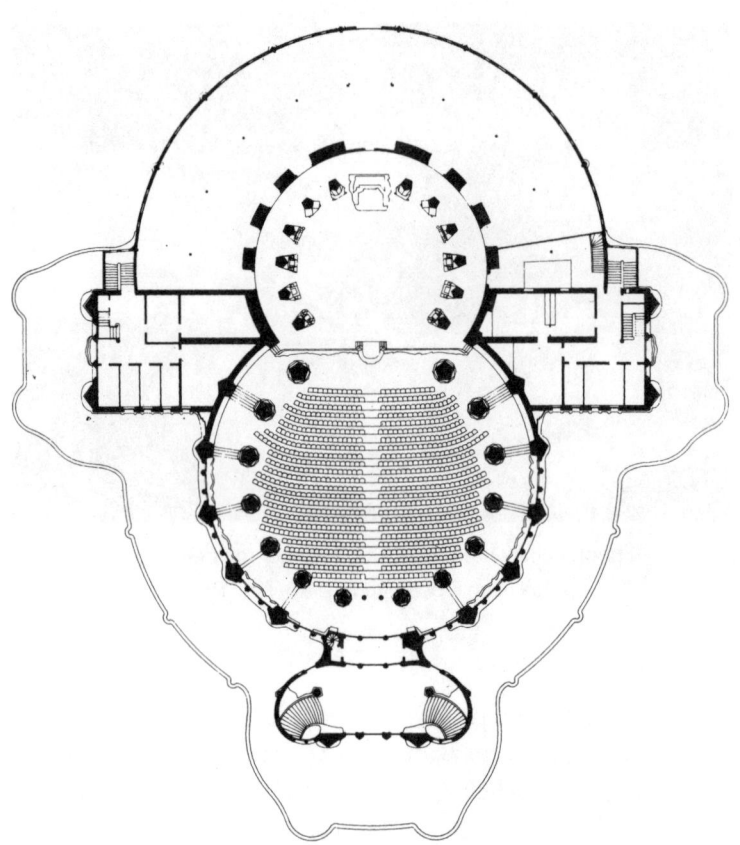

Der Grundriss des ersten Goetheanums mit der
charakteristischen Doppelkuppel

den Farben offenbaren. Mit der Auffassung der Entwicklung als
Metamorphose wählte Steiner Goethe zum Paten seines kos-
misch-organischen Stils. Der gestalthaft-organische Grundriss des
in Holz errichteten ersten Goetheanums orientierte sich am drei-
gliedrigen Aufbau der menschlichen Gestalt, die nach Steiner im
Wesentlichen aus Kopf, Herz und Hand besteht. Die Doppelkuppel symbolisiert dabei das Wechselspiel von Sprechen und Zuhö-

Nur Eingeweihten zugänglich: Blick in den kleinen Kuppelraum
des ersten Goetheanums

Der Weg ins Goetheanum (1905–1924)

Kristalliner Betonbau: das zweite Goetheanum

ren, von Offenbaren und Erkennen. Den unter der größeren Kuppel im Zuschauerraum versammelten Vertretern einer sich entwickelnden Menschheit werden aus dem Bühnenraum unter der kleineren Kuppel die Offenbarungen aus den höheren Welten dargebracht. Der Bau soll so die Initiation der Geistesschüler und damit die Erhebung der Seele zur Erkenntnis der höheren Welten begleiten.

Im Goetheanum als einem Gesamtkunstwerk sollen alle Künste zusammenwirken, in denen der Mensch sein Wesen offenbaren kann: Das Architektonische und Plastische spricht das leibliche Befinden an, das Malerische die seelischen Empfindungen, Eurythmie und Sprache die Verbindung mit der geistigen Welt. «Der Bau wird Mensch», so hat Steiner das Motto formuliert, das als Grundgedanke alle weiteren Ausformungen seiner Architektur bestimmen sollte.

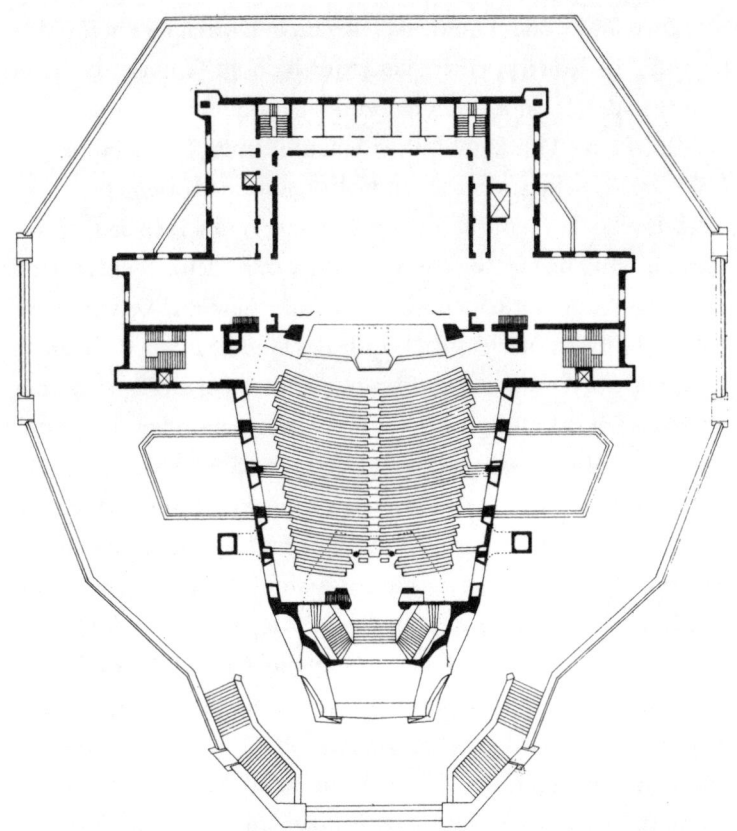

Grundriss des zweiten Goetheanums

Das erste Goetheanum mit dem Komplex aus Villen und Ateliers, der es umgibt, steht als kultisch wirkendes Gesamtkunstwerk mit seinem biomorphen Symbolismus stilistisch und ideell in enger Beziehung zum zeitgenössischen deutschen Jugendstil. Dies verraten nicht nur die organische Gestalt und die florale Ornamentik des Gebäudes, sondern auch die Anlage des «Festspielhügels» als Siedlung von Lebensreformern und Künstlern. Vergleichbare Künstler-Kolonien in Deutschland waren die Darmstädter

Der Weg ins Goetheanum (1905–1924)

Mathildenhöhe oder Dresden-Hellerau. In Dornach steht im Mittelpunkt das Konzept eines alternativreligiösen Tempels, das unter anderem der Steiner-Verehrer und theosophisch inspirierte Jugendstil-Heros Fidus, mit bürgerlichem Namen Hugo Höppener (1868–1948), schon seit 1903 in vielfältigen Entwürfen entwickelt hatte. Einige davon dürften Rudolf Steiner und seinen architektonischen Mitarbeitern bekannt gewesen sein, denn Steiner stand mit Fidus schon seit seinen frühen Berliner Jahren in Verbindung.

In der Silvesternacht 1922 wurde das Goetheanum, der frühere Johannesbau, ein Opfer der Flammen. Am Neujahrstag stand nur noch der Sockel aus Beton. Die Brandursachen sind bis heute unklar. Obwohl zutiefst niedergeschlagen, fand Steiner die Kraft zum Neuanfang und zu beachtenswerten baulichen Innovationen. Im Frühjahr 1924 entwarf er ein skizzenhaftes Modell für das zweite, wesentlich größere Goetheanum, das drei Jahre nach seinem Tod im Dezember 1928 im Wesentlichen fertiggestellt war. Anders als das erste wurde das neue Goetheanum nicht aus Holz, sondern in Beton errichtet; es ist nicht mehr durch die biomorphe Rundform des Jugendstils geprägt, sondern von einer kristallinen und kubischen Struktur, die an die Architektur des Expressionismus erinnert. Die Formen sind jetzt eckiger und gestraffter, aber für Steiner war die Idee der Entwicklung als Metamorphose auch hier wieder maßgebend. Grundsatz der Formgebung sollte es sein, den Kubus – das Urbild des Irdisch-Statischen – in eine lebendige, geistige Bewegung zu bringen.

Als Gründe für die bis heute unter Anthroposophen strittige Wahl des Baustoffs Beton wird man neben der freien Formbarkeit die Angst vor einem erneuten Brand annehmen müssen sowie die Möglichkeit einer schnellen Wiedererrichtung des Bauwerks. In der unbegrenzten Plastizität des Betons lag für Steiner und seine Mitarbeiter, etwa die englische Bildhauerin Edith Mayron (1872–1924), die Chance, beim Neubau des Goetheanums durch die

Orientierung an der expressionistischen Ästhetik des Kubismus einen Modernitätsgewinn zu erzielen. Die kristallinen Bauformen und die Abkehr vom rechten Winkel sind seitdem Kennzeichen der anthroposophischen Architektur geworden, die einem bis heute «abgeschwächt» in vielen Gebäuden von Waldorfschulen und geistesverwandten Einrichtungen begegnet.

Neue Zeiten, neue Konzepte (1919–1925)

Als charismatischer Gründer der ganz allein auf ihn konzentrierten Anthroposophischen Gesellschaft entfaltete Steiner im letzten Jahrzehnt seines Lebens durch eine stupende Reise- und Vortragstätigkeit in ganz Europa das Programm für eine umfassende spirituelle Erneuerung des Lebens nicht nur in der Kunst, sondern auch in Politik, Erziehung, Medizin, Religion, Landwirtschaft und Heilpädagogik.

In seiner vortheosophischen Zeit während seiner journalistischen Tätigkeit für die *Deutsche Wochenschrift. Organ für die nationalen Interessen des deutschen Volkes* hatte sich Steiner publizistisch für die deutschnationale Sache, insbesondere für eine weitere Dominanz der deutschen Sprache und Kultur in der österreichisch-ungarischen Doppelmonarchie eingesetzt. Nach einem kurzen, eher rhetorischen Engagement als Propagandist anarchistischer Ideen ging Steiners Interesse an politischen Fragen mit seinem Eintritt in die Theosophische Gesellschaft zurück. Seine grundlegende Überzeugung von der kulturellen Vormachtstellung der deutschen Nation manifestierte sich nun im Rahmen seiner spirituellen Evolutionslehre im Gewand einer völkerpsychologischen und theosophisch-rassentheoretischen Höherstufung der deutschen Kultur gegenüber den ost- und westeuropäischen «Volkscharakteren» sowie gegenüber dem Judentum.

Erst im Jahre 1917, als sich die Niederlage der Monarchien in Deutschland und Österreich im Ersten Weltkrieg abzeichnete, nahm Steiner in seinen Memoranden an die deutsche und österreichische Regierung wieder ausführlich politisch Stellung. Er postulierte die Pflicht der Mittelmächte, das Vierzehn-Punkte-Programm des amerikanischen Präsidenten Wilson zu verhindern. Wilson forderte darin für die Zeit nach dem Krieg die nationale Selbstbestimmung und demokratische Neuordnung jedes europäischen Volkes und damit die Auflösung der multi-ethnischen Habsburgermonarchie und die Abtretung der frankophonen, polnisch- und dänischsprachigen Gebiete des Deutschen Reiches. Trotz seiner guten persönlichen Kontakte zu Angehörigen der politischen Elite – darunter in Berlin Generalstabschef Helmuth von Moltke und Reichsrat Otto Graf Lerchenfeld sowie in Wien Kabinettsdirektor Arthur Graf Polzer-Hoditz – fand Steiner mit seinen «übernationalen» Vorstellungen kein Gehör, vielleicht weil diese noch zu sehr mit der Vorkriegsordnung verbunden waren.

Ein organisches Gesellschaftsmodell in revolutionären Zeiten (1919)

Die revolutionäre Stimmung im besiegten Deutschland der Jahre 1918/1919, als in den Großstädten nach der Abdankung des Kaisers die Arbeiter- und Soldatenräte für eine kurze Zeit das politische Geschehen bestimmten, eröffnete Rudolf Steiner die Chance, sich wieder mehr Aufmerksamkeit zu verschaffen und eine neue politische Bewegung zu dominieren. Mit seiner Theorie der «Dreigliederung des sozialen Organismus» schlug er einen dritten Weg zwischen Kapitalismus und Sozialismus vor. In seinem öffentlichen Aufruf «An das deutsche Volk und an die Kulturwelt» erläuterte er im März 1919 seine Ideen:

Der soziale Organismus ist gegliedert wie der natürliche. Und wie der natürliche Organismus das Denken durch den Kopf und nicht durch die Lunge besorgen muss, so ist dem sozialen Organismus die Gliederung in Systeme notwendig, von denen keines die Aufgabe des anderen übernehmen kann, jedes aber unter Wahrung seiner Selbständigkeit mit den anderen zusammenwirken muss. Das wirtschaftliche Leben kann nur gedeihen, wenn es als selbständiges Glied des sozialen Organismus nach seinen eigenen Kräften und Gesetzen sich ausbildet, und wenn es nicht dadurch Verwirrung in sein Gefüge bringt, dass es sich von einem anderen Gliede des sozialen Organismus, dem politisch wirksamen, aufsaugen lässt. [...] Denn das politische System muss die Wirtschaft vernichten, wenn es sie übernehmen will; und das wirtschaftliche System verliert seine Lebenskräfte, wenn es politisch werden will. Zu diesen beiden Gliedern des sozialen Organismus muss in voller Selbständigkeit und aus seinen eigenen Lebensmöglichkeiten heraus gebildet ein drittes treten: das der geistigen Produktion, zu dem auch der geistige Anteil der beiden anderen Gebiete gehört, der ihnen von dem mit eigener gesetzmäßiger Regelung und Verwaltung ausgestatteten dritten Gliede überliefert werden muss, der aber nicht von ihnen verwaltet und anders beeinflusst werden kann, als die nebeneinander bestehenden Gliedorganismen eines natürlichen Gesamtorganismus sich gegenseitig beeinflussen. (zit. n. Kugler 1980, 183)

Das gesellschaftliche Leben kann nach Steiner also nur «gesunden», wenn jedes seiner Systeme sich nach seinem eigenen Gesetz entfaltet: das kulturelle Leben nach dem Grundsatz der individuellen Freiheit, das Wirtschaftsleben nach dem der sozial(istisch)en Brüderlichkeit und das Rechtsleben nach dem der demokratischen Gleichheit. Praktisch meinte dies die strenge Begrenzung der Befugnisse des Zentralstaates (sowie der politischen Parteien und Gewerkschaften) und die Ausweitung genossenschaftlich-assoziativer Formen der Selbstverwaltung in den Bereichen von Wirtschaft, sozialer Sicherung, Bildung und Kultur. Für das Wirtschaftsleben schlug Steiner eine assoziative Gestaltung in dem

Sinne vor, dass Produzenten und Konsumenten gemeinsam über alle Fragen der Produktion, Distribution und Preisbildung von Waren und Dienstleistungen entscheiden. Der Staat sollte nach Steiner nicht länger der von einem Machtzentrum aus geleitete nationale Einheitsstaat sein, sondern auf sein «eigentliches Gebiet» der Gesetzgebung, der Durchsetzung des Rechts und des Schutzes seiner Bürger beschränkt werden. Im Kulturleben sollte an die Stelle hoheitlicher Regulation die kooperative Selbstverwaltung der freien Träger treten.

Steiners Aufruf fand 196 prominente Unterzeichner, darunter berühmte deutsche Schriftsteller und Philosophen wie Hermann Hesse, Georg Kaiser, Hans Driesch und Paul Natorp. Der von Steiner inspirierte «Bund für die Dreigliederung des sozialen Organismus» hatte sein zentrales Aktionsfeld im südwestdeutschen Industrierevier rund um die württembergische Landeshauptstadt Stuttgart. Im Sommer 1919 versuchten Steiner und seine Anhänger hier vor allem die Belegschaften und Geschäftsführungen der mittleren und großen Betriebe für die genossenschaftlichen Vorstellungen zu gewinnen. Steiners Engagement als politischer Führer schloss sich an die Aprilunruhen von 1919 an, die von einem Generalstreik der für die Rätedemokratie kämpfenden Sozialisten und Kommunisten ausgelöst wurden. Wie diese politischen Gruppen verstand auch Steiner die Betriebsräte der Arbeiterschaft als Organe einer gleichberechtigten Mitbestimmung in den Betrieben, mit deren Hilfe sich der Gegensatz zwischen Kapital und Arbeit aufheben ließ.

Für diesen Weg der Sozialisierung erwartete Steiners «Bund» die Zustimmung der Arbeiterschaft, für die Beibehaltung des privaten Investitionskapitals die Sympathie der Unternehmer. Von beiden Seiten jedoch wurde Steiners «drittem Weg» die Unterstützung versagt: Die Gewerkschaften fürchteten, die Kontrolle über ihre Betriebsräte zu verlieren, und die Unternehmer sahen

Oeffentliche

Volksversammlung.

Dr. R. Steiner

spricht am

Montag den 30. Juni 1919, abends ½8 Uhr im alten Theatersaal (Harmonie) über

„Sozialisierung und Betriebsräte".

Alle im Wirtschaftsleben Tätige, insbesondere Arbeiter und Angestellte erscheint geschlossen und nehmt Stellung zu dieser für unsere Gegenwart und Zukunft so brennenden Frage.

Saalöffnung ½7 Uhr **Freie Aussprache.** Saalgeld 30 Pfg.

Für die Angestellten: Ortskartell der Privatangestellten Heilbronn.

Für die Arbeiter:

Gg. Bartelmäs bei J. Weipert & Söhne	Karl Roth bei Ernst Maver
Hermann Faber bei Carl Verberich	Der gesamte Arbeiterausschuß v. Carl Hagen-
Richard Gimmi bei Maschinenbaugesellschaft	bucher & Sohn. J. A.: Stegmaier.
Heilbronn A.-G.	Ortsgruppe Freie Vereinigung aller Berufe,
E. Reißer bei P. Bruckmann & Söhne	Syndikalisten. J. A.: Wacker.

Bund für Dreigliederung des sozialen Organismus, Ortsgruppe Heilbronn.

Hochgesteckte politische Ambitionen:
Aufruf zu einer Volksversammlung mit Rudolf Steiner

Neue Zeiten, neue Konzepte (1919–1925)

keine Veranlassung zur Vergesellschaftung ihres Kapitals und zur Beschränkung ihres betrieblichen Führungsanspruchs auf die Rolle von «Arbeitsleitern». Obwohl der «Bund» zeitweilig mehr als siebzig Ortsgruppen bildete und von Steiners Schrift *Die Kernpunkte der sozialen Frage* rund 30 000 Exemplare verkauft wurden, war Steiners Dreigliederungsbewegung schon im Juli 1919 politisch am Ende. Die Arbeiter- und Soldatenräte lösten sich Ende Juni auf, und in Weimar verabschiedete die Nationalversammlung am 11. August 1919 die neue parlamentarisch-demokratische Verfassung.

Steiner zog sich aus der politischen Öffentlichkeit zurück und widmete sich nun der Gründung der ersten Freien Waldorfschule in Stuttgart als der einzigen Frucht der Dreigliederungsbewegung. Seine politischen Ideen fanden später nur noch in anthroposophischen Kreisen Resonanz in Form von genossenschaftlich geführten Musterbetrieben auf den Gebieten der Arzneimittelherstellung, des Krankenhauswesens und der Landwirtschaft.

Steiner hat sein Dreigliederungskonzept ohne Bezug zu modernen politischen Theorien entworfen. Seine Vorstellung vom dreigegliederten sozialen Organismus ist naturalistisch und folgt ganz der Spur der theosophischen Makro-Anthropos-Lehre, die eine Entsprechung zwischen Mikrokosmos Mensch und gesellschaftlichem und politischem Makrokosmos postuliert. Während er von dieser Lehre in seinen Publikationen und öffentlichen Vorträgen nur einen metaphorischen Gebrauch machte, sprach er ihr vor anthroposophischer Zuhörerschaft auch substantielle Geltung zu: Das Rechtswesen entspreche dem physischen Leib, welcher im Tode wieder zu Materie zerfalle. Die wirtschaftliche Sphäre entspreche dem Seelenleben des Menschen; seine brüderlich-solidarischen Impulse können ihn über die Schwelle des Todes als Sympathien mit in die übersinnliche Existenz hinein begleiten. Der kulturelle Bereich entspreche schließlich der geistigen Ich-We-

Prometheische Schaffenskraft: Rudolf Steiner 1919 bei der Arbeit an der Gestalt des «Menschheitsrepräsentanten». Der «Menschheitsrepräsentant zwischen Luzifer und Ahriman» ist eine mehr als acht Meter hohe Holzskultpur, die Steiner gemeinsam mit der Bildhauerin Edith Maryon (1874–1924) für das erste Goetheanum in Dornach schuf. Sie sollte im kleinen Kuppelraum aufgestellt werden. Als das Goetheanum in der Silvesternacht 1922/23 niederbrannte, war die Skulptur noch nicht vollendet und blieb daher vom Feuer verschont.

Neue Zeiten, neue Konzepte (1919–1925)

senheit des Menschen; seine Errungenschaften gelangen mit ihr in die nächste Reinkarnation (siehe Steiner 1919; 1945, 25 f.). Das Geistesleben nimmt in dieser Spiritualisierung politischer Fragen die höchste Stellung im gesellschaftlichen Leben ein. Die zukunftsweisenden Entscheidungen liegen also in den Händen der Menschen, die – wie Steiner selbst – die Gesetze der geistigen Welten geschaut haben. Dieser platonisch-geistesaristokratische Ansatz musste notwendigerweise in Spannung mit einem parlamentarisch-demokratischen System geraten, bei dem über konkurrierende Wahrheitsansprüche nicht weltanschauliche Führer, sondern politische Mehrheiten entschieden.

Eine Schule für die Waldorf-Astoria-Zigarrenfabrik (1919)

In unmittelbarem Zusammenhang mit der Dreigliederungsbewegung wurde in Stuttgart die *Freie Waldorfschule* als eine Einheitliche Volks- und Höhere Schule für die Kinder der Arbeiter und Angestellten der «Waldorf-Astoria»-Zigarrenfabrik gegründet. Emil Molt, der Direktor des Unternehmens und seit 1906 Mitglied der Theosophischen und später der Anthroposophischen Gesellschaft, legte die Planung und Leitung dieser wegweisenden ersten koedukativen Gesamtschule in Deutschland nach dem Beschluss seines Betriebsrats am 23. April 1919 in die Hände Rudolf Steiners. Dieser sah nun die Möglichkeit, seine Gedanken über Erziehung zu präzisieren und zu realisieren, die er schon 1907 in der kleinen Schrift *Die Erziehung des Kindes vom Gesichtspunkt der Geisteswissenschaft* veröffentlicht hatte und die bislang nur auf geringes Interesse gestoßen waren.

In der Zwischenzeit hatten sich auch im Deutschen Reich vielfältige Initiativen der Reformpädagogik und der «Neuen Erziehung» herausgebildet, die der Tendenz nach auf eine kindorientierte, «ganzheitlich» bildende und basisdemokratisch verfasste

Schule zielten. Die ersten «Neuen Schulen» waren die von Cecil Reddies «Abbotsholme» inspirierten «Deutschen Landerziehungsheime». In diesen Internatsschulen in freier Natur sollten die Schüler kameradschaftlich mit ihren Lehrern zusammenleben und «mit Kopf, Herz und Hand» gebildet werden. Ein einflussreiches Konzept der Reform stellte die «Arbeitsschule» dar, in der Schüler zu einem aktiven – handwerklichen, forschenden, projektorientierten und sozial engagierten – Lernen veranlasst werden sollten. Profilierte und einflussreiche Vertreter dieser Programmatik waren in Deutschland Georg Kerschensteiner (1854–1932), in den Vereinigten Staaten John Dewey (1859–1952) und in Italien Maria Montessori (1870–1952). Wichtige Reformimpulse übte in Deutschland zudem die Kunsterziehungsbewegung aus, die unter anderem auf das britische Arts and Crafts Movement zurückging. Sie bemühte sich um die Förderung des freien künstlerischen Ausdrucks der Schüler auf den Gebieten des Zeichnens, Sprechens, Schreibens, Musizierens sowie der Leibeserziehung.

Zentrale Forderungen der politisch progressiven Reformer waren die einheitliche, demokratisch verfasste und laizistische Schule für alle Kinder (Einheitsschule) und die gemeinschaftliche Erziehung beider Geschlechter (Koedukation). Die Koedukation von Jungen und Mädchen an einer höheren Sekundarschule («Gymnasium») wurde erstmals im Jahre 1910 am Landerziehungsheim Odenwaldschule eingeführt. 1919, im turbulenten ersten Jahr der ersten deutschen Republik, kämpften sozialistische Lehrer in den Metropolen Berlin und Hamburg für die demokratische Einheitsschule. Als Steiner den Plan für die Waldorfschule entwarf, forderte in Hamburg der Revolutionäre Lehrerrat die Einführung der Einheitsschule, die Selbstverwaltung der Schule durch das Lehrerkollegium und die Abschaffung des konfessionellen Religionsunterrichts. Die Hamburger Lehrer erkämpften sich die in der deutschen Geschichte einmalige Chance, ab Ostern

Neue Zeiten, neue Konzepte (1919–1925)

1919 in vier staatlichen Volksschulen und einer Höheren Schule einige Jahre lang in voller pädagogischer Autonomie nach ihrem Konzept einer kindorientierten Erziehung zu unterrichten. Sie lehnten es ab, die Schüler mit Noten zu beurteilen und sie nach ihren Schulleistungen aufzuteilen. Ihre Unterrichtsprinzipien waren die Förderung des freien künstlerischen Ausdrucks und des aktiven Lernens in Arbeitsgemeinschaften im Rahmen eines «organisch» gegliederten Stundenplans. Der Unterricht wurde durch ein reichhaltiges Schulleben ergänzt, in dem Spiele, Feste und Exkursionen eine herausragende Rolle spielten. Die Lehrerschaft dieser Schulen, von deren Geist sich auch der später weltberühmt gewordene französische Lehrer und Schulreformer Célestin Freinet (1896–1966) anstecken ließ, strebte schließlich danach, ihre Schulen durch die intensive Einbeziehung der Eltern zu «Lebensgemeinschaften» zu entwickeln, zu Zellen einer neuen solidarischen Lebensform innerhalb der Großstadt.

Die von Rudolf Steiner im Frühjahr 1919 konzipierte Freie Waldorfschule weist als selbstverwaltete koedukative Einheitsschule ohne Zensuren mit starken künstlerisch-praktischen Akzenten frappierende Ähnlichkeiten mit dem neuen kulturrevolutionären Schultyp der Hamburger «Lebensgemeinschaftsschule» auf. Gleichwohl hat sich Steiner über die zeitgenössischen Reformer und ihre neuen Schul- und Unterrichtsformen kaum geäußert. Positiv bezieht er sich auf den Kunsthistoriker Alfred Lichtwark (1852–1914), einen der Gründer der Kunsterziehungsbewegung. Der Besuch eines der neuen Landerziehungsheime bei Hermann Lietz hat Steiner eher negativ beeindruckt. Seine Anhänger bestehen bis heute auf einem grundsätzlichen Unterschied zwischen Reformpädagogik und Waldorfschule; die Ähnlichkeiten seien nur äußerlich und eher zufällig.

Im Sommer 1919 stellte Rudolf Steiner das Kollegium seiner neuen Schule aus zwölf jungen anthroposophisch orientierten

Menschen zusammen. Nur einer von ihnen besaß ein staatliches Lehramtszeugnis! Das damals noch geltende württembergische Privatschulgesetz aus dem Jahre 1836 verlangte diese staatlich approbierte Qualifikation nicht als Voraussetzung für die Genehmigung und Inbetriebnahme einer privaten Schule. Rudolf Steiner hielt zur Vorbereitung des Kollegiums auf seine neuen Aufgaben einen zweiwöchigen pädagogischen und didaktisch-methodischen Einführungskurs, mit dem er zugleich einen Grundriss der Waldorfschulpädagogik schuf (siehe GA 293–295).

Am 7. September 1919 wurde die Freie Waldorfschule für 191 Arbeiterkinder und 65 Kinder aus gut situierten anthroposophischen Elternhäusern feierlich eröffnet. In seiner Eröffnungsansprache bezeichnete Rudolf Steiner die nun beginnende pädagogische Arbeit der Lehrerschaft als eine im tiefsten Grunde seelsorgerische Aufgabe. Pathetisch fragend, wandte er sich an die ersten Praktiker seiner anthroposophischen Pädagogik:

> Und ist es nicht schließlich eine höchste heilige, religiöse Verpflichtung, das Göttlich-Geistige, das ja in jedem Menschen, der geboren wird, neu erscheint und sich offenbart, in der Erziehung zu pflegen? Ist dieser Erziehungsdienst nicht religiöser Kult im höchsten Sinne des Wortes? Müssen nicht zusammenfließen alle unsere heiligsten, gerade dem religiösen Fühlen gewidmeten Menschheitsregungen in dem Altardienst, den wir verrichten, indem wir herauszubilden versuchen das sich als veranlagt offenbarende Göttlich-Geistige des Menschen im werdenden Kinde! Lebendig werdende Wissenschaft! Lebendig werdende Kunst! Lebendig werdende Religion! – das ist schließlich Erziehung, das ist schließlich Unterricht. (GA 298, 23)

Durch diese Worte Steiners erhielt die Freie Waldorfschule eine wahrhaft universelle spirituelle Sendung. Bis zum Ausbruch seiner schweren, todbringenden Krankheit nahm er – stets von Dornach anreisend – an rund siebzig Lehrerkonferenzen teil und leitete die Geschicke einer Schule, deren Schülerzahl in kurzer Zeit auf das Dreifache anstieg.

Neue Zeiten, neue Konzepte (1919–1925)

Der Ruf der Schule verbreitete sich schnell. Die Zahl ihrer Besucher und Hospitanten stieg an. Bereits 1920 wurde Steiner veranlasst, vor Schweizer Lehrern seine Pädagogik zu entwickeln. In den folgenden Jahren hielt er Kurse in den Niederlanden und in England, wo Steiners Pädagogik früh auf intensives Interesse stieß. So besuchte ihn Millicent MacKenzie, eine Professorin für Pädagogik am University College in Cardiff, bereits Ende 1921 mit einer größeren Interessentengruppe in Dornach. In den folgenden drei Jahren vor seinem Tod reiste Steiner jährlich in Begleitung von Stuttgarter Waldorflehrern nach England, um dort – in Oxford, Ilkley, Torquay und London – pädagogische Vorträge zu halten und die Gründung der ersten Waldorfschule im englischen Sprachraum im Jahr 1925 vorzubereiten. In Dornach skizzierte Steiner in seinem letzten öffentlichen pädagogischen Kurs die Umrisse einer spezifischen Ausbildung für Waldorflehrer mit einer besonderen Akzentuierung der Künste. Er zeigte, wie sich der künftige Waldorflehrer befähigen kann, durch das plastische Gestalten die Lebensprozesse, durch das Musizieren das Seelenleben und durch Sprache und Dichtung das «Ich» seiner Schüler besser zu verstehen.

Kurz vor seinem Lebensende vertraute Steiner die Leitung der Stuttgarter Waldorfschule ihrer Lehrerschaft an und autorisierte das Kollegium, die Aufsicht über sämtliche Schulen in Deutschland auszuüben, die nach der anthroposophischen Pädagogik arbeiten wollten. Damit legte er den Grundstein für die Organisationsform der kollegialen Schulleitung an Waldorfschulen sowie für die Einrichtung des Bundes der Freien Waldorfschulen, der bis heute von Stuttgart aus weltweit die Vergabe des Markenzeichens «Waldorf» kontrolliert. Bei Steiners Tod Ende März 1925 hatten bereits fünf weitere Waldorfschulen ihre Pforten geöffnet: drei in Deutschland und je eine in den Niederlanden und in England. Allmählich folgten viele weitere Schulgründungen in Europa und in Übersee. Heute gibt es weltweit rund eintausend Waldorfschulen.

Geistige Heilkunst (1920)

Nach der Konzeption der Waldorfpädagogik entwarf Rudolf Steiner in den wenigen Jahren, die ihm noch verblieben, praktische Konzepte für eine geisteswissenschaftlich erweiterte Medizin und Pharmazie, eine «biologisch-dynamische» Landwirtschaft, eine kultisch erneuerte Christengemeinschaft und eine spirituell orientierte Heilpädagogik. Alle diese Wege werden noch heute – oder besser: gerade heute wieder – von vielen Menschen beschritten.

Im Frühjahr 1920 hielt der medizinische Laie Rudolf Steiner in Dornach vor dreiunddreißig akademisch ausgebildeten Ärzten den ersten Kurs mit zwanzig Vorträgen über Heilkunst, dem bis 1924 weitere Kurse folgten. An die ersten beiden Kurse schloss sich die Gründung zweier Kliniken in Arlesheim bei Dornach – die heutige Ita Wegman-Klinik – und in Stuttgart an. Die Texte bilden zusammen mit der Schrift *Grundlegendes zu einer Erweiterung der Heilkunst nach geisteswissenschaftlichen Erkenntnissen* (GA 27, 1925, 1984), die Steiner zusammen mit seiner Leibärztin Ita Wegman (1876–1943) verfasste, bis heute die theoretische Grundlage für die «geisteswissenschaftlich erweiterte Medizin». Programmatisch stellt diese den Versuch dar, die empirisch-naturwissenschaftliche Medizin durch eine «geistige» Heilkunst zu ergänzen, die von einem «ganzheitlichen» anthroposophischen Krankheitsverständnis aus vielfältige «alternative» Heilverfahren und Behandlungsformen anbietet. Steiner hatte die Physiotherapeutin Ita Wegman bereits 1902 in Berlin kennengelernt und ihr zu einem Medizinstudium in der Schweiz geraten, das sie 1912 abschloss. Die von Rudolf Steiner inspirierte Gründung eines «Klinisch-therapeutischen Instituts» in Arlesheim im Jahr 1921 ging auf ihre Initiative zurück.

Das eine Fundament von Steiners medizinischer Anthropolo-

Gründerin der ersten anthroposophischen Klinik und Leibärztin
Rudolf Steiners: die 1876 als erstes Kind einer niederländischen
Kolonialfamilie auf Java geborene Ita Wegman

Lebensgang und Gedankenwelt

gie ist die Lehre von den drei Gliedern des Organismus, genauer: von den drei Körpersystemen; das andere ist die Lehre von den vier Wesenstufen der Welt und den vier Leibern des Menschen. Das untere der drei Körpersysteme ist das Stoffwechsel-Gliedmaßen-System. Es sorgt mit seinen aufbauenden Kräften für Bewegung und Verdauung und ist der Träger des Willenslebens. Das obere ist das Nerven-Sinnes-System; von Abbau-Prozessen bestimmt, ist es der Träger des Vorstellungslebens. Für den Ausgleich zwischen dem oberen und dem unteren Pol sorgt in der Körpermitte das in Atem, Herz und Kreislauf pulsierende rhythmische System; es ist der Träger des Gefühlslebens. Krankheiten entstehen für Steiner aus der Störung des Gleichgewichtes zwischen diesen drei Systemen, zum Beispiel durch die einseitige Dominanz eines von ihnen. Anders als die «atomistische» naturwissenschaftliche Medizin soll diese Dreigliederungslehre den anthroposophischen Arzt dazu befähigen, Krankheiten «ganzheitlich» zu verstehen und zu lindern.

Mit dieser triadischen Sicht auf den menschlichen Körper und die Gleichgewichtsvorstellung von Gesundheit knüpft Steiner an die Lehre des Paracelsus von den drei Grundstoffen oder Lebensprinzipien Sal, Mercur und Sulfur an. Indem er Körperorgane mit Edelmetallen und den in ihnen wirksamen planetarischen Kräften in Beziehung setzt, greift er auf die über die romantische Medizin tradierte Gedankenwelt der vorneuzeitlichen Alchemie und Astrologie zurück.

Ein Spezifikum der geisteswissenschaftlich erweiterten Medizin ist die Einbeziehung der theosophischen Grundgedanken von Reinkarnation und Karma in die Anamnese der Krankheiten. Steiner zufolge weisen Erkrankungen auf Geschehnisse in früheren Verkörperungen des geistigen Ich des Patienten hin. Der anthroposophische Mediziner soll bei der Behandlung deshalb immer auch eine nur übersinnlicher Erkenntnis zugängliche individuelle Sinndimension der Krankheit in Rechnung stellen.

Neue Zeiten, neue Konzepte (1919–1925)

Steiner entwickelte für diese geisteswissenschaftlich individualisierende Heilkunst auch eine neuartige Pharmakologie, die im Wesentlichen auf die von Samuel Hahnemann (1755–1843) zu Beginn des neunzehnten Jahrhunderts begründete Homöopathie zurückgreift. Sie geht vom Simile-Prinzip («similia similibus curentur») aus, das heißt von dem Grundsatz, dass eine Krankheit am ehesten durch eine kleine Dosis desjenigen Arzneimittels geheilt werden könne, das bei seiner Verabreichung in großen Gaben bei Gesunden Krankheitssymptome hervorruft, die der zu heilenden Erkrankung ähneln. So soll etwa ein Schnupfen durch sehr geringe Mengen von Jod behandelt werden. Wie Hahnemann ist Steiner von einer im Wesen des Heilmittels wirkenden geistigen Kraft überzeugt, die man durch Verdünnung «potenzieren» kann. Selbst – oder vielmehr gerade – der Verdünnung einer Substanz in zehnfacher Dezimalpotenz wird noch eine hohe Wirksamkeit zugesprochen.

Die von Steiner begründete geisteswissenschaftlich erweiterte Heilkunst verbindet verschiedene alternative medizinische und pharmazeutische Traditionen, die von einem anthroposophisch-spirituellen Menschenbild zusammengehalten werden. Dabei bleibt die spezifische Gewichtung der naturwissenschaftlichen Schulmedizin, die ja eigentlich nur «erweitert» werden soll, im Unklaren. In Steiners Vorträgen dominiert jedenfalls die «geistige» über die «materialistische» Heilkunst. Die Klärung dieses Verhältnisses stellt sich als Aufgabe auch für seine heutige Schülerschaft in den anthroposophischen Arztpraxen und Gemeinschaftskliniken sowie in der Arzneimittelherstellung der pharmazeutischen Unternehmen Weleda und Wala.

Im Mai 1921 wandten sich rund zwanzig junge, mehrheitlich evangelische Theologen an Rudolf Steiner mit der Frage, ob und wie das Christentum durch Impulse der anthroposophischen Bewegung erneuert werden könne. In drei theologischen Kursen entwarf Steiner für diesen Zuhörerkreis den Kult der Christengemeinschaft, die sich im September 1922 als eigenständige christliche Kirche aus dem Geist der Anthroposophie konstituierte. Im Umfeld Steiners versammelten sich hier junge, zum Teil in der Deutschen Jugendbewegung sozialisierte Menschen, die nach dem Ende des Ersten Weltkriegs neue spirituelle und gemeinschaftliche Formen der christlichen Religionsausübung suchten. Nach ihrem Studium eines historisch-kritisch geschulten liberalen Protestantismus erfuhren sie den evangelischen Predigtgottesdienst nur noch als eine emotionslose akademische Feier einsamer Seelen.

In zeitgenössischer Parallele zu liturgischen Erneuerungsbewegungen innerhalb der Großkirchen erschuf Rudolf Steiner mit der Christengemeinschaft eine Kirche, deren Zentrum nicht mehr die Verkündigung und Erklärung der Bibel bildet, sondern das kollektive Erleben der «Menschenweihehandlung». Steiner, der in seiner Kindheit und Jugend nur mit dem Katholizismus vertraut geworden war, orientierte sich dabei ausschließlich an den sieben Sakramenten der katholischen Kirche und überarbeitete im anthroposophischen Geist seines «Fünften Evangeliums» aus der Akasha-Chronik (siehe oben) den Wortlaut der tridentinischen Liturgie und des tridentinischen Glaubensbekenntnisses. Er hatte im Übrigen zuvor bereits mit der «Sonntagshandlung» und der «Jugendfeier» religiöse Riten für den anthroposophisch-freireligiösen Unterricht an der Stuttgarter Waldorfschule gestaltet.

Am 16. September 1922 weihte Steiner im Goetheanum den

damals berühmten und angesehenen evangelischen Theologen Friedrich Rittelmeyer (1872–1938) zum ersten Priester und «Erzoberlenker» der Christengemeinschaft. Rittelmeyer war nach seinem Theologiestudium mit einer Arbeit über Nietzsches Erkenntnistheorie in Philosophie promoviert worden und war schon 1911 Steiner begegnet. Bevor er ganz in die anthroposophische Welt übertrat, war er Prediger im Deutschen Dom am Berliner Gendarmenmarkt in einer liberalen evangelischen Gemeinde. Rittelmeyer vollzog die erste Menschenweihehandlung und dazu die Weihe der anderen «Lenker» und «Oberlenker» der neuen Glaubensgemeinschaft. Die Gründung der Christengemeinschaft erfolgte damit – ebenso wie die der Theosophischen und der Anthroposophischen Gesellschaft – streng hierarchisch und geistesaristokratisch nach dem Grad der Initiation von oben nach unten. Ähnliches gilt für die Bildung der zukünftigen Zweige und Gemeinden.

Die Abgrenzung der Christengemeinschaft von der Anthroposophischen Gesellschaft ist bis heute für Außenstehende schwer ersichtlich, zumal viele Mitglieder beiden Bewegungen angehören. Steiner betrachtete sich nicht als Gründer der Christengemeinschaft, sondern nur als Mittler für ihren Kult. Für ihn stand die Anthroposophie über ihren Geschöpfen, so wie der wahre wissenschaftliche Weg zum Geistigen für ihn über dem Weg der von anthroposophischen Inhalten inspirierten Religion stand.

Der Christengemeinschaft gehören heute stabil etwa vierzigtausend Mitglieder an, davon die Hälfte in Deutschland. Die Ausbildung der Priesterschaft erfolgt in den Seminaren von Stuttgart, Hamburg und Chicago. Obwohl der Grad ihrer Akzeptanz bei den christlichen Großkirchen gestiegen ist, bleiben strittige Punkte im interkonfessionellen Dialog bestehen, so vor allem die Frage nach dem Verhältnis von Steiners «fünftem Evangelium» zu den vier kanonischen Evangelien, das eher pantheistische Gottesbild, die Rolle der Reinkarnationslehre und die Vorstellung von der Selbsterlösung.

Lebendiger Boden (1924)

In seinem «Landwirtschaftlichen Kursus», den er auf Einladung des Grafen Carl Wilhelm von Keyserlingk (1869–1928) mit mehr als einhundert Teilnehmern vom 7. bis 16. Juni 1924 auf dem Schlossgut Koberwitz in Schlesien durchführte, legte Steiner das Fundament für die «biologisch-dynamische Landwirtschaft». In Frontstellung zur «materialistischen» Agrarwissenschaft mit ihrem biochemischen Verständnis des Pflanzenwachstums und den daraus entwickelten mineralischen Düngestoffen galt Steiners Interesse dem Nachweis, dass auch die Kräfte der übersinnlich-geistigen Welt auf die Pflanzenwelt einwirken und durch spezifische organische Wege der Düngung zu einer Gesundung des Bodens führen können. Für Steiner resultieren die in das Erdreich eindringenden und auf den Samen der Pflanze wirkenden kosmischen Kräfte aus bestimmten planetarischen Konstellationen, die der Landwirt bei der Bodenbearbeitung berücksichtigen soll.

Der Boden stellt für Steiner ein Organ innerhalb des als individueller Organismus begriffenen landwirtschaftlichen Betriebs dar. Dieser Organismus bleibt nur dann «gesund», wenn jedes der Organe – Boden, Pflanzen und Tiere – aufeinander bezogen und füreinander dienlich wird. Als zentrales Thema hob Steiner die Düngung hervor, die keinesfalls durch chemisch hergestellte «tote» mineralische Stoffe erfolgen soll, sondern in «lebendiger» Form durch kompostierte Pflanzenreste oder die Ausscheidungen der im Hof gehaltenen Tiere. In die Aufbereitung und in den Einsatz organischer Dünger sollen die ätherischen, astralischen und geistigen Kräfte des Makrokosmos einbezogen werden. Im Rückgriff auf vergessene alte Bauernregeln schlug Steiner beispielsweise vor, natürliche Bodenstoffe in Kuhhörnern über die Jahreswende zu vergraben, damit sie von den jahreszeitlichen Kräften des Winters geistig durchdrungen werden können. Im Frühjahr können diese Düngestoffe – wie in der homöopathischen Medizin – in hoch potenzierten Verdünnungen dann ihre Wirkung umso stärker entfalten.

Die Steinersche Initiative zur Begründung einer biologisch-dynamischen Wirtschaftsweise blieb durch ihre anthroposophisch-spirituelle Ausrichtung einzigartig. Sie sollte mit der Kritik an der Überdüngung der Böden durch industrielle Düngemittel und an einer monokulturellen und technisierten Ausbeutung der Agrarflächen aber zugleich im Kontext der zeitgenössischen landwirtschaftlichen Alternativbewegungen gesehen werden, zum Beispiel der Grünlandbewegung und der Bodenreform. Bald nach Steiners Tod schlossen sich die anthroposophischen Landwirte zum Demeter-Bund zusammen, der am Ende der Weimarer Republik in Deutschland bereits mehr als eintausend Betriebe umfasste. Inzwischen hat sich die biologisch-dynamische Landwirtschaft weltweit ausgebreitet; ihre Arbeit wird in Deutschland und in der Schweiz von je einem anthroposophischen Forschungsinstitut begleitet.

Eine neue Heilpädagogik (1924)

Auf der Rückreise von Schlesien nach Stuttgart besuchte Rudolf Steiner das von seinen Anhängern Siegfried Pickert, Franz Löffler und Albrecht Strohschein wenige Monate zuvor übernommene ehemalige Ausflugslokal Haus Lauenstein, ein heilpädagogisches Heim für entwicklungsbeeinträchtigte Kinder in Jena. Er untersuchte die ihm vorgestellten Kinder und gab Hinweise für deren Behandlung. Gleich im Anschluss daran hielt er – wie den drei

Gründern in Jena versprochen – in der Zeit vom 25. Juni bis zum 7. Juli 1924 in Dornach vor einundzwanzig ausgewählten Ärzten und Pädagogen die zwölf Vorträge seines «Heilpädagogischen Kurses», die bis heute als die Grundlage der anthroposophischen Heilpädagogik gelten.

Die Praxis dieser Heilpädagogik ist aus zwei verschiedenen Strömungen hervorgegangen, einer schulpädagogischen und einer medizinischen. In der Stuttgarter Freien Waldorfschule waren schon bald die stark lernbehinderten und in ihrer Entwicklung zurückgebliebenen Schüler in einer Sonderklasse von dem Pädagogen Karl Schubert (1889–1949) betreut worden. Hieraus bezog Steiner Anregungen. Der zweite Impuls kam aus Arlesheim, wo Ita Wegman 1923 auf Bitten der Eltern entwicklungsgestörte Kinder in ihr Klinisch-Therapeutisches Institut aufnahm. Auf dem Lauenstein fand nun eine Integration dieser beiden Strömungen und Ansätze statt. Neben den Pädagogen gehören auch Therapeuten und Ärzte dem Kollegium eines anthroposophischen Heimes an. Der integrative Ansatz, Kinder mit unterschiedlichsten geistigen, körperlichen und sozial bedingten Behinderungen gemeinsam zu unterrichten und zu erziehen, ist bis heute eine anthroposophische Besonderheit.

Die im «Heil- und Erziehungsinstitut für seelenpflegebedürftige Kinder Lauenstein» begonnene Initiative verbreitete sich nach dem Kurs Steiners innerhalb nur weniger Jahre über ganz Deutschland und führte zur Gründung weiterer heilpädagogischer Heime in der Schweiz, England, Holland, Finnland und Island. Bis zum Beginn der sechziger Jahre des vergangenen Jahrhunderts gab es weltweit 111 Einrichtungen für seelenpflegebedürftige Menschen in zwölf Ländern.

Ende September 1924 musste Rudolf Steiner aus Erschöpfung erstmals in seinem Leben einen Vortrag absagen. Nach sechs Monaten im Krankenbett, ärztlich betreut von Ita Wegman, erlag er am 30. März 1925 in Dornach – mitten in der Arbeit an seiner Autobiographie – vermutlich einem Magenkrebsleiden. Die apologetischen Steiner-Biographen legen bis heute den Schleier des Geheimnisses über die Todesursache, so auch Christoph Lindenberg. Auf den Lebensgang Steiners zurückblickend schreibt sein kundigster Biograph und tiefgründiger Verehrer:

> So wie sich aus dem feingliedrigen, ungemein beweglichen, ja für unsere heutigen Verhältnisse kleinen Leib eine macht- und klangvolle Stimme erhob, so entfaltete sich aus einem äußerlich anfangs eng begrenzten Lebensumkreis zuerst das philosophisch-geisteswissenschaftliche, dann das völlig neue, vielgestaltige künstlerische und schließlich das lebenspraktische Werk. Aus den Impulsen des Erkennens erwuchsen zuerst die elementaren Grundformen neuer Architektur, Plastik, Dichtung und Bewegungskunst, später wie ein gewaltiger, heute reich verzweigter Baum die Anregungen zur Erziehungs- und Heilkunst, zur Erneuerung der Landwirtschaft und des sozialen Lebens. Das Feuer jugendlicher Frische und sich stets erneuernder Begeisterung blieb ihm bis ins Alter. So stand sein ganzes Leben bis ins letzte Lebensjahr im Zeichen der Neu-Anfänge. (1997, 985)

Für den Nichtanthroposophen und distanzierten Beobachter lässt sich Rudolf Steiners Leben und Wirken vielleicht am ehesten – in Anlehnung an die Pflanzenmorphologie seines Vorbildes Goethe – als ein produktiver Entwicklungsprozess verstehen, der ebenso durch Krisen und Metamorphosen gekennzeichnet ist wie durch Polaritäten und Steigerungen.

Zweites Kapitel

Die Lehre

Das fundamentale Anliegen von Steiners Werk ist die Erneuerung der mystischen Erfahrung in einer wissenschaftlichen Kultur, denn es geht ihm im Kern um die Vereinigung der inneren geistigen Welt der Person mit dem in Natur und Geschichte sich offenbarenden göttlichen All-Einen inmitten eines geistvergessenen, positivistisch-materialistischen Zeitalters. In einem ersten «goetheanistischen» Zugang wird von Steiner zunächst philosophisch-erkenntnistheoretisch und in einem zweiten «anthroposophischen» Zugang dann geisteswissenschaftlich-überrational das Grundschema der Gnosis expliziert, wonach das Ich durch Unwissenheit oder Schuld in einen Zustand der Entzweiung und Entfremdung von seinem geistigen Ursprung geraten ist, aus dem es durch Selbst- und Welterkenntnis wieder zur universalen Einheit zurückfinden kann (siehe Koslowski 1988). Die Aufgabe des einzelnen ist die Entfaltung seiner intellektuellen Anschauungskraft, diejenige der Gemeinschaft die (Wieder-)Vergeistigung aller Bereiche des kulturellen Lebens, darunter auch der Erziehung.

Goetheanismus: Das erkenntnistheoretische Frühwerk

Schon der junge Steiner leidet unter der Entmythologisierung der Welt durch die exakten Naturwissenschaften und die kritische Philosophie. In den inneren Tiefen seines Ich findet er dagegen noch das früheren Zeiten geläufige geistige Universum. In seinen vor-theosophischen Schriften versucht Steiner, diese mystische All-Einheitserfahrung in bewusster Opposition zum Kritizismus Kants und zur hierin erfolgenden Begrenzung der objektiven Erfahrung erkenntnistheoretisch zu begründen. Er geht davon aus, dass dem menschlichen Denken über die von Kant gezogenen Erkenntnisgrenzen alles erreichbar ist, was zur ‹Erklärung der Welt› nötig ist. Seine «Erkenntnistheorie führt zu dem positiven Ergebnis, dass das Denken das Wesen der Welt ist und dass das individuelle menschliche Denken die einzelne Erscheinungsform dieses Wesens ist» (GA 2, 79). Im selbstbewussten Erkennen erfolgt «ein stetiges Hineinleben in den Weltengrund». Das Geistige hat sich in den «Weltorganismus» emaniert; seine höchste und vollendete Wirklichkeitsform ist das Denken in dem Menschen, der den Denkinhalt – die ewigen Ideen – zur Erscheinung bringt. In der «intellektuellen Anschauung» kann der Mensch die Ideen unmittelbar erleben und sich dadurch mit dem Weltgrund selbstlos (wieder-)vereinigen.

Voraussetzungslose Erkenntnistheorie

Steiners Grundgedanken sind die folgenden: Die Erkenntnistheorie soll *voraussetzungslos* anheben, das heißt, sie kann ihren Anfang nur mit dem machen, was nicht selbst schon in das Gebiet des Erkennens gehört. Dazu muss ein Bereich aufgesucht werden, der außerhalb beziehungsweise unmittelbar vor der Erkenntnis liegt. Diese erste Stufe der Weltbetrachtung ist das «unmittelbar Gegebene», die «reine Erfahrung»; sie ist eine rein passive Anschauung, an der das Denken keinen Anteil hat. Steiner hält den Satz, die Welt sei unsere Vorstellung, für ein «Vorurteil» und auch für ungeeignet, um an den Anfang einer erkenntnistheoretischen Reflexion zu treten; er bedeute schon vorab eine gedankliche Qualifizierung der Wahrnehmungswelt. Es sei für das unbefangene Denken unerfindlich, was an der unmittelbar gegebenen Erfahrung der Wirklichkeit dazu berechtige, sie für eine bloße Vorstellung zu halten. Auf der Stufe des unmittelbar Gegebenen tritt uns die Wirklichkeit als zusammenhanglose Mannigfaltigkeit von Empfindungen, Wahrnehmungen, Gefühlen, Phantasien, Vorstellungen, Begriffen und Ideen entgegen; der «Weltinhalt» liegt unvollständig und ungeordnet vor uns, so wie er von unseren leiblichen und geistigen Organen wahrgenommen wird.

Nun finden wir aber gerade im unmittelbar Gegebenen auch als Erfahrung ein «Element», das als Gegebenes zugleich ein von uns Hervorgebrachtes ist und uns über die Zusammenhanglosigkeit hinausführt: das Denken. Das Denken ist «eine höhere Erfahrung in der Erfahrung», das Element, das gleichsam über sich und über die übrige Wirklichkeit «Licht verbreitet». Tritt uns in der Sinneswahrnehmung die Welt von der Seite der Vielheit und Zersplitterung entgegen, so erscheint sie uns im Denken, von der zweiten Stufe der Weltbetrachtung aus, als harmonisch geordnetes Gefüge der Ideen. In der Aktivität des Denkens vollzieht sich die Wiedervereinigung des unmittelbar Gegebenen mit den Begriffen und Ideen. Die gewöhnliche Sinneserfahrung ist nur die halbe Wirklichkeit; die andere Hälfte ist für unser geistiges Auffassungsvermögen vorhanden. Indem der Mensch wahrnimmt, empfindet und fühlt, zieht er sich in die «Enge des eigenen Wesens» zurück, geschieht seine Individuation. Als Individuum ist ihm indes nicht die volle Wirklichkeit zugänglich. Erst im Denken ist das Element gegeben, das ihn wieder mit dem «allgemeinen Geschehen des Kosmos» verbindet. Steiner bringt diesen Dualismus auf die Formel: «Indem wir empfinden […], sind wir einzelne, indem wir denken, sind wir das All-eine Wesen, das alles durchdringt.»

Dabei ist die bloß verstandesmäßige von der vernunftgemäßen Form des Denkens zu unterscheiden. In der bloßen Verstandestätigkeit werden nur Einzelgedanken festgehalten, bleibt die Welt eine künstliche Mannigfaltigkeit, die mit dem «Wesen der Wirklichkeit» nichts zu tun hat. In der Vernunftansicht von der Welt vereinigt der Mensch die künstlich getrennten Glieder, erfasst er vollständig die Einheit der Welt. Es gibt nur einen «Gedankeninhalt der Welt», und unser individuelles Denken ist nichts weiter als ein «Hineinarbeiten» unseres Selbst in dieses Gedankenzentrum. Unser Bewusstsein ist also nicht so vorzustellen, dass es Gedanken erzeugt und bewahrt; es ist gleichsam das Auge, das die Ideen als die wirkenden Weltgesetze erschaut, um sie im Denkakt selbst zur Erscheinung zu bringen. Descartes' Grundsatz «Ich denke, also bin ich» hält Steiner für falsch; nicht meine Subjektivität denkt, sie «lebt vielmehr von des Denkens Gnaden». Das Denken existiert als Kosmos der Ideen jenseits von Subjekt und Objekt. Unser Geist ist das «Organ», das die Ideenwelt beobachten kann wie die Sinne die Erscheinungen.

Diesen Vorgang nennt Steiner «intellektuelle Anschauung» oder «Intuition»; sie stellt die dritte Stufe der Weltbetrachtung dar. Intuition ist die im rein Geistigen stattfindende Selbstbeobachtung des Denkens, das bewusste «Erleben» seiner «Wesenheit». Die Ideen können hierbei von allem Empirisch-Materiellen frei als die reinen Weltgesetze oder Weltkräfte, als die *universalia ante res* erfasst werden. Die Ideen sind für Steiner nicht lediglich notwendige Vernunftbegriffe, denen kein Gegenstand der Erfahrung entspricht; sie sind vielmehr die «kraftenden» Urbilder und Gesetzgeber aller Dinge. In ihrer Gesamtheit sind sie das «Wesen der Welt». Für Steiner sind der Erkenntnis keine unwiderruflichen Grenzen gesetzt; allenfalls gibt es im Individuum zufällige Schranken, die mit dem Fortschreiten von der Wahrnehmung über das Denken zur intellektuellen Anschauung überwunden werden. In der Intuition der Ideen ist innerhalb unseres Bewusstseins das Wesen der Dinge rein erfahrbar.

Die Lehre

Steiner hält es daher für erwiesen, dass dem menschlichen Denken alles erreichbar ist, was zur «Erklärung der Welt» nötig ist. Schließlich ist ja «das Denken das Wesen der Welt». Mit anderen Worten: Die gesetzmäßige Harmonie des Weltalls kommt in der menschlichen Erkenntnis, im selbstbewussten Denken, zur Erscheinung. Als Auseinandersetzung oder Dialog des «Weltwesens» mit sich selbst, der sich im Bewusstsein des Menschen ereignet, ist die Wissenschaft «der Abschluss des Schöpfungswerkes». Fällt das Denken im Menschen ein Urteil, so ist es folglich der in die Ideen «eingeflossene Inhalt des Weltgrundes selbst», der in der Aussage zum Ausdruck kommt. Durch seine vollständige Emanation in den «Weltorganismus» treibt der «Weltenlenker» die Welt nunmehr voran; er hat dem selbstbewusst denkenden Menschen die Aufgabe auch der praktischen Vollendung des «Weltprozesses» übertragen. Im menschlichen Handeln begegnet uns daher «unmittelbar das unbedingte Handeln jenes Urgrundes» selbst; die Ziele, die sich der Einzelne setzt, sind nichts anderes als die Ziele des «Weltengrundes». Die Erkenntnis, dass die «Gesetze» des eigenen Handelns notwendig Teil der allgemeinen Gesetzmäßigkeit des Weltgeschehens sind, macht den Menschen seiner Bestimmung bewusst.

Der gesamte Erkenntnisprozess ist für Steiner ein «Entwicklungsprozess zur Freiheit». Denn mit der eigenen «moralischen Intuition» löst der Einzelne die in der Handlung sich verwirklichende Idee aus der Ideenwelt los und legt sie seinem Willen zugrunde. Steiner verbindet am Ende seiner *Philosophie der Freiheit* überraschenderweise seine idealistische Erkenntnistheorie mit der freigeistigen Position des ethischen Individualismus. Im Schlussabschnitt des Werkes finden sich dazu die folgenden Aussagen:

> Der Monismus kennt keinen Weltenlenker, der außerhalb unserer selbst unseren Handlungen Ziel und Richtung setzte. Der Mensch […] ist auf sich selbst zurückgewiesen. Er selbst muss seinem Handeln

einen Inhalt geben. [...] Dass eine Idee zur Handlung werde, muss der Mensch erst *wollen*, bevor es geschehen kann. Ein solches Wollen hat seinen Grund also nur in dem Menschen selbst. Der Mensch ist dann das letzte Bestimmende seiner Handlung. Er ist frei. (GA 4, 1894, 241 f.)

Die freie sittliche Tat vollzieht sich in drei Schritten: Durch die Anschauung des Denkens erfasst die «moralische Intuition» eine Idee, zu der die «moralische Phantasie» eine Vorstellung entwickelt, die durch die «moralische Technik» unter den konkreten Gegebenheiten des Handelns sachverständig realisiert wird.

Der Rückgriff auf den Neuplatonismus

Rudolf Steiner beginnt seine philosophischen Reflexionen über die menschliche Erkenntnistätigkeit mit dem Anspruch der Voraussetzungslosigkeit. In bewusster Anspielung auf die von seinem philosophischen Vorbild Eduard von Hartmann (1842–1906) – einem Schüler Arthur Schopenhauers – entwickelte «induktive Metaphysik» gibt er seinen Analysen im Untertitel seiner *Philosophie der Freiheit* von 1894 den Status von «Beobachtungsresultaten nach naturwissenschaftlicher Methode».

Dennoch trifft Steiner in der Ausführung seiner Erkenntnistheorie zahlreiche spekulative Aussagen über den «Weltinhalt» und über den «Weltgrund», die seinem theoretischen Ansatz und seinem empirischen Begründungsanspruch entgegenstehen. Was unter dem Postulat der Voraussetzungslosigkeit scheinbar in «phänomenologischer» Manier mit dem «unmittelbar Gegebenen» beginnt und den kritischen Zweifel am naiven (Abbild-)Realismus unserer Erfahrung als Vorurteil brandmarkt, ist tatsächlich von einer voraussetzungsreichen idealistischen Metaphysik erfüllt. Steiner weist den Satz, die Welt sei mir als Vorstellung gegeben, als anmaßende, zirkuläre Voraussetzung der Erkenntnistheorie zurück, um – scheinbar voraussetzungslos und induktiv «nach naturwissenschaftlicher Methode» – nur umso dogmatischer eine pantheistische Ontologie, Kosmologie, Anthropologie und Ethik darzulegen. Was er als «Beobachtungsresultat» bezeichnet, «dass das Denken das Wesen der Welt ist und dass das individuelle menschliche Denken die einzelne Erscheinungsform dieses Wesens ist» (GA 2,1960, 79), ist in Wahrheit seine unableitbare metaphysische Voraussetzung, ja Glaubensgewissheit. Zu ihr kann man nicht induktiv gelangen; von ihr sind jedoch alle seine Aussagen über Geist, Welt und Denken abgeleitet.

So gesehen ist Steiners Erkenntnislehre im Grunde spekulative Deduktion aus dogmatischer Metaphysik. Steiner deklariert sie zur Erkenntnistheorie der Goetheschen Weltanschauung; andere sehen in ihr einen unmittelbaren Nachfolger der objektiv-idealistischen Philosophie Schellings. Genau besehen ist sie trotz nicht zu leugnender Ähnlichkeiten mit beiden weder das eine noch das andere, sondern ein Rekurs auf die mystische Philosophie des Neuplatonismus.

Schon für den Mythos und die Religion ist es das «Wunder der Erkenntnis», worin der Mensch seines höheren Ursprungs innewird, worin er aber auch seine Beschränkung und Absonderung vom Absoluten schmerzlich erfährt. Die Grundfrage, die das philosophische Denken in seiner Geschichte lange Zeit allein beherrscht, ist die nach dem Verhältnis der Seele zur All-Natur:

> Die Erkenntnis soll zwischen den beiden Welten, die sich zunächst als getrennte Potenzen gegenüberstehen, die Brücke schlagen, soll Ich und Welt wiederum in eins fassen. […] Sein und Bewusstsein dürfen nicht als einander fremde Mächte gedacht werden, sondern sie müssen, wie sie sich im empirischen Prozess des Erkennens unmittelbar berühren und ineinander aufgehen, ihren Ursprung in einem letzten gemeinsamen Wesensgrund besitzen. Diese höchste Einheit […] wird zum eigentlichen Richt- und Zielpunkt aller Spekulation. So bildet die Entfremdung des Individuums vom Ursprung alles Seins und die

Goetheanismus: Das erkenntnistheoretische Frühwerk

Rückkehr zu ihm auf dem Wege der Betrachtung des Denkens das durchgängige Thema der Philosophie wie der Religion. Es ist das Eigentümliche dieser Gedankenrichtung, dass sie […] in ihrem eigentlichen Grundthema von aller geschichtlichen Entwicklung, insbesondere von aller Umgestaltung des wissenschaftlichen Erkennens, so gut wie unberührt bleibt. (Cassirer 1974, 648 f.)

Der Neuplatonismus, den in höchster Vollendung Plotin (204–269) repräsentiert, hat diese mystisch-gnostische Philosophie, die vom religiösen Motiv der (Selbst-)Erlösung bestimmt ist, im Anschluss an Platon klassisch entwickelt.

Steiners spiritualistischer Monismus ist mit seiner Grundauffassung von der Absonderung der Seele vom Höchsten im «Sündenfall» der Individuation und durch die Zielsetzung der «Erlösung» in der mystischen Schau des geistigen Urprinzips von derselben gnostischen Daseinshaltung getragen wie die mystisch-spekulative Philosophie Plotins. Was Steiner «Erkenntnistheorie» nennt, ist im Grunde universale Seinsdeutung. Wie er haben im Übrigen viele neuzeitliche Denker vor ihm aus dem Quell des Neuplatonismus geschöpft: Seinen metaphysischen Strukturplan der Welt und der Erkenntnis findet man in der Naturphilosophie des Paracelsus ebenso wie in der mystisch inspirierten All-Einheitslehre Jakob Böhmes, im monistischen Pantheismus Giordano Brunos, in der Substanzmetaphysik Baruch Spinozas, in der idealistischen Morphologie Goethes und in der idealistischen Naturphilosophie und Ästhetik eines Schelling und Schopenhauer. Die Aneignung neuplatonischer Grundgedanken erfolgt stets vor dem Horizont des jeweiligen Geistes der Zeit, im neunzehnten Jahrhundert insbesondere im Spannungsfeld der Auseinandersetzung mit der christlichen Theologie einerseits und der experimentellen Naturwissenschaft und der Vernunftkritik Kants andererseits. Man kann den Neuplatonismus als philosophischen Ausdruck einer universalen Stimmung des Seelenlebens verstehen, die Wilhelm Dilthey als Weltanschauung vom Typ des objektiven Idealismus bestimmt hat. Mit seiner Erkenntnistheorie ist Steiner fraglos dieser philosophischen Grundrichtung zuzurechnen.

Der Idealismus des frühen Steiner

Steiner betont, seine «Erkenntnistheorie liefer[e] die Grundlage für einen im wahren Sinne des Wortes sich selbst verstehenden Idealismus» (GA 3, 1958, 81). In der Intuition, das heißt der intellektuellen Anschauung, soll das Denken als Denkakt (Bewusstsein) das Denken als Denkinhalt (Ideen) unmittelbar «erleben» und sich dadurch mit dem Weltgrund selbst-los vereinigen können. Anstatt wie die neuzeitliche Subjektphilosophie das Selbstbewusstsein des Ich als einzige unmittelbare Gewissheit anzusehen und die Trennung der Wirklichkeit in eine Welt des Bewusstseins und in eine Welt der Erscheinungen als Ausgangspunkt systematischer Reflexion anzunehmen, fasst Steiner das Ich als einen «Spiegel» auf, worin sich das Höchste, das Geistige in den aus ihm ausgeströmten Ideen selbst anzuschauen vermag. Wie die neuplatonische Metaphysik betrachtet er das Bewusstsein als das Weltauge, das Geistesauge, das ein objektiv gegebenes ideelles Weltwesen «tätig zur Erscheinung» bringt. Die Individualität ist nur noch der periphere Ort, an dem sich das aus dem Zentrum ausströmende absolute Denken materialisiert.

Es ist nur folgerichtig, wenn sich Steiner mit seiner «idealistischen Weltauffassung» engstens mit dem Universalienrealismus der scholastischen Denker verbunden fühlt. Denn dieser erkenntnistheoretische Realismus beeindruckt ihn dadurch, dass er noch

> davon spricht, dass die Begriffe und Ideen ebenso zur Wirklichkeit gehören wie die im Raum wirkenden Kräfte und die den Raum erfüllende Materie […], dass Begriffe und Ideen nicht nur Hirngespinste

sind, die der menschliche Geist ersinnt, um die wirklichen Dinge zu verstehen, sondern dass sie mit den Dingen selbst etwas, ja mehr zu tun haben als Stoff und Kraft. (GA 1, 1883–1897; 1949, 304 f.)

Für Steiner sind die aus dem Ur-Einen ausgeströmten Ideen oder Urbilder wie für Plotin und für einzelne scholastische Philosophen nicht bloße allgemeine Vorstellungen oder Begriffe (*universalia post rem*), sondern etwas durchaus Wirkliches; sie sind *universalia ante rem*, «kraftende, wollende Wesen», die neben den Dingen für sich bestehen, bevor sie sich als *universalia in re* an den Dingen den Sinnen offenbaren. Die Allgemeinbegriffe werden zu Wesenheiten hypostasiert, die *formae substantiales* als objektiv existierende «nichtmaterielle Dinge» gedacht, denen ein unabhängiges, absolutes, höheres Sein zukommt oberhalb der Dinge der sinnlich wahrnehmbaren Welt. Als *intelligibilia* sind sie ebenso Gegenstände der Anschauung wie die *visibilia* der physisch-materiellen Welt; wie letztere sensuell, werden jene intellektuell angeschaut. Der Allgemeinbegriff ist also Idee und schaffendes Prinzip zugleich, jedem Ding innewohnende Ur-Sache, die es erschafft, begründet und die erklärt, dass es ist, was es ist, und warum es sich auf seine eigentümliche Weise verhält.

In diesem Zusammenhang sollte man sich daran erinnern, dass im sogenannten «Universalienstreit» des ausgehenden Mittelalters die neuplatonische – und Jahrhunderte später auch Steinersche – Position des extremen Universalienrealismus (*universalia ante rem*) von der gemäßigten aristotelischen (*universalia in re*) und von der nominalistischen Position (*universalia post rem*) philosophisch abgelöst wurde. Diese beiden Auffassungen betonten übereinstimmend, dass Erkenntnis, um Allgemeinaussagen nachvollziehbar zu machen, von der Wirklichkeit der individuellen Erscheinung ihren Ausgang nehmen müsse. Die Nominalisten wiesen im Übrigen darauf hin, dass die Ideen beziehungsweise Universalien nicht als wirkliche Wesen neben dem Menschen gedacht werden können, denn dann wären sie ja auch Einzeldinge, was ihrer Bestimmung als Allgemeinbegriff widerspricht. Die erkenntniskritische Philosophie Kants betrachtet die Ideen schließlich nur mehr als regulative Prinzipien wissenschaftlichen Erkennens und sittlichen Handelns, denen kein Gegenstand der Erfahrung entspricht.

Die Grundlage für die realistische, essentialistische Ideenauffassung Steiners ist in letzter Hinsicht eine mystische Einstellung, die dazu tendiert, im Aufstieg der Erkenntnis zur intellektuellen Anschauung die Subjekt-Objekt-Spaltung aufzuheben und das Absolute in den Ideen gleichsam unmittelbar «schauen» zu wollen, um sich mit ihm zu vereinigen. Im Gegensatz zum lebendigen Nichtwissen Kants weiß Steiner in der Spur Plotins, was es mit der Welt und mit der Seele auf sich hat. Da Kant diese Erkenntnis des göttlichen Ursprungs der Seele als für das streng wissenschaftliche Denken unerreichbar angesehen und als Gegenstand der Vernunftkritik ausgeschieden hat, kann Steiner den Kritizismus und dessen strenge Konsequenzen für das wissenschaftliche Denken nicht würdigen und erst recht nicht mit vollziehen. Er muss die «copernikanische Drehung» Kants, die das Bewusstsein nur als logisches und nicht als ontologisches Faktum begreift, als eine Selbstentfremdung des Denkens von seinem Ursprung ansehen, weil er als neuplatonischer Gnostiker an einem letztlich religiösen Begriff des Selbstbewusstseins festhält, für den das All-Eine und der (Wieder-)Aufstieg der Seele zu ihm weiterhin die Richtpunkte der philosophischen Spekulation sind. Das menschliche Erkenntnisvermögen wird ganz und gar aus der Erinnerung an seine ursprüngliche Identität mit der göttlichen Erkenntnis verstanden.

Diese spekulativ-mystische Grundeinstellung Steiners kommt auch zum Ausdruck in seiner Verwendung des Begriffs der «intellektuellen Anschauung».

Wer das Denken beobachtet, lebt während der Beobachtung unmittelbar in einem geistigen, sich selbst tragenden Wesensweben darinnen. [...] Intuition ist das im rein Geistigen verlaufende bewusste Erleben eines rein geistigen Inhaltes. Nur durch eine Intuition kann die Wesengleichheit des Denkens erfasst werden (Steiner 1918, zit.n. Schneider 1982, 89 f.)

– und damit die Wesensgesetzlichkeit der Welt! Die intellektuelle Anschauung ist für Steiner identisch mit der *unio mystica*; nur versucht er, der Mystik den ihr wesensmäßig innewohnenden Charakter des Überrationalen und Sprachlosen zu nehmen. So stellt er beispielsweise fest:

Für die Mystik, welche die Ideenklarheit denkerisch festhält und zu einem seelischen Wahrnehmungsorgan den mystischen Sinn macht, der in derselben Region des Menschenwesens tätig ist, wo sonst die dunklen Gefühle walten, ist jede Seite meiner Bücher geschrieben. (GA 2, 1886; 1960, 140 – Anm. zur Neuaufl. 1924)

Steiners Erkenntnislehre wäre zutreffend als «rationalisierte Mystik» zu bezeichnen; weder ist sie Mystik im religiösen Sinn einer Selbstaufgabe in die Unsagbarkeit des Einen noch Philosophie im Sinne einer Wissenschaft der sich selbst begreifenden Vernunft.

Wissenschaft als Weltanschauung

Der Gegenstand der Wissenschaft ist für den jungen Steiner die Welt der Ideen; das Erkenntnisinteresse ist das Erleben der Wahrheit in der letztgültigen Einheit der Ideen; die wichtigste Methode ist die Intuition, das heißt das unmittelbare Innewerden der Ideen in der Anschauung des Denkens und in der Natur. «Die auf dem Wege der Intuition gewonnene Einsicht ist gerade so wissenschaftlich wie die bewiesene.» (ebd. 113) Es liegt ganz in der Konsequenz einer solchen Auffassung von *scientia intuitiva*, dass sie sich nicht auf die neuzeitlichen empirisch-experimentellen sowie historisch-kritischen Einzelwissenschaften einlässt. Diese werden, da nur auf die unterste Stufe des «unmittelbar Gegebenen» gerichtet, als materialistisch, geistlos und ideenblind disqualifiziert: «Wer die Wirklichkeit bloß verstandesmäßig erfasst, entfernt sich von ihr. Er setzt an ihre Stelle, da sie in Wahrheit eine Einheit ist, eine künstliche Vielheit, eine Mannigfaltigkeit, die mit dem Wesen der Wirklichkeit nichts zu tun hat.» (ebd. 70) Wahre Wissenschaft hat es nur mit ideellen Objekten zu tun, ist «auf die Erhöhung des Daseinswertes der menschlichen Persönlichkeit» (GA 4, 1894, 8) gerichtet und «kann nur Idealismus sein» (GA 3, 1883–1897; 1949, 242).

Herausragendes Exempel wahrer Wissenschaftlichkeit sind für Steiner die morphologischen Naturforschungen Goethes; denn Goethe denkt sich die Natur als durchgeistigt und sieht im Stufenreich ihrer Gestalten die unterschiedlichen Manifestationsweisen des Geistes. Steiners Bekenntnis zur idealistischen Naturauffassung Goethes ist sachlogisch konsequent: Auch Goethes Wissenschaftsbegriff kann wie sein Ideenbegriff nicht dem neuzeitlichen naturwissenschaftlichen Forschungsparadigma zugerechnet werden, und dem kosmischen Einheitsgefühl wie dem morphologischen Denken der Griechen steht in der Neuzeit kein Naturforscher näher als Goethe. Wie für die antiken Denker ist Wissenschaft für Goethe wesentlich Anschauung der Natur als einer in sich ruhenden ewigen geistigen Ordnung. Der Wissenschaftler hat die Aufgabe, an den Phänomenen die Wesensstrukturen des naturhaft Seienden unmittelbar zu beobachten, das Ewige im Vorübergehenden zu schauen.

Zwischen der «essentialen» Wissenschaft Steiners (und auch Goethes) und der Forschungspraxis sowie dem theoretischen Selbstverständnis der modernen Wissenschaften besteht eine unüberbrückbare Kluft. Die Wissenschaft ist spätestens seit dem neunzehnten Jahrhundert kein anschauliches, ganzheitliches Erfassen einer ewig ruhenden Ordnung mehr, sondern spezialisierte Forschung, und als solche ein sich ständig weiter ausdifferenzierender und sich selbst revidierender Diskurs, der gegenstandsbezogen ist, ohne naiv gegenstandsgebunden zu sein, und der so die Möglichkeit eröffnet, die Welt zu verändern. Eine der Grundvoraussetzungen der modernen Wissenschaften ist die Vergleichgültigung der Wesensfrage; damit sind das Konzept der Einheitswissenschaft und die Möglichkeit eines abschließenden einheitlichen Weltbildes unwiderruflich dahin.

Im Gegensatz zur bewussten methodischen Selbstbegrenzung, zur Pluralität und prinzipiellen Unabschließbarkeit moderner wissenschaftlicher Forschung wollen Rudolf Steiner und seine Schüler weiterhin die Welt als ein wohlgeordnetes Ganzes gleich einer ewig unwandelbaren Wahrheit erkennen. Sie wollen in der Form der zwingenden Wissenschaft das erkennen, was sich gerade so nicht wissen lässt. Ihre Denkform ist weder die der strengen Philosophie noch die der exakten wissenschaftlichen Forschung, sondern philosophierende Weltanschauung: Ein universales Deutungsmuster der Stellung des Menschen in der Welt, das sich durch nichts Singuläres widerlegen lassen will, tritt an die Stelle des traditionellen philosophischen Systems.

Im tiefsten Grunde will die Steinersche Erkenntnislehre Kritik an der neuzeitlichen Vernunft sein. Als Nachfahre der romantischen Bewegung versucht Steiner, die Sinnentleerung und Verarmung des Wirklichkeitsbezugs, die er als eine Folge der kritischen Philosophie und der empirisch-exakten Naturwissenschaften versteht, durch eine Remythologisierung zu überwinden, das heißt durch die Vorstellung von einer reicheren Welt, die als konkrete Ganzheit erfahrbar ist. Dafür greift er zunächst auf die Grundzüge der alten neuplatonischen Ontologie zurück. Als philosophischer Gnostiker folgt er deren Intention, die auf Vervollkommnung des

Ich im Zuge seiner mystischen Vereinigung mit der göttlichen Einheit des Alls gerichtet ist.

Diese metaphysische Erkenntnistheorie ist die erste Antwort auf Steiners genuin romantische Grundfrage: Wie kann sich der Intellekt intellektuell übersteigen, um das unsichtbare Geistige zum Sprechen zu bringen? Wie bei den frühen Romantikern zielt auch Steiners Modernitätskritik im tiefsten Grunde auf die (Wieder-)Versöhnung von Wissenschaft, Religion und Kunst – auf eine Remythologisierung der Kultur.

Seine zweite, weniger philosophisch-systematische als vielmehr theosophisch-esoterische Antwort ist die «anthroposophische Geisteswissenschaft». Mit der Konversion Steiners vom philosophierenden objektiven Idealisten zum okkult schauenden Theosophen verändert sich auch die Ausrichtung seines Schulungsweges, auf dem sich die Erkenntnisse der höheren Welten erschließen. Aus der Schau der Ideen als «kraftenden» Urbildern alles Seienden wird die Vision der übersinnlich anschaubaren Wesenheiten des Äther-, Astral- und Ich-Leibs. Aus der intellektuellen Anschauung des Denkens wird die übersinnliche Anschauung der Formen und Farben, der kosmisch-geistigen Kräfte und das innere Erleben ihrer Aura. Nicht die essentiale Erkenntnistheorie des Frühwerks, sondern die im Folgenden zu entfaltende «anthroposophische Geisteswissenschaft» ist das Fundament von Steiners späteren lebensreformerischen Initiativen – von der Architektur über die Pädagogik bis zur Medizin – geworden.

Anthroposophie: Die Grundlehre Steiners

Anthroposophie ist für Steiner nicht nur (auto-)biographisch, sondern systematisch eine Trinität von Erkenntnisweg, Weltanschauung und Lebensreform. Als Erkenntnisweg soll Anthroposophie –

Steiner nennt seine Lehre vor seinem Bruch mit der Theosophischen Gesellschaft «Geheimwissenschaft», danach «Geisteswissenschaft» – «das Geistige im Menschenwesen zum Geistigen im Weltenall führen» (GA 26, 14), indem sie die normalwissenschaftliche Erforschung der physischen Welt um diejenige einer zunächst unsichtbaren, übersinnlichen geistigen Welt erweitert. Sie

> will die naturwissenschaftliche Forschungsart und Forschungsgesinnung, die auf ihrem Gebiete sich an den Zusammenhang und Verlauf der sinnlichen Tatsachen hält, von dieser besonderen Anwendung loslösen, aber sie in ihrer denkerischen und sonstigen Eigenart festhalten. Sie will über Nichtsinnliches in derselben Art sprechen, wie die Naturwissenschaft über Sinnliches spricht. (GA 13, 36)

Steiners erste Prämisse ist dabei,

> dass es hinter der sichtbaren Welt eine unsichtbare, eine *zunächst* für die Sinne und das an diese Sinne gefesselte Denken *verborgene Welt* gibt und dass es dem Menschen durch Entwickelung von Fähigkeiten, die in ihm schlummern, möglich ist, in diese verborgene Welt einzudringen. (ebd. 41)

Was er dann wahrnimmt, ist nicht blass und schattenhaft, sondern konkret-bildhaft und von einer viel intensiveren Wirklichkeit als der Inhalt der Sinneseindrücke. Es offenbaren sich dem Menschen nun Sachverhalte, die er vorher vielleicht geahnt, aber nicht durch Erfahrung erkannt hat. Indem er diese übersinnliche Welt wahrnehmen lernt wie früher nur die sinnliche, wird ihm klar, dass alle Naturgesetze, die er vorher kennengelernt hat, nur in der physischen Welt gelten. Die Gesetze der übersinnlichen Welt sind anderer Art und können denen der physischen Welt durchaus widersprechen (siehe GA 27, 10 ff.). Steiners zweite Prämisse ist, dass – anders als in den esoterischen Geheimlehren früherer Epochen – heute *jedermann* durch die meditative Schulung seines «Erkenntnisorgans» die Fähigkeiten zur Erforschung der höheren Welten erlangen kann: «Zu Erkenntnissen in höheren Welten gelangt der Mensch, wenn er sich, außer dem Schlafen und Wachen, noch einen dritten Seelenzustand erwirbt» (GA 13, 299), in welchem bei voller Bewusstheit alle Eindrücke der Sinne ausgeschaltet bleiben. Auf dem Schulungsweg verlässt der Geistesschüler die «herabgelähmte» begriffliche Form des Alltagsdenkens und schreitet über die imaginative und die inspirative zur intuitiven Stufe des «exakten Hellsehens» empor. Nachdem die Seele zum leeren Gefäß geworden ist, empfindet sie «ein Aufgehen in die ganze Welt, ein Einswerden mit derselben, aber *ohne* die eigene Wesenheit zu verlieren» (ebd. 393). Nun ist das «Erkenntnisorgan» geöffnet für die Erfahrung der «lebendigen Logik» der höheren Welt und ihrer beiden Grundgesetze: der Entsprechung von Makro- und Mikrokosmos und der Reinkarnation des Geistigen.

Anders als das subjektive Erleben des Mystikers strebt die

geisteswissenschaftliche Seelenschulung [...] nach solchen objektiven Erlebnissen, deren Wahrheit zwar ganz innerlich erkannt wird, die aber doch gerade deshalb in ihrer Allgemeingültigkeit durchschaut werden. [...] Worauf es ankommt, ist, dass hier mit den Mitteln, welche in der gegenwärtigen Entwickelungsperiode der Seele möglich und dieser angemessen sind, ein Einblick in die übersinnlichen Welten versucht wird, und dass von diesem Gesichtspunkte aus die Rätsel des menschlichen Schicksals und des menschlichen Daseins über die Grenzen von Geburt und Tod hinaus betrachtet werden. (ebd. 22)

Der Theosoph und Anthroposoph Steiner will also in seiner Lehre mit dem Exaktheitsanspruch der neuzeitlichen Wissenschaft für jedermann nachprüfbare Antworten geben auf die uralten spirituellen Fragen nach dem Woher und Wohin der Welt und des Menschen.

Ein Erkennen, welches das Verborgene offenbar macht, ist geeignet, alle Hoffnungslosigkeit, alle Lebensunsicherheit, alle Verzweiflung, kurz alles dasjenige zu überwinden, was das Leben schwächt und es unfähig zu dem ihm notwendigen Dienste im Weltganzen macht. (ebd. 47)

Anthroposophie: Die Grundlehre Steiners

Steiner unterscheidet in vielen Schriften und Vorträgen drei Stufen der Meditation, über die der Weg zur Erkenntnis der geistigen Welten führt. Sie müssen nicht streng nacheinander beschritten werden, können also mehr oder minder ineinander übergehen. Die Imagination eröffnet als erste Stufe den grundlegenden Einstieg in das Erleben der geistigen Welt, die Inspiration vermittelt als zweite schon die größeren Zusammenhänge, und Intuition führt als dritte zur selbst-losen unmittelbaren Erfahrung der geistigen Wesenheiten und Ideen.

Zu seiner *Vorbereitung* muss der Geistesschüler zunächst die bereits vorliegenden, von ihm noch nicht selbst erlebten Erfahrungen über die verborgenen Welten als Mitteilungen fortgeschrittener Geistesforscher aufnehmen. «Man lernt sich einleben in diese Welt gewissermaßen naiv, indem man sich über bestimmte Tatsachen derselben unterrichtet, und dann gibt man sich Rechenschaft, wie man – die Naivität verlassend – vollbewusst selbst zu den Erlebnissen gelangt, von denen man Mitteilung erlangt hat.» (ebd. 50) So ist der Anfänger zunächst «Mit-Erkenner» der übersinnlichen Welt, bevor er durch die Ausbildung seines Erkenntnisorgans auf dem weiteren Schulungsweg zum «selbständigen Erkenner» wird. Zur Vorbereitung seiner Seele soll sich der Geistesschüler – neben einem von Devotion, Achtung und Verantwortung geprägten Umgang mit Menschen und Dingen – in regelrechter Schulung die folgenden fünf Eigenschaften aneignen: Herrschaft über die Gedankenführung, Herrschaft über die Willensimpulse, Gelassenheit gegenüber Lust und Leid, die Positivität im Beurteilen der Welt, Unbefangenheit in der Auffassung des Lebens (siehe GA 13, 336). Der Geistesschüler soll sich täglich bis zu fünfzehn Minuten lang aus der Bindung an den Alltag zurückziehen, um zur Meditation zu finden. Damit er Offenbarungen aus der geistigen Welt empfangen und diese noch intensiver durchleben kann als die ihn umgebenden Wahrnehmungen, muss er sein Denken, Fühlen und Wollen von allen gewohnten Schemata und biographischen Verankerungen loslösen. Die anthroposophische Meditation will nicht durch körperliche Übungen oder hypnotische Zustände, sondern allein durch eine selbstreflexive Steigerung des Denkens diesen Prozess der Entgrenzung des Bewusstseins hervorrufen und vollenden.

Auf der *Stufe der Imagination* (Symbolbetrachtung, Mantren und Aura-Erfahrung) erfolgt der erste Schritt zum Erleben der geistigen Welt, indem sich der Geistesschüler unablässig in eine gedankliche Vorstellung (etwa die in einem Pflanzen-Samenkorn schlummernden Wachstumskräfte, die Stufen des Werdens und Vergehens einer Pflanze, die Formen von Kristallen, den Begriff der Herzensgüte oder in bestimmte Sätze oder Formeln) versenkt und versucht, sich deren Gefühlsgehalt seelisch auszumalen. Durch die seelische und geistige Form- und Farbgebung der Sinnbilder, die er nun in sich entstehen lässt, wird seine Sensibilität für die unsichtbaren geistigen Zusammenhänge gestärkt:

> Es kommt darauf an, dass durch die Konzentration auf die entsprechende Vorstellung oder das Bild die Seele genötigt ist, viel stärkere Kräfte aus ihren eigenen Tiefen hervorzuholen, als sie im gewöhnlichen Erkennen anwendet. Ihre innere Regsamkeit wird dadurch erhöht. Sie löst sich los von der Leiblichkeit, wie sie sich im Schlafe loslöst; aber sie geht nicht wie in diesem in die Bewusstlosigkeit über, sondern sie erlebt eine Welt, die sie vorher nicht erlebt hat. (ebd. 318)

Bei längerer Übung verändert sich das Traumleben ebenso wie das Wachbewusstsein außerhalb der Meditation. Nun kann der Geistesschüler immer besser übersinnliche Erfahrungen, die vorher nur unbewusst in seiner Seele vorhanden waren, in vollständig bewusste umwandeln. Auch im alltäglichen Wachbewusstsein kann er jetzt mit den neuen «geistigen Augen» die seelischen und geistigen

Qualitäten seiner Umgebung – von der Welt der Mineralien über diejenige der Pflanzen und Tiere bis zu den Menschen und den in ihnen wirkenden Schicksalen und Ideen – innerlich als vielfarbige Gestalten und komplexe Töne und Worte schauen und erfassen.

Wer imaginativ erkennt, wird von der neuen höheren Welt so sprechen können, dass er die Eindrücke als Wärme- oder Kälteempfindungen, Ton- oder Wortwahrnehmungen, Licht- oder Farbenwirkungen bezeichnet. Denn wie solche erlebt er sie. Er ist sich aber bewusst, dass diese Wahrnehmungen in der imaginativen Welt etwas anderes ausdrücken als in der sinnlich-wirklichen. Er erkennt, dass hinter ihnen nicht physisch-stoffliche Ursachen, sondern seelisch-geistige stehen. (ebd. 350)

Innerhalb der imaginativen Welt nimmt der Geistesschüler überall Bewegungen und Verwandlungen wahr, zu festen Anhaltspunkten gelangt er erst auf der *Stufe der Inspiration* (Hören des Weltenwortes, Lesen der verborgenen Schrift). Hier dringt er von den seelischen Äußerungen der Wesen zu deren geistigem Inneren vor. Wenn man die Imagination als geistiges Schauen verstehen kann, so die Inspiration als ein geistiges Hören. Die Sinnbilder, die der Geistesschüler sich durch die Imagination erschlossen hat, soll er wieder in sich auslöschen und sich allein auf die seelisch-geistige Tätigkeit konzentrieren, mit der er sie vorher meditiert hat. In diesem Zustand des inneren Schweigens kann er sich nun von den Willensoffenbarungen der höheren Wesen inspirieren lassen, die er auf der vorherigen Stufe in den Sinnbildern gleichsam nur von außen geschaut hat.

Deshalb lässt sich das Beobachten in der Welt der Inspiration nur vergleichen mit einem Lesen; und die Wesen in dieser Welt wirken auf den Betrachter wie Schriftzeichen, die er kennenlernen muss und deren Verhältnisse sich für ihn enthüllen müssen wie eine übersinnliche Schrift. [...] Schon den ganzen Lebensgang des Menschen könnte man nicht verstehen, wenn man ihn nur durch imaginative Erkenntnis betrachten würde. Man würde da zwar wahrnehmen, wie sich mit dem Hinsterben die seelisch-geistigen Glieder aus dem in der physischen Welt Verbleibenden loslösen; aber man würde die Beziehungen dessen, was nach dem Tode mit dem Menschen geschieht, zu den vorhergehenden und nachfolgenden Zuständen nicht verstehen […]. Ohne die Erkenntnis durch Inspiration verbliebe die imaginative Welt wie eine Schrift, die man anstarrt, die man aber nicht zu lesen vermag. (ebd. 353 ff.)

Nachdem man durch die Inspiration in die Lage versetzt worden ist, die Beziehungen zwischen den Wesenheiten der höheren Welt wahrzunehmen, gelangt man auf der *Stufe der Intuition* (Einswerden mit dem Makrokosmos) dazu, diese höheren Wesenheiten in ihrem geistigen Inneren selbst zu erkennen.

Die Übungen zur Intuition erfordern, dass der Geistesschüler aus seinem Bewusstsein nicht nur die Bilder verschwinden lässt, welchen er sich zur Erlangung der Imagination hingegeben hat, sondern auch das Leben in der eigenen Seelentätigkeit, in welche er sich für die Erwerbung der Inspiration versenkt hat. Er soll also dann buchstäblich *nichts* von vorher gekanntem äußeren oder inneren Erleben in seiner Seele haben. […] die geistige Welt beginnt für die Erkenntnis offen zu liegen in einer Form, die nichts mehr gemein hat mit den Eigenschaften der physisch-sinnlichen Welt. (ebd. 368 f.)

Durch dieses innere Leerwerden erfährt der Geistesschüler mehr als ein «Erfülltsein» von Wesen, er erlebt nun das «Einssein» mit den höchsten «welterschaffenden Wesenheiten» und mit dem ganzen Makrokosmos. «Es ist diese Empfindung ein Aufgehen in die ganze Welt, ein Einswerden mit derselben, aber ohne die eigene Wesenheit zu verlieren.» (ebd. S. 393) Sein gewöhnliches Selbst wächst zum «höheren Selbst» eines geistigen Mitschöpfers empor und entdeckt, dass jedes seiner Wesensglieder in einem Verhältnis zu der ganzen übrigen Welt steht. Auf der Stufe der Intuition gelangt der Geistesschüler nicht nur zur Erkenntnis der Entspre-

chung von Makro- und Mikrokosmos, sondern erhält auch Einbli-
cke in das Weltgedächtnis, in dem alles Vergangene aufgezeichnet
ist – zuverlässiger als es je durch die Dokumente der Natur- und
Kulturgeschichte in der physischen Welt geschehen kann.

> Für die geistige Forschung [sind] die Tatsachen auch urferner Vergan-
> genheiten nicht verschwunden. Wenn ein Wesen zu einem körper-
> lichen Dasein gelangt, so vergeht mit seinem Tode das Stoffliche.
> Nicht in der gleichen Art ‹verschwinden› die geistigen Kräfte, welche
> dieses Körperhafte aus sich herausgetrieben haben. Sie lassen ihre
> Spuren, ihre genauen Abbilder in der geistigen Grundlage der Welt
> zurück. Und wer durch die sichtbare Welt hindurch die Wahrneh-
> mung zu dem Unsichtbaren zu erheben vermag, der gelangt endlich
> dazu, etwas vor sich zu haben, was man mit einem gewaltigen geisti-
> gen Panorama vergleichen könnte, in dem alle vergangenen Vorgänge
> der Welt verzeichnet sind. Man kann diese unvergänglichen Spuren
> alles Geistigen die ‹Akasha-Chronik› nennen. (ebd. 141 f.)

Der Geistesforscher gewinnt so letzten Aufschluss über den Ablauf
und den Sinn der kosmischen Evolution und seine Stellung und
Aufgabe in diesem Geschehen. Mit der Berufung auf seine Einsicht in die Akasha-Chronik hat Steiner umfangreiche Angaben
zur Evolution der Welt und Geschichte der Menschheit gemacht.
Darunter finden sich seine okkulten Erkenntnisse über Entstehung und Untergang von Atlantis ebenso wie diejenigen über das
Leben Jesu zwischen seinem zwölften und dreißigsten Lebensjahr.

Nach Steiners Auffassung ist das Ziel des Weges zur Erkenntnis
der geistigen Welten zu allen Zeiten dasselbe, die Ausgangspunkte
der Menschen sind aber stets verschieden. Die fortschreitende
kulturelle Entwicklung führt nach Steiner die Menschen auch in
Bezug auf den Schulungsweg zur Ausgestaltung von immer neuen
Formen. «Der hier beschriebene Weg zur höheren Erkenntnis ist
nun ein solcher, welcher für Seelen tauglich ist, welche in der unmittelbaren Gegenwart sich verkörpern.» (ebd. 396) Der Schulungsweg Steiners nimmt seinen Ausgangspunkt in einer wissen-

schaftlichen Zivilisation und versucht, von diesem kulturellen Plateau aus in der neuen exoterischen Form einer «Geisteswissenschaft» für jedermann eine Brücke zurück zur Welt des vordem nur wenigen Eingeweihten zugänglichen esoterischen Wissens zu schlagen.

Kosmologie: Das Entwicklungsgesetz der Welt

Auf dem Erkenntnisweg in die «höheren Welten» hat Rudolf Steiner die Einsicht in das grundlegende Entwicklungsgesetz der Welt und des Menschen erlangt: Das Weltall und der Mensch sind aus dem all-einen *göttlich-geistigen Urgrund* entsprungen; auf dem Weg der Verkörperung in sieben planetarischen Weltaltern beziehungsweise auf dem Weg der Reinkarnation in zahllosen Lebensläufen erheben sich Welt und Mensch wieder zum Geistigen zurück. Nach der urzeitlichen Emanation der geistigen Substanz ins Weltendasein durchläuft die Erde sieben Stufen der Wiederverkörperung, auf denen sie sich zunächst absteigend immer mehr materiell verdichtet, bevor sie aufsteigend schließlich wieder ins rein Geistige zurückkehrt. In den bisherigen vier Verkörperungen der Erde und des Kosmos haben sich durch zunehmende Verstofflichung des Geistigen zunächst der physische, der ätherische und der astralische Leib des Menschen vorbereitet, bevor sich auf der gegenwärtigen vierten Stufe das menschliche Ich bilden konnte. In den drei noch ausstehenden Inkarnationen werden immer mehr Menschen die immer immaterieller werdenden Bewusstseinsstufen des Geistselbst, des Lebensgeistes und des Geistesmenschen erreichen. Steiner beschreibt in hier nicht annähernd zu realisierender Konkretion (GA 13, 137–298) sieben planetarische Verkörperungen, auf denen sich die erwähnten sieben Wesensglieder und Bewusstseinszustände ausbilden. Jede dieser Verkörperungen wird durch Ruheperioden, sogenannte Weltnächte, von der nächsten getrennt.

Steiners Theorie der Weltentwicklung

Entwicklung der Welt (planetarische Verkörperungen)	Entwicklung des Menschen (Bewusstseinszustände)
1. Saturnzustand: Feuer	Physischer Leib: mineralische Stufe bewusstseinslose Alleinheit
2. Sonnenzustand: Luft und Licht	Ätherleib: pflanzliche Stufe traumloses Schlafbewusstsein
3. Mondenzustand: Wasser	Astralleib: tierische Stufe Traum- und Bilderbewusstsein
4. Erdenzustand: Erde	Ich-Leib: geistige Stufe Wach- und Gegenstandsbewusstsein
4.1 Polarische Epoche / Wurzelrasse Ätherkugel in Astralhülle	Bildung der Ätherorgane
4.2 Hyperboräische Epoche / Wurzelrasse Abspaltung der Sonne	Mensch wie Feuerwolke
4.3 Lemurische Epoche / Wurzelrasse Abspaltung des Mondes, Untergang von Lemuria in Feuerstürmen	Aufrechter Gang, Trennung der Geschlechter, Luzifer-Ereignis
4.4 Atlantische Epoche / Wurzelrasse Endet in der Überflutung von Atlantis	Sprachentstehung, Macht der Magie über die Natur, Führung durch Orakel, Einfluss Ahrimans
4.5 Nachatlantische Epoche / Arische Wurzelrasse Zeitalter dauert gegenwärtig noch an	Verselbständigung des Denkens Menschliches Selbstbewusstsein

4.5.1 Altindische Kultur / Unterrasse 7227–5067 v. Chr.	Natürliches Hellsehen, Welt als Maya, Sehnsucht nach Brahman
4.5.2 Urpersische Kultur / Unterrasse 5067–2907 v. Chr.	Geistiges (Luzifer) und Sinnliches (Ahriman) klaffen auseinander
4.5.3 Ägyptisch-chaldäische Kultur / Unterrasse 2907–747 v. Chr.	In Astrologie und Geometrie erkennt der Mensch das Geistige hinter dem Sinnlichen
4.5.4 Griechisch-lateinische Kultur / Unterrasse 747 v. Chr.–1413 n. Chr.	Das Geistige erwacht im bewussten Ich, drückt sich in Kunst, Recht und Politik aus
4.5.5 Zeitgenössische nachatlantische Kultur / nordische Unterrasse 1413–3573 n. Chr.	Höchste Stufe der Individualisierung, aber auch des Materialismus. Seit 1879 herrscht Erzengel Michael
4.5.6 Nächste nachatlantische Kultur / slawische Unterrasse 3573–7893 n. Chr.	Öffnung für das Geistselbst Erinnerung an Reinkarnationen
4.5.7 Letzte nachatlantische Kultur / (nord-) amerikanische Unterrasse 5733–7893 n. Chr.	Menschheit gruppiert sich nach Graden der Vergeistigung
4.6 Zukünftige nachatlantische Epoche	Gestaltung des Geistselbsts
4.7 Letzte nachatlantische Epoche	Gestaltung des Lebensgeistes
5. Jupiterzustand Keine Mineralien mehr	Imaginatives Bewusstsein Geistselbst
6. Venuszustand Keine Pflanzen mehr	Inspiratives Bewusstsein Lebensgeist
7. Vulkanzustand Keine Tiere mehr	Intuitives All-Bewusstsein, Geistmensch

Anthroposophie: Die Grundlehre Steiners

Die erste Stufe nennt Steiner die Saturnstufe, die mit dem Element Feuer verbunden ist; auf dieser Stufe entwickelt sich der physische Leib der Erde und des Menschen, dessen Seelenzustand noch dem der bewusstlosen Trance gleicht. Auf der zweiten Stufe, dem Sonnenzustand, verdichtet sich die Saturnwärme zu Luft und der Ätherleib entsteht mit dem Tiefschlafbewusstsein der Pflanzenwelt. Auf der dritten Stufe, dem Mondenzustand, bildet sich der Astralleib mit seinem Traum- und Bilderbewusstsein, und aus den Elementen Wärme und Luft entsteht dasjenige des Wassers. Am Anfang des gegenwärtigen vierten Zustandes, dessen Element die Erde ist, spaltet sich ein Weltkörper ab, der sich zur heutigen Sonne entwickelt. Sein «Feuerfunke» entfacht im Menschen das Ich mit seinem Wachbewusstsein und seiner Erkenntnistätigkeit.

> Nun tritt der Mensch in der Gestalt, in welcher er gegenwärtig sich entwickelt, erst auf der vierten der charakterisierten planetarischen Verkörperungen auf der eigentlichen Erde auf. Und das Wesentliche dieser Gestalt ist, dass der Mensch aus den vier Gliedern zusammengesetzt ist: Physischer Leib, Lebensleib, Astralleib und Ich. (ebd. 146 f.)

Als Mikrokosmos umgreift das heutige Menschenwesen also die Seinsbereiche der bisherigen vier planetarischen Stufen – das Physisch-Mineralische, das Ätherisch-Vegetative, das Astralisch-Animalische und das Ichhaft-Geistige. Aus der Stufenordnung dieser Seinsbereiche ergibt sich auch eine Evolutions-, genauer: Emanations-Lehre: Die Gesteinswelt, die Pflanzen und das Tierreich waren nicht etwa schon vor dem ersten Menschen vorhanden; sie sind vielmehr im Laufe der Weltentwicklung schrittweise erst durch Herauslösung aus dem ursprünglichen Menschenwesen entstanden. Die Gesteinswelt ist sozusagen der auf der Saturnstufe stehen gebliebene Teil des Makro-Anthropos; die Pflanzen entstammen dem auf der Sonnenstufe zurückgebliebenen vegetativen Teil des Menschen, die Tiere dem schon animalisch beseelten

Menschenleib der Mondstufe. Die unteren Seinsbereiche der Welt haben den weiteren Inkarnationsprozess des Geistigen von den früheren Stufen aus nicht mehr mitvollzogen. Die so im Weltprozess der Vergeistigung «ausgestoßenen» Naturreiche stehen dem Menschen nun zwar gegenüber, aber nicht etwa als fremde, sondern als ihm zutiefst verwandte Wesenheiten.

In der zukünftigen fünften Verkörperung, im Jupiterzustand, werden sich die mineralischen Kräfte in vegetative umwandeln und verschwinden; die Menschen steigern durch die Ich-Tätigkeit den Astralleib zum «Geistselbst» und erlangen die übersinnliche Erkenntnisfähigkeit der Imagination. Im darauf folgenden Venuszustand verschwinden auch die pflanzlich-vegetativen Kräfte, und die Menschen erreichen über die Vergeistigung des Ätherleibs den Bewusstseinszustand des «Lebensgeistes» und die Erkenntnisstufe der Inspiration. Auf der letzten Stufe der planetarischen Verkörperung, im Vulkanzustand, transformieren sich auch die astralisch-seelischen Kräfte, und die Menschen gelangen durch die Vergeistigung des physischen Leibes zum Bewusstseinszustand des «Geistesmenschen», der sich auf der Erkenntnisstufe der Intuition in seliger All-Liebe wieder mit der geistig-göttlichen Ur-Einheit verbindet.

Jedes der sieben großen Weltalter zerfällt nach Steiner in sieben «Lebenszustände», die sich nochmals in sieben «Formzustände» aufteilen. Besonders intensiv befasst sich Steiner mit dem «physischen» Formzustand, in dem sich die Erde derzeit befindet. Er gliedert ihn in sieben «Zeitalter», sogenannte «Wurzelrassen»: das polarische, hyperboräische, lemurische, atlantische, nachatlantische und zwei nicht näher gekennzeichnete. Das dritte und vierte Zeitalter stellt Steiner besonders ausführlich dar.

Das lemurische Zeitalter trägt seinen Namen nach dem Kontinent Lemuria, der über Madagaskar Afrika mit Australien verbunden haben soll. In dieser Zeit geschah nach Steiner das «Luzifer-

Ereignis», das sich in der biblischen Erzählung vom Sündenfall widerspiegelt: Geistige Mondwesen wirkten auf den menschlichen Astralleib ein und verselbständigten ihn gegenüber dem noch nicht fertigen Ich. Dieses verlor dadurch seine Verbundenheit mit dem geistigen Ursprung aus den Augen und verstrickte sich immer tiefer ins Materielle. Das Luzifer-Ereignis hatte positive und negative Wirkungen: Der Einzelne erlebte sich von nun an freier im Denken, Fühlen und Wollen, sein physischer Leib erlitt nun aber Krankheit und Tod und musste sich immer wieder reinkarnieren. Der ätherische Leib entdeckte die Lüge, der astralische den Egoismus. Später hat Steiner die luziferischen noch um die ahrimanischen Wesenheiten ergänzt, die von der physisch-materiellen Welt her die Menschen von ihrer geistigen Bestimmung abhalten und ihre Erkenntniskräfte allein auf das Berechnen von Maß, Zahl und Gewicht reduzieren wollen.

Die lemurische Epoche wurde durch eine vulkanische Katastrophe beendet, aus der sich nur ein kleiner Teil der Menschheit nach Atlantis, den später im Atlantik versunkenen Kontinent, retten konnte. Im atlantischen Zeitalter entwickelten sich in den Menschen, die noch mit einem magisch-animistischen Bilderbewusstsein lebten, das Gedächtnis und die Sprachen der sieben «Unterrassen». Die Menschen wurden an sieben heiligen Stätten durch Orakel über ihre geistige Herkunft belehrt. An der Spitze des Sonnenorakels stand der große Weisheitslehrer Manu, der vor dem Versinken von Atlantis mit der «arischen Wurzelrasse» von der Gegend um Irland ostwärts zog und in Indien den Grundstein für die nachatlantische Kultur legte, der wir bis heute angehören.

Das nachatlantische Zeitalter begann um 7227 v. Chr. mit der altindischen Kulturepoche beziehungsweise der «urindischen Wurzelrasse», in der die verselbständigten ätherischen und astralischen Wesensglieder der atlantischen Orakelführer zu Menschheitslehrern wurden. Die den Sinnen gegebene Welt erschien den noch hellseherisch begabten Menschen als illusionäre «Maya», hinter welcher sie «Brahman», den göttlichen Ursprung, wiederfinden wollten.

Hierauf folgte *zweitens* die altpersische Kulturepoche beziehungsweise Unterrasse (5067–2907 v. Chr.) Sie stand in der Spannung von Ahriman (Welt) und Ormuzd (Licht). Die natürliche Hellsichtigkeit der Menschen ließ nun in dem Maße nach, wie bei ihnen ein realistisches Verhältnis zur Natur entstand. Sie versuchten, die Erde mit ihrem magischen Wissen über die Natur zu beherrschen und ihre Schätze zu erobern. Als geistiger Antrieb gegen diese luziferischen Neigungen wirkte unter ihnen Zarathustra als größter Eingeweihter.

Drittens: In der ägyptisch-chaldäischen Kulturepoche oder Unterrasse (2907–747 v. Chr.) bildete das Ich die «Empfindungsseele» aus. Das Streben nach der Erkenntnis der geistigen Gesetze hinter den Naturerscheinungen führte zur Begründung der Wissenschaften, insbesondere der Geometrie und Astronomie, sowie zu darauf fußenden technischen Entwicklungen. Der geistige Menschheitsführer dieses Zeitalters war Hermes. Er lehrte, dass sich der Mensch, wenn er nach den Absichten der geistigen Welt wirkte, nach dem Tode mit den höheren Mächten vereinigen kann, vor allem mit dem hohen Sonnenwesen Osiris.

Die griechisch-lateinische Kulturepoche oder Wurzelrasse (747 v. Chr. – 1413 n. Chr.), die *an vierter Stelle* folgt, beschreibt Steiner als diejenige der «Verstandesseele». Nun versuchten die Menschen die sinnliche Welt so zu gestalten, dass im Physischen das Geistige in vollkommener Form zum Ausdruck gelangte. Dieser schöpferische Prozess des menschlichen Ich drückte sich besonders deutlich in der Philosophie, der Kunst und im Staats- und Rechtsdenken der griechischen Antike aus. Bei den Philosophen nahmen die Geheimnisse der Eingeweihten die Form von Ideen und Begriffen an.

Die alten Orakel lebten in neuen Formen in den Mysterienkulten wieder auf und kulminierten im Mysterium von Golgatha – dem «Mittelpunktsereignis» des Erdenzustands.

Der in Jesus sich verkörpernde Christus ist für Steiner nicht in erster Linie eine historische Persönlichkeit, sondern ein kosmisches Wesen. Beim Auseinandergehen von Sonne und Erde zu Beginn des hyperboräischen Zeitalters trennte sich auch «der Christus» von der Erde und wurde zum «führenden Sonnenwesen», das die Menschheitsentwicklung von nun an – in den Sonnenstrahlen verborgen – begleitete. Nach dem Luzifer-Ereignis im lemurischen Zeitalter trug der «Christus-Impuls» von der Sonne aus zur Stärkung der menschlichen Leibes- und Seelenkräfte bei. In den Sonnenorakeln der Eingeweihten, in den Weisheitslehren von Buddha und Zarathustra sowie in den Verheißungen des Alten Testaments teilte er sich den Menschen schon mit, bevor er schließlich als Jesus von Nazareth auf der Erde erschien. Durch sein Blut, das bei der Kreuzigung auf Golgatha in die Erde floss, vereinigte sich das kosmische Sonnenwesen Christus mit dem Geist der Erde. Durch dieses «Mittelpunktsereignis» änderte sich die Lage der Menschheit von Grund auf, denn es bewirkte, dass sich das Ich auf der Erde – gegen die luziferischen und ahrimanischen Einwirkungen – wieder geisterfüllt entwickeln konnte und die Angst vor dem Tode verlor.

Die Liebe des Christus, die durch das Blut Jesu in die Erde eindrang, stärkte die physische Konstitution aller Menschen und befreite ihre Seele von der bislang aufgehäuften «objektiven» Schuld der Menschheit. Das «führende Sonnenwesen» Christus offenbarte sich in der *vierten* nachatlantischen Kulturepoche physisch in Jesus von Nazareth. In der *fünften* – der gegenwärtigen – Epoche tritt Christus als Äthergestalt in Erscheinung. In der bevorstehenden *sechsten* Epoche wird er in seinem Astralleib und in der *siebten* wird er als kosmisches Ich den Menschen erscheinen, die hierfür –

zum Beispiel durch die Anthroposophie – ihre höheren Erkenntnisfähigkeiten entwickelt haben werden.

Seit 1413 leben die Menschen in der gegenwärtigen fünften Kulturepoche, deren Ziel die Herausbildung der «Bewusstseinsseele» ist, das heißt die volle Entwicklung der kognitiven und moralischen Kräfte des Ich. In der nordisch-germanischen Unterrasse haben die Menschen nunmehr den geschichtlich bislang höchsten Grad an Rationalität, Individualität und Freiheit erreicht, haben sich aber zugleich durch die Wirkungen der luziferischen Kräfte in den tiefsten Materialismus verstrickt. Und unter ahrimanischem Einfluss verfällt der neuzeitliche Mensch der intellektualistischen Verarmung seiner Erkenntnis, denn er sieht seine Hauptaufgabe in der wissenschaftlichen Vermessung der Welt und in der technischen Verfügung über Natur und Gesellschaft.

Durch die Anthroposophie als Wegbereiterin der nächsten Kulturepoche können die Menschen der Gegenwart ihre materialistisch und egoistisch eingeschränkte Sicht auf die Welt durch übersinnliche Erkenntnisse – insbesondere auch über die weltgeschichtliche Mission Christi – erweitern. Auf einer wissenschaftlichen Grundlage können sie sich die Erkenntnisse über die geistigen Welten wieder aneignen, die in früheren Zeiten für die Eingeweihten «offenbare Geheimnisse» waren. Die anthroposophische Geisteswissenschaft steht an einer Epochenschwelle; denn in ihr ragt das Kommende schon in die Gegenwart hinein. In den beiden zukünftigen nachatlantischen Kulturepochen werden nach der nordisch-germanischen zunächst die slawische (3573–5733 n. Chr.) und dann die nordamerikanische weiße Unterrasse die Führung zu den Bewusstseinsstufen des Geistselbst und des Lebensgeistes übernehmen. Am Ende des nachatlantischen Zeitalters werden sich die Rassen auflösen, und nur die geistig am weitesten fortgeschrittenen Menschen werden ihre vollendete Humanität in das sechste Zeitalter der Erdenstufe hinübertragen können.

Anthroposophie: Die Grundlehre Steiners

Aus der Sicht der Steinerschen Geisteswissenschaft gehört der Mensch nicht nur der physischen Welt an, sondern ist «Bürger zweier Welten», der sinnlichen und der geistigen. Genau genommen erschließt sich dem Geistesforscher auf jeder Stufe des Erkenntnisweges eine neue Wesenheit des Menschen. «Den Sinnen und dem auf sie gestützten Verstande ist nur ein Teil von dem zugänglich, was in übersinnlicher Erkenntnis als menschliche Wesenheit erfasst wird, nämlich der physische Leib» (GA 13, 52). Durch die Schulung der «Erkenntnisorgane» für die höheren geistigen Welten erfasst man auch die drei höheren Wesensglieder – den ätherischen, den astralischen und den ichhaft-geistigen Leib des Menschen. Diese sich immer stärker vergeistigenden drei «oberen» Leiber sind durch eine je besondere «Aura» gekennzeichnet, die die Gestalt des physischen Leibes wie drei ovale Nebelgebilde umhüllen. Die innerste Aura markiert den Ätherleib und umrahmt den physischen Leib als ein «Licht-Bild» in der Farbe der Pfirsichblüte; die Aura des Astralleibes umfängt als mittlere den physischen Leib und die Ätherhülle und drückt in ihrem Farbenspiel zwischen Rot und Violett die Gefühlswelt des Menschen aus; in der blau flimmernden äußersten Aura, dem Kennzeichen des Ich-Leibes, zeigt sich schließlich die Flamme, die der Geist im Menschen bildet (siehe GA 9). In zahlreichen Schriften und Vorträgen gibt Steiner als Resultat seiner Geistesforschungen eine weit ausgreifende Beschreibung der vier Leiber des Menschen und verknüpft dabei die Leiblichkeitsformen – gemäß dem *Grundgesetz der Entsprechung von Mikro- und Makrokosmos* – mit den vier Seinsstufen beziehungsweise kosmischen Wirkkräften in vielgliedrigen Analogieketten.

In seinem mit den bloßen Sinnen erfassbaren *physischen Leib* ist der Mensch mit der äußeren Welt verbunden. Er besteht aus den

In der sinnlichen Welt ebenso zu Hause wie in der geistigen Welt:
Rudolf Steiner um 1920

anorganisch-mineralischen Stoffen, in die er nach dem Tod zerfällt, und unterliegt allein den Gesetzen der physisch-materiellen Welt. Als unterster Teil der menschlichen Wesenheit ist er für das bloße Auge sichtbar und kann durch Maß, Zahl und Gewicht naturwissenschaftlich erforscht werden. Er gehört dem Naturreich der Mineralien an; mit seiner Schwere, Trockenheit und Kälte repräsentiert er das «feste» Element im Menschen. Das Urphänomen des physischen Leibes ist der Kristall. Als Formgeschehen entspricht ihm durch seine starre Bestimmtheit und Getrenntheit die Dimension des Raumes. Er steht in korrespondierendem Bezug zum Existenzial des Todes. Der körperliche Schwerpunkt des

Anthroposophie: Die Grundlehre Steiners

physischen Leibes liegt im Skelett, das ganz den Gesetzen der Mechanik unterworfen ist, und insbesondere im Schädel. In enger Beziehung zur festen Körperwelt und deren Räumlichkeit steht als Auffassungsweise das «kalte, klare», abstrakt-begriffliche Denken. Beim krankhaften Überwiegen des physischen über die anderen «Leiber» kann es zu Sklerosen, Arthrosen, Thrombosen und Fibrosierungen kommen. Das dem physischen Leib korrespondierende chemische Element ist der Kohlenstoff.

Auf der Stufe der Imagination wird dem geisteswissenschaftlich Forschenden als innerste der drei übersinnlichen «Hüllen» des physischen Leibes der *Äther-* beziehungsweise *Bildekräfte-Leib* zugänglich. Er ist mit seinen funktionellen und gestaltenden Kräften der «Architekt» des physischen Leibes. Während er bei Pflanzen und Tieren nur der Garant von Ernährung, Wachstum und Fortpflanzung ist, dient er beim Menschen zusätzlich als Träger der konstanten seelischen Faktoren: der Gewohnheiten, des Gedächtnisses, des Temperaments, ja des Charakters insgesamt. Im Laufe der Entwicklung des Menschen − speziell im zweiten Jahrsiebt − verwandelt sich ein Teil der ätherischen Wachstumskräfte in die Grundkräfte des Denkens. Der Ätherleib gehört wesensmäßig zum Naturreich des Pflanzlichen; er repräsentiert mit seiner Tendenz zur ständigen Bewegung und Veränderung das «Flüssige» im Menschen. Das Urphänomen des plastisch-organischen Ätherleibs ist der Wassertropfen; als Formgeschehen entspricht ihm das Prinzip der Kraft. Er steht in enger Beziehung zum Existenzial des Lebens. Physisch manifestiert sich der Ätherleib in den Körperflüssigkeiten (Blut, Lymphe, Liquor); sein Schwerpunkt liegt im Herzen. Ihm entspricht seelisch das Erlebnis des Rhythmischen und geistig die Auffassungsweise des Bildlichen und die Phantasie. Kommt es zu einer krankhaften Dominanz des Ätherleibes, dann entwickeln sich Ödeme, Varizen, Ergüsse, Asziten und ähnliche Symptome. Das dem Ätherleib korrespondierende chemische Element ist der Sauerstoff.

Auf der Stufe der inspirativen Erkenntnis erblickt der Geistes-forscher den *Astral-* beziehungsweise *Empfindungsleib* des Men-schen. Er stellt in der übersinnlich erfassbaren Aura die mittlere Hülle dar, welche die beiden unteren Wesenheiten durch ihre Lichtgestalt umschließt. Der Astral-Leib, den der Mensch mit den Tieren gemeinsam hat, ist der Träger der leichten, beweglichen Empfindungen der Lust, des Schmerzes, der Triebe, der Begierden und Leidenschaften. Er gehört dem Naturreich des Tierischen an und repräsentiert mit seiner Leichtigkeit, Unfassbarkeit und Elas-tizität das «luftige, gasförmige» Element im Menschen und das Existenzial der Lust. Das Urphänomen des Astralleibes ist die Luft-blase als Urbild alles Seelisch-Musikalischen; als Formgeschehen repräsentiert er die Dimension der Zeit. Körperlich manifestiert sich der Astralleib im Atmungs-Luftprozess, sein Schwerpunkt liegt in der Lunge. Die mit dem Astralischen zusammenhängende Auffassungsweise ist «durchatmet, durchtönt, durchseelt» und fin-det ihren Ausdruck vor allem in der musikalischen Ton- und Klangsprache. Wenn der Astralleib krankhaft über die anderen We-sensteile dominiert, kommt es zur Tympanie (Ructus, Borboryg-men, Flatus, Luftschlucken etc.). Das mit dem Astralleib verwandte chemische Element ist der Stickstoff.

Der *Ich-Leib* ist in der äußeren Hülle der Aura als «blauer Nichtskörper» nur dem sichtbar, der seine «Geistorgane» bis zur Intuition, der höchsten Stufe der Erkenntnis, geschult hat. Er ist der Träger des menschlichen Selbstbewusstseins, der Individualität und der Moralität; in ihm leuchtet als unsterblicher Teil des Men-schen ein Strahl des ewigen Geistes auf. Durch seine Tätigkeit kann das menschliche Ich die drei anderen Wesenheiten «veredeln und läutern»: den astralischen Leib zum «Geistselbst», den ätheri-schen zum «Lebensgeist» und den physischen zum «Geistmensch» (siehe GA 34, 17 ff.). So steigt der Mensch stufenweise immer hö-her in die Welt der geistigen Sphären oder «Hierarchien» auf. In der Stufenordnung der Welt bezeichnet der Ich-Leib das Spezifikum der menschlichen Gattung. Er repräsentiert in der «Feurigkeit» des Ichhaft-Geistigen den «Wärme-Menschen» und als Existenzial die Moralität.

Das Urphänomen des Ich-Leibes ist der Strahl des Lichts, als Formgeschehen ist er eine Geistgestalt. Von einem anderen Gesichtspunkt aus wird das besondere Bauprinzip des Ich-Leibes zugänglich: Zwar sind Mineral, Pflanze, Tier und Mensch sämtlich dreidimensionale Raumkörper, sie sind aber von unterschiedlichen Strukturprinzipien durchwaltet; im Bau der Kristalle drückt sich eine eindimensionale gegenseitige Lagerung von Punkten aus, im Bau der Pflanze eine zweidimensionale, vertikal gerichtete Beziehung von Linie (Stängel) und Fläche (Blatt), im Bau des Tieres wölbt sich die Fläche zum horizontal gerichteten dreidimensionalen Hohlraum, und in der Architektonik des Menschen verbinden sich vertikale und horizontale Richtung innerhalb des Dreidimensionalen. Mit dem «Ich» vollzieht der Mensch ein Dreifaches: Er ergreift die Schwere und dringt mit den Beinen abwärts zur Erde. Er nimmt das Licht auf und erhebt sich mit dem Haupt aufwärts zu den Weiten des Himmels. Und er balanciert beide Bereiche in der mittleren Region der Brust und der Arme aus, indem er aufrecht über die Erde geht und in Freiheit auf ihr handelt. Körperlich wirkt der Ich-Leib unmittelbar in der Eigenwärme, sein Schwerpunkt ist der Kreislauf des Blutes. Die mit dem Ich-Leib korrelierende Auffassungsweise der Welt ist die der Moralität und der Liebe. Wenn der Ich-Leib in krankhafter Weise über die übrigen «Leiber» dominiert, entstehen die Fieber- und Entzündungskrankheiten. Das mit dem Ich-Leib verwandte chemische Element ist der Wasserstoff.

In jedem Augenblick des Tages kämpft also im Menschen gleichzeitig Ätherisches mit Physisch-Materiellem um Leben und Wachstum, Astralisch-Seelisches mit Ätherisch-Lebendigem um

Erwachen und Bewusstsein, Ichhaft-Geistiges mit Astralisch-Seelischem um Besonnenheit und Erinnerung. Durch die Bewusstseinstätigkeit der beiden höheren Wesenheiten wird der Ätherleib geschwächt und der physische Leib abgebaut. Im Schlaf können sie sich beide erholen, weil sich der astralische und der Ich-Leib schrittweise aus dem Menschen zurückziehen. Wenn sich das Ich bereits gelöst hat, hängt der Astralleib noch etwas länger mit den beiden unteren Wesenheiten zusammen, so dass es beim Einschlafen und Aufwachen zur Traumtätigkeit kommt. Wenn der Mensch in den traumlosen Tiefschlaf verfällt, sind Astralleib und Ich in die übersinnlichen geistigen Welten zurückgekehrt, in deren Harmonie sie sich mit neuen seelischen und geistigen Kräften für ihre Reinkarnation am nächsten Tag stärken. Der Tod ist für Steiner der «Bruder des Schlafes», weil sich in ihm ebenfalls die oberen Wesensglieder aus dem Leib lösen. Anders als im Schlaf trennt sich im Tod nicht nur der Ich-Leib vom Astral- oder Empfindungsleib, sondern auch der Äther- oder Wachstumsleib von der Physis des Menschen, die dadurch als Leichnam dem Verfall ausgesetzt ist.

Steiner hat den nachtodlichen Weg genau beschrieben: Nach dem Zerfall des physischen Leibes durchlebt der (geistige) Mensch innerhalb weniger Tage noch einmal zusammengedrängt sein ganzes irdisches Leben. Dieses zusammengedrängte Nacherleben, der «Lebensfilm», ist auch Gegenstand der parapsychischen Erforschung. Nach dem «Lebensfilm» löst sich der Ätherleib auf. Die Auflösung des Astralleibs erstreckt sich dagegen über einen jahrzehntelangen Zeitraum, in dem die geistige Individualität wie im «Fegefeuer» zur rückhaltlosen moralischen Selbsterkenntnis gelangt. Erst danach kehrt das geistige Wesen – durch den Rückbesinnungsprozess geläutert – bis zur nächsten Verkörperung in seine außerirdische «Heimat» zurück (siehe GA 13, 92 ff.). Im Zusammensein mit den höchsten Geistwesen stärkt es sich mit deren Ideen, bevor es sich zu einer neuen Inkarnation entschließt. Dann zieht das Ich seine Wesenheit wieder zusammen und umkleidet sie aus der Substanz der astralischen Welt mit einem neuen Astralleib, wodurch Bewusstlosigkeit eintritt. Die neue Individualität bildet aus dem Weltenäther einen Ätherleib und wählt sich ein Elternpaar, welches ihr durch die biologische Zeugung zur Reinkarnation einen neuen physischen Leib gibt.

Die Dreigliedrigkeit des Menschen

Neben der aus der theosophischen Gedankenwelt herrührenden kosmologischen Vierstufigkeit des Menschenwesens postuliert Rudolf Steiner noch eine funktionelle Dreigliedrigkeit des menschlichen Organismus, die ideengeschichtlich an die platonische Seelenlehre erinnert. In seinem im Jahre 1917 erschienenen Werk *Von Seelenrätseln* (GA 21) gliedert er die menschliche Person nicht mehr substantiell nach «Leibern» oder Elementarqualitäten, sondern funktionell nach den drei Grundfunktionen des Seelischen: Denken, Fühlen und Wollen. Diese lokalisiert er in drei unterschiedlichen Körperregionen und ordnet sie physiologischen Prozessen zu. Steiner fasst Denken und Wollen als «obere bzw. untere Wesenskräfte» auf, die durch die «mittleren» des Fühlens in einen spannungsvollen Ausgleich gebracht werden.

Anders als die bislang von ihm bevorzugte Viergliederung – in der zahlensymbolischen Tradition ist die «Vier» die Zahl der Vollständigkeit – gestattet die «Drei» als Zahl der Synthese von gegeneinander wirkenden Kräften eine dynamischere Auffassung von Organismus und Seele. Steiner unterscheidet einen «oberen» Nerven-Sinnes-Pol (Denken), den er hauptsächlich in der Kopfregion lokalisiert, von einem «unteren» Stoffwechsel-Gliedmaßen-Pol (Wollen); zwischen beiden in Spannung stehenden Polen sorgt das rhythmische System von Atmung und Kreislauf in der körperlichen Mitte der Brustregion für harmonisierenden Ausgleich. Auf die Sinne und Nerven, die sich im Gehirn zentrieren, stützt sich lediglich unser Wahrnehmen und Vorstellen, das Leben in den Bildern und Gedanken. Den Gegenpol bildet das Stoffwechsel-Gliedmaßen-System, in dem die Willenskräfte im Zusammenhang mit den Trieben, Begierden und Instinkten unmittelbar wirksam sind. Die rhythmischen Prozesse, vor allem Zirkulation und Atmung, vermitteln zwischen diesen Polen, so, wie das Fühlen zwischen Vorstellung und Wille, und fassen sich in den Organen des Brustraums als rhythmisches System zusammen.

Im Ein- und Ausatmen der Lunge und in der Zusammenziehung und Ausdehnung des Herzens erfolgt der Ausgleich zwischen der Ruhetendenz des Kopfes und der Bewegungstendenz der Verdauungs- und Bewegungsorgane. Wie schon bei der Viergliederung des menschlichen Wesens entwirft Steiner nun auch bei der Dreigliederung um jeden der drei psychophysischen Funktionskreise weit ausgreifende Entsprechungszusammenhänge: Im Denken neigt sich die Seele für ihn mehr nach der Seite der Antipathie, denn von Dingen, die wir denkend betrachten, trennen wir uns in gewissem Sinne und stellen uns ihnen gegenüber. Im Wollen hingegen neigt sie sich mehr nach der Seite der Sympathie, denn wollend tauchen wir tief in die Materie ein, indem wir sie etwa als Handwerker bearbeiten. Das Denken würde uns aber schließlich verhärten, das Wollen uns verbrennen, wenn es nicht, in der Mitte zwischen beiden, die dem Flüssigen ähnliche Wandelbarkeit des Fühlens gäbe, das Sympathie und Antipathie beweglich immer wieder zum Ausgleich bringt.

Im «oberen» Menschen des Nerven-Sinnes-Systems (Denken) herrschen die zentripetalen Kräfte des Abbaus und des Todes, der Verneinung, Antipathie und des Egoismus. Sie gewährleisten den Wachzustand des Bewusstseins, tendieren zur Verhärtung der Substanz und zur Exkarnation. Im «unteren» Menschen des Stoffwechsel-Gliedmaßen-Systems (Wollen) herrschen die zentrifugalen Kräfte des Aufbaus, der Lebenserweiterung, der Bejahung, Sympathie und Hingabe. Sie versetzen den Körper in den Schlafzustand und bewirken die Inkarnation. Sie tendieren aber auch zur Verflüchtigung der Substanz. Hier walten die Kräfte, die die Trennung von Hier und Dort, von Ich und Nicht-Ich überwinden. Im «mittleren» Menschen des rhythmischen Systems (Fühlen) erfolgt der Ausgleich durch plastische Umgestaltung der gegensinnigen Kräfterichtungen; hier herrscht der Traumzustand, die Tendenz zur Umwandlung und Verflüssigung der Substanz.

In den drei Seelenkräften des Menschen dominieren unterschiedliche Zeiterfahrungen: im Denken die Erinnerung an die Vergangenheit, im Wollen die Ausrichtung auf die Zukunft und im Fühlen die Fixierung auf die Gegenwart. Die drei Funktionskreise sorgen auch für eine dreifache Beziehung des Menschen zur Umwelt: Durch die Nerven und Sinnesorgane wird die Umwelt in der immateriellen Form der Wahrnehmungsinhalte aufgenommen. Durch den Atmungsprozess werden die feinstofflichen, gasförmigen Bestandteile der Umgebung inhaliert; so wird zugleich – da wir mit unseren Mitmenschen im gleichen Raum die gleiche Luft atmen – eine sozio-emotionale Grunderfahrung gestiftet. Durch das Stoffwechselsystem wird die Umweltbeziehung noch materieller, da mit der Nahrung dem Organismus grobstoffliche Materie zugeführt wird; der Mensch tritt in eine gestaltende Beziehung zur Umwelt.

So entsprechen auch die drei großen menschlichen Kulturbereiche Wissenschaft, Religion und Kunst dieser Dreigliederung, die als geistiges Wirkprinzip in Mensch und Welt gestaltend und ordnend wirksam ist. Eine Korrespondenz besteht schließlich auch zwischen der Dreigliederung des Menschenwesens und der des sozialen Organismus (siehe oben, Seite 76 ff.): Die rechtliche und politische Sphäre des Staates hängt mit dem Leib des Menschen zusammen und ist daher völlig «irdisch»; der Bereich des

Wirtschaftslebens ist mit dem Seelischen verwandt, seine «brüderlichen Impulse» nimmt der Mensch mit über die Schwelle des Todes. Und auch der kulturelle Bereich steht im Zusammenhang mit dem vor- und nachgeburtlichen Leben des menschlichen Geistes.

Das Konzept der Dreigliedrigkeit soll auch die Möglichkeit für ein genaues Verständnis der menschlichen Entwicklung liefern. Die Richtung der Inkarnation geht von oben nach unten, von dem erdenfernen, weltentrückten Geistigen im Schädel (Denken) zu den erdnahen seelischen und leiblichen Funktionen der Atmung und Ernährung, des Fühlens und Wollens. Die Richtung der Exkarnation, das heißt der Vergeistigung, geht von unten nach oben; im Strom des Willens beginnt der Mensch, sein Schicksal selbst in die Hand zu nehmen. Das körperliche Wachstum hat nacheinander seine Schwerpunkte in der organischen Plastik des Kopfes, in den musikalischen Rhythmen der Atmungs- und Zirkulationsorgane und endlich im mechanischen Längenwachstum der Extremitäten. Die seelische Entwicklung beginnt mit der träumerischen Bilderphantasie des Spielkindes und führt zunächst über die Gedächtnis- und Verstandesleistungen des Schulkindes, dann die gefühlsbetonte Pubertätszeit zum selbstverantwortlichen Willen des mündigen Erwachsenen, dessen weiterer Bildungsprozess «Geistesentwicklung» genannt werden kann.

Die Dreigliederung des menschlichen Organismus ist für Steiner ein unerlässlicher Schlüssel zur Lösung des Leib-Seele-Problems in Medizin und Pädagogik. Da die drei körperlichen Funktionssphären des Menschen in einem Feld widerstrebender, entgegengesetzter Kräftespannungen stehen, muss jeder gesunde Mensch einen Gleichgewichtszustand zwischen Lebens- und Todesprinzip, Aufbau- und Abbautendenz, Schlafen und Wachen anstreben. Lebendes und Geistiges ringen im Körper andauernd um eine Balance der Mittellage, die ständig bedroht ist. Ist der Gleichgewichtszustand gestört durch das Überhandnehmen der Aufbautendenzen oder durch die Dominanz der Abbaukräfte, kommt es zur Krankheit. Zu starke Wirkungen der Nerven-Sinnesprozesse führen zu sklerotisierenden, verhärtenden und versteifenden Erkrankungen, ungehemmtes Überhandnehmen der Gliedmaßen-Stoffwechsel-Organisation bewirkt Entzündungskrankheiten durch die Tendenzen der Erweichung und Zersetzung. Sklerosen und Entzündungen sind als polare Krankheitstendenzen ständig im Organismus gegenwärtig, werden aber im gesunden Organismus durch die Ausgleichskräfte des rhythmischen Herz-Kreislauf-Systems im Zaum gehalten. Für jede Erkrankung hat der Arzt und der Erzieher die Symptome «ganzheitlich» anzuschauen und an ihnen abzulesen, wo im Organismus die Gegensätze nicht beherrscht werden und in welcher Richtung gegebenenfalls Prozesse gestärkt oder geschwächt werden müssen.

Abschließend ist noch zu fragen, ob und wie in der anthroposophischen Menschenkunde die funktionelle Dreigliederung des menschlichen Organismus auf die substantielle Viergliederung der menschlichen Wesenheit bezogen werden kann. Steiner zufolge ist einerseits der Ich-Leib «im engeren Sinne» gebunden an das Nerven-Sinnes-System, der Astralleib an das rhythmische System, der Ätherleib an das Stoffwechsel-Gliedmaßen-System, während der physische Leib für alle die materielle Basis bildet. Solche Verknüpfungsversuche sind in den Werken Steiners und seiner Schülerschaft allerdings selten. Insgesamt überwiegt der Eindruck, dass jedes der beiden Schemata einen eigenständigen Fokus der anthroposophischen Menschenkunde darstellt und dass es bei der Verbindung der «Vier» mit der «Drei» zu beträchtlichen Inkohärenzen kommen kann.

In der Kosmogonie Steiners gehen das Weltall und zugleich der Mensch aus dem all-einen Urgrund hervor; sie reinkarnieren sich in verschiedenen planetarischen Weltaltern in zahllosen Lebensläufen, um sich schließlich wieder zurück zur rein geistigen Existenz zu erheben. In jedem Menschen lebt also ein geistiger Ursprung oder «Kern», der vor der Geburt aus den geistigen Welten stammt, um sich mit der leiblich-seelischen «Hülle» zu verbinden; im Tod löst er sich wieder von ihr, um sich in einem nächsten Erdenleben neu zu verkörpern. In der nächsten Reinkarnation erfährt die Seele dann – wie in der Weisheitslehre des Buddha – durch das Karma, die Schicksalsverkettung, den Lohn oder die Strafe für die Gedanken und Taten des vorangegangenen Lebenslaufs.

Das Gesetz von Reinkarnation und Karma führt in der Anthroposophie Steiners zu einem gewandelten Verständnis von Tod und Geburt, von geschichtlicher und sozialer Erfahrung. Wo man normalerweise von «Zufall» spricht, waltet in Wirklichkeit das Geflecht unausgeglichener «Schulden» aus Beziehungen in früheren Existenzen. In jedem Menschenleben verbinden sich zwei Formen der Evolution – ein biologischer Fortpflanzungs- und ein geistiger Vererbungsprozess. Das Physische pflanzt sich nach erbbiologischen Gesetzen fort, das Geistige in ihm wiederholt und «metamorphosiert» sich etappenweise zu immer vollendeteren Formen. Das geistige Ich des Menschen ergibt sich nicht aus einem einzigen Lebenslauf; es stammt aus einer ursprünglich rein geistigen Wesenheit, die sich in Intervallen von je ungefähr eintausend Jahren in mehreren menschlichen Lebensläufen verkörpert hat und dazwischen immer wieder in die übersinnlichen Welten zurückgekehrt ist (GA 13, 423 f.).

Das geistige Wesen im Menschen lebt also in einem Rhythmus

von zentripetaler Inkarnation und zentrifugaler Exkarnation. Sein Erdendasein stellt gleichsam nur das mittlere Stück einer Bahnkurve dar, die aus dem Unendlichen kommt, kurz im Endlichen verweilt und dann wieder ins Unendliche zurückschwingt.

Aus dieser Auffassung Steiners von der Pilgerfahrt des höheren geistigen Ich durch wiederholte Verkörperungen sowie aus der Vorstellung von der Verkettung der Lebensläufe ergeben sich einschneidende Konsequenzen für das Erleben der eigenen Existenz. Wenn man das Leben eines Menschen zwischen Geburt und Tod als eine verhältnismäßig kurze Phase einer sich in die Vergangenheit und Zukunft unendlich erweiternden geistigen Existenz betrachtet, verliert es die Qualität und das Gewicht seiner Einmaligkeit und erhält stattdessen nur den Wert einer Entwicklungsstufe.

Damit verändert sich auch die Einstellung zu Geburt und Tod grundlegend. Die einzelnen Lebenssituationen werden nicht mehr nur aus sich heraus verstanden, sondern mit der Fülle vorgeburtlicher Vergangenheiten und nachtodlicher Zukünfte in Zusammenhang gebracht, was ihnen ganz andere Bedeutungen verleiht. Der Einzelne muss sich als Teil eines «Ich» verstehen, das aus Urzeiten sein Wesen mitbringt und in der zeitlich begrenzten Inkarnation dieses Lebenslaufs eine Aufgabe übernimmt, die es erst in ferner Zukunft bewältigen wird.

Auch die Erfahrung des Du und des Wir, das Leben mit den bedeutungsvollen Anderen und in den sozialen Gruppen, erhält eine ganz neue Dimension. So begegnet uns beispielsweise als Eltern und Erziehern in einem hilflosen Baby ein uraltes Ich-Wesen, das noch unbekannte Anlagen und Fähigkeiten mitbringt. In den wichtigen Konstellationen des Lebens stoßen wir auf die Wirkungen von Beziehungen und Bindungen früherer Erdenleben, über die uns erst eine geisteswissenschaftlich erweiterte Weltsicht belehren kann. Denn wo immer wir gemeinhin den Zufall am Werk

Die Lehre

sehen, kann es sich um notwendige Folgen unausgeglichener «Konten» aus früheren Erdenleben handeln.

So wie das Geistige im Menschen dem Gesetz der Reinkarnation unterliegt, so das Seelische dem Gesetz der selbst geschaffenen Schicksalsverkettung, dem Karma. Das bedeutet zunächst, dass der Mensch auch nach dem Tod die Erfahrungen seines Lebens als Niederschlag seines Wirkens in sich aufbewahrt und dass er sie als Charaktereigenschaften in eine neue Verkörperung mit einbringt. Alle Wesensmerkmale sind somit als Resultat mehrerer geistiger und seelischer Prä-Existenzen aufzufassen; und alles, was er heute tut, wird schon wieder zur Ursache für die Konstitution, in der sich sein geistiges Ich in einem späteren Leben wiederverkörpern wird. Das gesamte Schicksalsnetz des Menschen – von seiner leiblichen Konstitution über seine Familienzugehörigkeit bis zu seiner gesellschaftlichen Position – muss streng genommen als eine «karmisch» notwendige Folge eines vorhergehenden Erdendaseins angesehen werden.

Ethisch gesehen stellt das «Karma» ein Gesetz des kosmischen Ausgleichs dar: Für jedes Leid, das ein Mensch einem anderen und damit der Welt zugefügt hat, muss von ihm entweder noch in diesem Leben oder in irgendeiner folgenden Verkörperung Ausgleich geschaffen werden. Das Karma ist für Steiner nur deshalb kein unabänderliches Fatum, weil der Einzelne in jedem Augenblick damit beginnen kann, durch die spirituelle Erforschung seiner biographischen Zusammenhänge am kosmischen Ausgleich mitzuarbeiten und sein Schicksal selbst zu gestalten.

Nach Steiners Karma-Verständnis sind Krankheit, Behinderung und persönliches Leid als Chancen zu verstehen, die dem Menschen eröffnet sind, um Schuld auszugleichen und sich höher zu entwickeln. Glück und Erfolg sind aber ebenso die Früchte früherer Anstrengungen. Den Einzelnen kann in seinem jetzigen Leben nichts treffen, wozu er nicht in einem früheren die Bedingungen geschaffen hat. Durch die Einsicht in das Karma wird erst verständlich, warum «der Gute» oft leiden muss und «der Böse» glücklich sein kann. Auch wenn man die Wirkungen des Schicksals, das sich aus früheren Leben ergeben hat, nicht aufheben kann, so kann man doch daran arbeiten, sich mit ihm abzufinden und ein besseres für die Zukunft zu schaffen.

Im Unterschied zum altindischen Ursprung gibt Steiner diesem Schicksalsbegriff eine evolutionär-optimistische und rationalistische Prägung. In der indischen Weisheitslehre der Upanishaden herrscht die fatalistische Vorstellung eines vom Karma bestimmten Teufelskreises der Wiedergeburten, der nur auf dem Wege der Meditation durchbrochen werden kann, um das Nirwana, die Stätte der Seligkeit jenseits von Geburt und Tod, zu erreichen. Bei Steiner dagegen sind die Wiedergeburten kein Fluch, sondern eine Chance, denn es kommt darauf an, sich durch die unterschiedlichen Reinkarnationen immer höher zu arbeiten.

Vier Temperamente

In drei Vorträgen aus den Jahren 1908 und 1909 hat Steiner den Versuch unternommen, aus anthroposophischer Geist-Erkenntnis «das Geheimnis der Temperamente» zu erklären (siehe Steiner 1908/09; 1980). Er postuliert, dass sich die charakterologische Eigenart eines Menschen eindeutig mit einem der vier spätantiken galenischen Temperamenttypen – melancholisch, phlegmatisch, sanguinisch und cholerisch – erfassen lasse. In bewusster Gegenposition zur Persönlichkeitspsychologie seiner Zeit greift er unmittelbar auf die alteuropäische Temperamentenlehre zurück.

Zunächst unterscheidet Steiner die Temperamente auf einer psychologischen Ebene nach dem Grad der Erregbarkeit von außen und nach der Stärke der Rückwirkung von innen: Erregbarkeit und Stärke der Rückwirkung am größten = *cholerisch*; Erregbarkeit und Stärke der Rückwirkung am geringsten = *phlegmatisch*; hohe Erregbarkeit und schwache Rückwirkung = *sanguinisch*; niedrige Erregbarkeit und starke Rückwirkung = *melancholisch*. Jedes der vier Temperamente stellt für Steiner eine seelisch-körperliche Einheit dar. Schon am Aufbau der physischen Gestalt lässt sich demnach die Art der psychischen Erregbarkeit erkennen. Die Herausbildung eines bestimmten Temperaments bei einer Person erklärt Steiner aus dem jeweiligen Verhältnis der vier kosmischen Wesenskräfte (physisch, ätherisch, astralisch, geistig) bei der Reinkarnation des geistigen Ich in seine neue Physis. Ausgehend vom Grundgesetz der Reinkarnation und des Karmas betrachtet er das Temperament des Menschen als eine Verbindung zwischen dem, was aus der geistigen Welt als Frucht vorhergehender Leben «heruntersteigt», und der biologischen Vererbungslinie.

> Das Temperament steht mitten drin zwischen dem, was wir uns individuell mitbringen, und dem, was aus der Vererbungslinie stammt. Indem die beiden Strömungen sich vereinigen, färbt die eine Strömung die andere. Sie färben sich gegenseitig. So wie sich die blaue und die gelbe Farbe etwa vereinigen in dem Grün, so vereinigen sich die beiden Strömungen im Menschen zu dem, was man Temperament nennt. (ebd. 16 f.)

Die vier unterschiedlichen Temperamentstypen entstehen dadurch, dass in diesem Inkarnationsprozess die vier kosmischen Wesensglieder des Menschen jeweils in anderer Art miteinander in Beziehung treten. Beim melancholischen Temperament dominiert der physische Leib über die anderen drei, beim phlegmatischen Temperament der Ätherleib, beim sanguinischen Temperament der Astralleib und beim cholerischen Temperament das Ich. Die Dominanz des physischen Leibes führt beim Melancholiker somatisch zur Verstärkung des Gliedmaßensystems, beim Phlegmatiker wirkt die Dominanz des Ätherleibs auf das Drüsensystem, beim Sanguiniker diejenige des Astralleibs auf das Nervensystem und beim Choleriker diejenige des Ich-Leibs auf die Blutzirkulation. Aus dieser kosmischen und somatischen Verortung der Temperamente ergeben sich für Steiner die psychologische Eigenart der Temperamentstypen und die Form ihrer physischen Konstitution. Als exemplarisch mögen einige seiner Ausführungen zum melancholischen Temperament gelten:

> Beim Melancholiker haben wir gesehen, dass der physische Leib, also das dichteste Glied der menschlichen Wesenheit, der Herr wird über die anderen. [...] Der innere Mensch vermag nichts gegen sein physisches System; er fühlt innerliche Hindernisse. [...] Was man nicht überwinden kann, ist das, was Leid und Schmerz macht; sie verursachen es, dass der Mensch nicht hinausblicken kann unbefangen auf die Mitwelt. Dieses Hineingewiesensein bildet einen Quell inneren Grams; das empfindet der Mensch als Schmerz und Unlust, als trübselige Stimmung. ... Gewisse Gedanken und Vorstellungen beginnen dauernd zu werden, der Mensch beginnt Grübler zu werden, Melancholiker. (ebd. 24 f.)

Und zur Gestalt des Melancholikers stellt Steiner fest:

> Sehen Sie sich den Melancholiker an, wie er zumeist einen vorhängenden Kopf hat, nicht aus sich heraus die Kraft hat, den Nacken zu steifen; der vorgebeugte Kopf zeigt, dass die inneren Kräfte sich nirgends frei entfalten können, die den Kopf nach oben richten. Der Blick ist gesenkt, das Auge trübe. Da ist nicht der schwarze Glanz des Cholerikerauges. Wir sehen es an dem eigenartigen Blick, wie das physische Instrument ihm Schwierigkeiten macht. Der Gang ist zwar gemessen, fest, aber es ist nicht der Gang des Cholerikers, das feste Auftreten des Cholerikers, sondern es ist etwas in einer gewissen Weise schleppend Festes. (ebd. 28 f.)

Dem psychophysischen Parallelismus huldigend, schreibt Steiner dem Phlegmatiker als Ausdruck seiner durch die Dominanz des Ätherleibes bedingten Behaglichkeit zugleich Wohlbeleibtheit, schlottrigen, schleppenden Gang, teilnahmslose Physiognomie und matten, farblosen Blick zu, dem Choleriker durch die Tätigkeit des Ich zurückgehaltenen Wuchs in kleiner gedrungener Gestalt, feste, sichere Haltung des Auges und festen Schritt sowie dem Sanguiniker als Ausdruck des «flüchtigen und flüssigen Astralleibs» eine schlanke und geschmeidige Gestalt, hüpfenden und springenden Gang, ausdrucksvolle Gesichtszüge und einen lustigen Blick.

Auf der Grundlage des Viererschemas entwirft Steiner – wie schon für die vier Wesenheiten oder «Leiber» des Menschen – auch für jedes der vier Temperamente eine sehr differenzierte Kette von «kosmischen» Korrespondenzen. Sie nehmen ihren Ausgang bei den psychologischen Merkmalen eines Temperaments, seiner Physiognomie, seinem «Sitze im Körper» und seinen immanenten Krankheitstendenzen; und sie reichen bis zu den Affinitäten eines Temperaments zu einem der vier Elemente, einer der vier Grundfarben, einer Jahreszeit oder einem Lebensalter. Diese Analogiebildungen auf der Basis der «Vier» erbringen beispielsweise für das cholerische Temperament folgende Befunde, die über die obigen psychophysischen Charakterisierungen hinausgehen: Beim cholerischen Temperament ist sowohl die Stärke der Erregbarkeit von außen als auch diejenige der Rückwirkung von innen am größten. Die Dominanz der Ich-Wesenheit zeigt sich in der Physiognomie des Cholerikers im zurückgehaltenen Wuchs der kleinen gedrungenen muskulösen Gestalt und in ihrem energischen Schritt. Der «Sitz» des cholerischen Temperamentes im Körper ist das Stoffwechselsystem und die Blutzirkulation. Als Krankheitstendenzen des Cholerikers können sich in der Kindheit Scharlach und bei extremer Ausprägung späterhin manische Bewusstseinszustände ergeben. Das cholerische Temperament besitzt eine innere Verwandtschaft mit dem Element des Feuers, mit der roten Farbe, mit der Sonnenwärme des Sommers, und es verwirklicht sich am reinsten im turbulenten Lebensalter der Adoleszenz.

Das Temperament stellt für jeden Menschen eine konstitutive Gegebenheit dar, die er zu konstatieren und zu respektieren hat. Zugleich aber ergibt sich aus der Gefahr der Einseitigkeit, welche für den Menschen aus seinem Temperament entspringt, die Aufgabe der Kultivierung und Harmonisierung der eigenen seelischen Konstitution. Wie Steiner den Kosmos als Einheit aus den vier Elementen beziehungsweise den jahreszeitlichen Perioden darstellt, so fasst er den gesunden und freien Menschen als harmonische Persönlichkeit auf, welche die Vereinseitigungen ihres ursprünglichen Temperaments im Wechselspiel mit den drei anderen aufgehoben hat. Eine wichtige Aufgabe der Erziehung und der Selbstbildung kann in der Harmonisierung der Temperamente gesehen werden. Dadurch kommt es zu einem mäßigenden Ausgleich zwischen dem Karma und der genetischen Disposition, zwischen den einzelnen «Gewichten» der vier menschlichen Wesensbestandteile, zwischen den einzelnen Bereichen der körperlichen Organisation und zwischen den charakteristischen Einseitigkeiten in den verschiedenen Lebensaltern. Jedes dauerhafte Überwiegen eines Temperaments stellt eine Störung der Kräfteverhältnisse im Menschen dar, die zur Erkrankung führen kann.

Die Lebensalter des Menschen

Die Entwicklung des Menschen stellt sich für Steiner dar als die im Rhythmus von je sieben Jahren quasi gesetzmäßig nacheinander verlaufende Entfaltung (und Verwandlung) jedes der vier Wesensglieder. Steiner spricht von drei «Geburten», in denen der physische, der ätherische und der astralische Leib nacheinander die sie vorher schützend umgebenden «Hüllen» verlassen und in der Welt in Erscheinung treten.

Wie der Mensch bis zu seinem Geburtszeitpunkte von einer physischen Mutterhülle, so ist er bis zur Zeit des Zahnwechsels, also etwa bis zum siebenten Jahr, von einer Aetherhülle und einer Astralhülle umgeben. Erst während des Zahnwechsels entlässt die Aetherhülle den Aetherleib. Dann bleibt noch eine Astralhülle bis zum Eintritt der Geschlechtsreife. In diesem Zeitpunkt wird auch der Astral- oder Empfindungsleib nach allen Seiten frei, wie es der physische Leib bei der physischen Geburt, der Aetherleib beim Zahnwechsel geworden sind. (Steiner 1907; 1919, 23)

Bei der Geburt verlässt also der «mineralische» physische Leib die ihn zuvor umgebende und schützende Hülle des Mutterleibes. Beim Zahnwechsel wird der «vegetative» Ätherleib geboren, nachdem er im ersten Jahrsiebt im Inneren das organische Wachstum zum Abschluss gebracht hat. Die Geburt – für Steiner das «Freiwerden» – des «animalischen» Astralleibes, der zuvor den inneren Menschen der Triebe und Leidenschaften aufgebaut hat, erfolgt mit der Geschlechtsreife am Ende des zweiten Jahrsiebts. Und schließlich ereignet sich am Ende der Adoleszenz die Geburt des «geistigen» Ich-Leibes, der zuvor in der inneren Welt des jungen Menschen die intellektuellen und sozialen Kompetenzen zur Mündigkeit entfaltet hat. Nachdem die kosmischen Kräfte der vier «Leiber» sukzessiv in einem Rhythmus von je sieben Jahren den Entwicklungsprozess des jungen Menschen von innen vorangetrieben haben, werden sie nach ihrer jeweiligen «Geburt» frei und können als sensu-motorische, figurative, kognitive und moralische Fähigkeiten für die Ausgestaltung der weiteren Bildungsprozesse pädagogisch genutzt werden.

Im *ersten Jahrsiebt* waltet die «Weisheit des Leibes», genauer: die Entfaltung der äußeren Sinne. Das kleine Kind ist für Steiner ein «Nachahmer». In unbewusster Tätigkeit eignet es sich die äußere Welt mittels seiner Sinnesorgane im Modus der Imitation an.

Haben sich richtige Formen herausgebildet, so wachsen richtige Formen, haben sich Missformen herausgebildet, so wachsen Missformen. Man kann in aller Folgezeit nicht wieder gut machen, was man in der Zeit bis zum siebenten Jahre als Erzieher versäumt hat. (ebd. 27)

Wie jedes Jahrsiebt im Lebenszyklus zerfällt auch schon das erste noch einmal in drei Phasen, in denen sich nacheinander zunächst das Wollen, dann das Fühlen und schließlich das Denken entwickeln. In der ersten Phase erobert das Kind durch den aufrechten Gang den äußeren Raum und erlangt durch das sich entwickelnde Sprechen und bildhafte Denken Zugang zum kulturellen Raum. In der zweiten Phase ermöglicht ihm die Kraft der Phantasie, seine soziale Welt im Symbol- und Rollenspiel nachschaffend zu erfahren; und in der dritten entwickelt es die Fähigkeit, im Regel- und Konstruktionsspiel überlegt und nach Plan gemeinsam mit anderen Kindern zu agieren.

Im *zweiten Jahrsiebt* waltet die «Weisheit der Seele», die Herausbildung der inneren Sinne, der Erinnerung, des Gedächtnisses und der mitfühlenden Phantasie. Die ätherischen Wachstumskräfte lösen sich nach der Herausbildung der bleibenden Zähne aus dem Gebiet der Organe und werden nun zu Bildekräften im Bereich der Seele.

Der Aetherleib entwickelt seine Kraft, wenn eine geregelte Phantasie sich richten kann nach dem, was sie sich an den lebenden oder dem Geiste vermittelten Bildern und Gleichnissen enträtseln und zu einer Richtschnur nehmen kann. Nicht abstrakte Begriffe wirken in der richtigen Weise auf den wachsenden Aetherleib, sondern das Anschauliche, nicht das Sinnliche, sondern das Geistig-Anschauliche. (ebd. 36)

Das Kind ist für Steiner auf dieser Entwicklungsstufe ein «Künstler», der eine innere Bilderwelt aufbaut; es ist fähig, Wissen unabhängig vom unmittelbaren Erleben zu erinnern und phantasievoll damit umzugehen. In der ersten Unterphase des zweiten Jahrsiebts nimmt es begierig alles auf, was ihm in vertrauten lebensvollen Bildern präsentiert wird. Nach dem intensiven Erfühlen der Besonderheit des eigenen Ich im neunten Lebensjahr entwickelt es auch tiefer gehende Fragen nach dem Warum und Wie der Welt. Es gibt nun seine noch animistisch geprägte Weltauffassung zugunsten einer realistischen auf und bildet ein stärkeres sachliches Interesse an der Erkundung seiner Umgebung aus. Nach dem zwölften Lebensjahr kann es sich schließlich auch mit Sachverhalten befassen, die ganz ohne Beziehung zum eigenen Selbst verstanden werden müssen.

Im *dritten Jahrsiebt* waltet die «Weisheit des Geistes», das heißt die Entfaltung des abstrakten Denkens und Urteilens.

> Mit der Geschlechtsreife wird erst der Astralleib geboren. Mit seiner nach außen freien Entwickelung wird auch erst von außen an den Menschen herantreten können, was die abgezogene Vorstellungswelt, die Urteilskraft und den freien Verstand entfaltet. […] Mit der Geschlechtsreife ist die Zeit gekommen, in der der Mensch auch dazu reif ist, sich über die Dinge, die er vorher gelernt hat, ein eigenes Urteil zu bilden. (ebd. 57)

Der adoleszente Mensch, der die Fähigkeit zur leiblichen Reproduktion besitzt und sich mit Leidenschaft dem anderen Geschlecht zuwendet, ist für Steiner ein «Wollender und Urteilender». Durch das beschleunigte Wachstum der Gliedmaßen, das von außen her zunächst Arme und Beine und schließlich auch den Rumpf ergreift, verschwindet die Leichtigkeit der Bewegung, die für das späte Kindesalter charakteristisch ist. Das Wachstum des Körpers und die sexuelle Reife werden zum Anlass, eine eigene Haltung und einen stärkeren Willen auszubilden, wodurch die eigene Selbständigkeit zum Ausdruck gebracht wird. Alte Bindungen werden in Frage gestellt und neue Zugehörigkeiten erprobt. Das eigene Seelenleben wird nun in seiner ganzen Tiefe und Einsamkeit erlebt. Auch das Denken löst sich aus der Bindung an das konkret Gegebene und bewegt sich frei im Bereich des Möglichen, des Hypothetischen und der Abstraktion. Es ist nun in der Lage, alle Sachverhalte und Wertvorstellungen kritisch zu hinterfragen und argumentativ ein eigenes Urteil zu bilden. Auch innerhalb des dritten Jahrsiebts gibt es drei zeitliche Abschnitte. Im ersten steht im Mittelpunkt die Pubertät, das heißt das körperliche Wachstum und die Geschlechtsreife, welche die Kräfte des Begehrens und die Suche nach dem anderen Geschlecht auslösen. Im mittleren Abschnitt der Adoleszenz vollzieht sich der Reifungsprozess des jungen Menschen innerhalb seines seelischen Gefüges in Richtung auf eine Ausdifferenzierung der Gefühlswelt. Und in der dritten Phase des Jugendalters bildet sich im Heranwachsenden der Drang, seinem Handeln einen eigenen Sinn zu geben, selbständig über seinen weiteren Lebensweg zu entscheiden und gestaltend in die Welt einzugreifen.

Mit der «Geburt des Ich» als höchstem Wesensglied des Menschen zu Beginn des *vierten Jahrsiebts* erlangt das Individuum nun seine «Schicksalsreife», das heißt seine volle Mündigkeit. Der Ich-Wille, der in der zweiten Wachstumsperiode der Adoleszenz die Leibesglieder noch von innen durchdrang, ergreift nun frei und gleichsam von außen den Menschen und macht diesen zum Selbstgestalter seines Schicksals. Nach Steiners Auffassung gliedert sich auch der weitere Lebensgang nach dem zeitlichen Rhythmus von je sieben Jahren. Wenn das Ich daran arbeitet, seine «untergeordneten Wesensglieder» schrittweise zu vergeistigen, dann kann es in den späteren Jahrsiebten zuerst zu den menschheitlichen Bildungsstufen der Empfindungs-, der Verstandes- und der Bewusstseinsseele vordringen und schließlich zu den noch höheren individuellen Entwicklungsstufen des «Geistselbst», des «Lebensgeistes» und des «Geistmenschen» aufsteigen. So kann der Einzelne von Jahrsiebt zu Jahrsiebt in immer intensivere Weltbezüge und Weltenüberblicke hineinwachsen. Angesichts der Vorgabe eines starren

Rhythmus von je sieben Jahren, der Rede von den sich wiederholenden «Geburten» und der Vorstellung von den vier Wesenheiten und ihren sich verwandelnden inneren Kräften wird man Steiners Lehre kaum mit den um 1900 gängigen Stufenkonzepten der Entwicklungspsychologie vergleichen können. Seine «kosmischspirituelle» Gliederung der Lebensalter greift vielmehr – wie seine Temperamentenlehre auf die «Vier» – mit der «Sieben» auf eine antik-mittelalterliche Denk- und Ordnungsform zurück: hier die mythologisch begründete Hebdomadenlehre der frühen Griechen.

Hauptfelder angewandter Anthroposophie

Entwicklungsgemäße Erziehung

Rudolf Steiner ist auf dem Gebiet der Pädagogik sowohl in praktischer als auch in theoretischer Hinsicht stets ein Autodidakt geblieben. Jahrelang bestritt er seinen Lebensunterhalt in Wien und Berlin als «Bildungstagelöhner» aus der Tätigkeit als Hauslehrer sowie als Lehrkraft an einer höheren Mädchenschule und an einer Arbeiterbildungsstätte. Seine pädagogischen Auffassungen entfaltete Steiner weniger durch das geschriebene als durch das gesprochene Wort, hauptsächlich in seinen späteren Vorträgen und Konferenzbeiträgen, vor einer weltanschaulich auf ihn eingestellten Zuhörer-, und das heißt zugleich Lehrerschaft. Dabei lassen sich zeitlich und thematisch drei unterschiedliche Phasen und Schwerpunkte des Engagements markieren. Vor der Jahrhundertwende schaltete sich der «goetheanistische», seine weltanschauliche Heimat noch suchende Steiner mit kleineren Aufsätzen u. a. in die bildungspolitische Kontroverse über die Ablösung der humanistisch-philologischen Tradition des Gymnasiums durch eine realistisch-naturwissenschaftliche Bildung ein. Er plädierte in dieser Lebensphase nachdrücklich für eine Modernisierung und Säkularisierung der Bildungsinhalte der Höheren Schulen durch die «Ideen der naturwissenschaftlichen Weltanschauung, [die] wir als Ersatz der von uns überwundenen religiösen Vorstellungen gewonnen haben» (GA 31, 232 ff.).

Im Zeitraum zwischen 1906 und 1909 entwickelte Steiner seine Grundgedanken über Erziehung und Unterricht in einer Reihe von Vorträgen vor seiner theosophischen Zuhörerschaft. Es war die Zeit der beginnenden Reformpädagogik, in der die neo-rousseauistischen «Pioniere» der progressiven Erziehung in Europa und USA gerade ihre ersten Modelle der «neuen Schule» gegründet hatten: Hermann Lietz die «Deutschen Landerziehungsheime» und Edmond Demolins die «Écoles des Roches» in der Nachfolge von Cecil Reddies «New School of Abbotsholme», John Dewey die «Laboratory School» an der Universität Chicago, Berthold Otto die «Hauslehrerschule» in Berlin und Maria Montessori die «Casa dei bambini» in Rom. Die kindzentrierten Schulreformer formierten sich auf den drei Kunsterziehungstagen in Dresden (1901), Weimar (1903) und Hamburg (1905).

Auch Steiners pädagogische Grundgedanken muten mit ihrem naturalistischen Auftakt auf den ersten Blick neo-rousseauistisch an: «Aus dem Wesen des werdenden Menschen heraus werden sich wie von selbst die Gesichtspunkte für die Erziehung ergeben.» (Steiner 1907; 1919, 7) Doch im Gegensatz etwa zu den zeitgenössischen Ansätzen John Deweys und Maria Montessoris, die ihre Neue Erziehung auf die empirische Kinderpsychologie gründeten, entwarf Steiner den Plan der Erziehung gänzlich aus seiner kosmisch-spiritualistischen Anthropologie: «Will man dieses Wesen des *werdenden* Menschen erkennen, so muss man ausgehen von einer Betrachtung der *verborgenen* Natur des Menschen überhaupt.» (ebd. 8)

Die Lehre

Für den theosophisch denkenden Steiner war der Mensch der Mikrokosmos. In seinem Wesen wirken all die Kräfte und Ideen, die sich auch in den Seinsbereichen der Weltordnung, das heißt in den Stufen des Naturreichs, manifestieren. Die Entwicklung des Kindes und des Jugendlichen begreift Steiner als einen Prozess des Wachstums und der Metamorphosen, in dem sich stufenweise nacheinander die mineralischen, vegetativen, animalisch-seelischen und intellektuellen «Wesenskräfte» entfalten. Im äußeren Gestaltwandel des Kindes und Jugendlichen, der sich im kosmischen Rhythmus von je sieben Jahren vollzieht, manifestieren sich nach Steiner die Wirkungen der inneren Kräfte, ihre «Geburten» und Verwandlungen. Jedes der drei ersten Jahrsiebte verlangt nach Steiner eine andere Gestaltung der pädagogischen Beziehung: Der physische Leib des Edukanden wird durch den Lebensleib des Erziehers regiert und weitergebildet, sein Bildekräfte-Leib durch dessen Empfindungsleib, sein Empfindungsleib schließlich durch das Ich des Erziehers. Dieser soll im ersten Jahrsiebt «Vorbild», im zweiten «Autorität bzw. Führer des Kindes» und im dritten der kompetente «Fachmann» sein.

Im *ersten Jahrsiebt* entfaltet das «erdenreif» gewordene Kind seine äußeren Sinne durch nachahmendes Lernen. Deshalb kommt alles darauf an, dass für die nun «freigewordenen» Kräfte des physischen Leibes eine angemessene dingliche und moralische Umgebung vorbereitet wird.

Strenge sollte daher darauf gesehen werden, dass in der Umgebung des Kindes nichts geschieht, was das Kind nicht nachahmen dürfte. [...] Alle Spielzeuge, welche nur aus toten mathematischen Formen bestehen, wirken verödend und ertötend auf die Bildungskräfte des Kindes, dagegen wirkt in der richtigen Art alles, was die Vorstellung des Lebendigen erregt. [...] Alles kommt da in Betracht, von den Farben des Zimmers und der anderen Gegenstände, welche das Kind gewöhnlich umgeben, bis zu den Farben der Kleider, die man ihm anzieht. (ebd. 30 ff.)

Das Motto der Weltbegegnung des Kindes lautet im ersten Jahrsiebt: *Die Welt ist gut.* Deshalb soll alles in seiner Umgebung *vorbildlich* sein. Heitere Mienen der Erzieher, gesunde Ernährung und Kleidung, klangvolle Lieder und einfache rhythmische Tänze sowie vielseitiges freies Spiel werden als wichtige Elemente der vorschulischen Erziehung genannt. Alle technisch vorgefertigten Gegenstände und frühen didaktischen Materialien sind streng verpönt.

Im *zweiten Jahrsiebt* entfaltet das «schulreif» gewordene Kind seine innere Vorstellungswelt. Auf die nun für das Lernen frei gewordenen Kräfte des Ätherleibes

> wirkt man durch Bilder, durch Beispiele, durch geregeltes Lenken der Phantasie. [...] Das Sinnvolle, das durch Bild und Gleichnis wirkt, ist jetzt am Platze. [...] Wie für die ersten Kinderjahre Nachahmung und Vorbild die Zauberworte der Erziehung sind, so sind es für die jetzt in Rede stehenden Jahre: Nachfolge und Autorität. Die selbstverständliche, nicht erzwungene Autorität muss die unmittelbare geistige Anschauung darstellen, an der sich der junge Mensch Gewissen, Gewohnheiten und Neigungen herausbildet, an der sich sein Temperament in geregelte Bahnen bringt, mit deren Augen er die Dinge der Welt betrachtet. (ebd. 35 ff.)

Die persönliche Autorität des Erziehers – diese wird in der Waldorfschule durch den Klassenlehrer repräsentiert – soll im Unterricht durch geistige «Vor-Bilder» aus Kultur und Geschichte ergänzt werden, die in ihrer Sinnbildlichkeit und Gleichnishaftigkeit auf die Phantasie und Vorstellungskraft der Kinder wirken. Die stärksten Impulse können dabei von den religiösen Erzählungen ausgehen, weil durch sie die Stellung des Menschen innerhalb des Weltganzen vergegenwärtigt werden kann. Das Motto der Weltbegegnung des Kindes im zweiten Jahrsiebt lautet: *Die Welt ist schön.* Deshalb soll das besondere Augenmerk des Erziehers auf die Pflege des ästhetischen Erlebens und Gestaltens gerichtet sein –

des Künstlerisch-Plastischen ebenso wie des Musikalisch- und Sprachlich-Rhythmischen.

Zu Beginn des *dritten Jahrsiebts* werden die Kräfte des Empfindungsleibes frei und bilden nun im «geschlechtsreif» gewordenen Jugendlichen die Fähigkeiten zum formal-abstrakten Erkennen und logisch-rationalen Beurteilen aus. Das Motto der Weltbegegnung in diesem Lebensalter lautet: *Die Welt ist wahr.* Zu einem wahrhaftigen und selbständigen Urteil über einen Sachverhalt aus Natur, Geschichte oder sozialer Mitwelt kann der Heranwachsende durch die Herausbildung einer wissenschaftlichen Denkhaltung gelangen. «Erst dann kann man urteilen, wenn man in sich erst den Stoff zum Urteilen, zum Vergleichen aufgespeichert hat.» (ebd. 57) Dazu bedarf es nun nicht mehr einer persönlichen Autorität, der sich nachfolgen lässt, sondern des Diskurses mit einem sachverständigen Experten, der dem Jugendlichen bei der Aneignung systematischen fachlichen Wissens, der kritischen Überprüfung der Geltung von Aussagen und der Begründung der eigenen Position behilflich ist.

Das Ziel der Steinerschen Temperamentserziehung, die ihren Schwerpunkt im zweiten Jahrsiebt des «freigewordenen Ätherleibes» (das heißt in den ersten acht Schuljahren der Waldorfschule) hat, ist es, im Kinde durch die Konfrontation oder «Spiegelung» seines Temperaments mit sich selbst die ihm komplementären Temperamente auszulösen. Diese Vorstellung erinnert an den homöopathischen Grundsatz des «similia similibus curentur» des Arztes Samuel Hahnemann. Steiner geht von dem Grundsatz aus, «dass immer gerechnet werden muss mit dem, was da ist, nicht mit dem, was nicht da ist» (ebd. 31), und plädiert dafür, die im Kind vorhandene Temperamentsneigung kräftig und in bewusster Akzentuierung anzusprechen und nicht etwa künstlich auszugleichen. Als Maximen einer solchen differentiellen Temperamentserziehung fasst Steiner formelhaft zusammen:

Der Sanguiniker soll entwickeln können Liebe und Anhänglichkeit zu einer Persönlichkeit; der Choleriker soll entwickeln können Schätzung und Achtung für die Leistungen einer Persönlichkeit; der Melancholiker soll entwickeln können ein mitfühlendes Herz für das andere Schicksal; dem Phlegmatiker soll vor Augen geführt werden ein Vorteil für die Interessen anderer. (ebd. 39)

Als «Geisteswissenschaftler» wehrt sich Steiner gegen die «Realisten», die meinen, dass man beispielsweise ein Kind mit melancholischem Temperament aufheitern oder zerstreuen solle.

Wir müssen dem melancholischen Kinde vor allen Dingen zeigen, wie der Mensch überhaupt leiden kann. Lassen wir es gerade im Außenleben berechtigten Schmerz, berechtigtes Leid erfahren, damit es kennenlernt, dass es Dinge gibt, an denen es Schmerz erleben kann. Das ist es, worauf es ankommt. (ebd. 36)

Gerade in der Begegnung mit dem eigenen Temperament sollen sich Steiner zufolge die komplementären Kräfte entwickeln, mit deren Hilfe eine Harmonisierung gelingen kann. Wenn – wie wir später noch sehen werden – in der Jahrgangsklasse der Waldorfschule Kinder nebeneinandergesetzt werden, die sich im Temperament ähneln und sich somit gegenseitig die Eigentümlichkeiten ihres Wesens vor Augen führen, so handelt es sich hierbei um eine nach außen verlegte Begegnung des Kindes mit dem eigenen Selbst am Bilde seiner Mitschüler. Seine Temperamentsneigung soll dadurch – wie auch durch die jeweils temperamentsbezogene Stoffdarbietung des Lehrers – nicht etwa nivelliert, sondern zu einer komplementären Harmonisierung gesteigert werden. Um als Lehrer und Erzieher (in der Waldorfschule) nicht gegen das Temperament des Kindes zu wirken, sondern es behutsam anzusprechen und zu harmonisieren, muss man sich darin üben, alle vier Temperamente zu äußern und das eigene dominante Temperament eine Zeitlang zurückzustellen. Lässt man seinem Temperament im Umgang mit den Kindern «die Zügel schießen», dann soll dies nach Steiner – ganz unabhängig von den sonstigen Erziehungsmitteln – schwerwiegende Auswirkungen auf das körperliche Befinden der Kinder in späteren Lebensabschnitten haben. Das kindliche Temperament kann also nur derjenige erfolgreich erziehen, der durch konsequente, sich auch in künstlerischen Tätigkeiten entfaltende Selbsterziehung eine gesteigerte Harmonie der Temperamente in sich selber hergestellt hat.

Steiner versteht in der zuerst in den Vorträgen der Jahre 1906 bis 1909 entfalteten mikrokosmischen Perspektive den Bildungsprozess des Menschen gleichsam platonisch als eine im strikten Nacheinander der Schritte erfolgende stufenförmige Aufwärtsbewegung: Zuerst bilden sich durch tätige Nachahmung die äußeren Sinne, dann durch nachbildende Phantasie die inneren Sinne und durch eigenes Denken die Kategorien des Verstandes, schließlich in der Selbstreflexion die universellen Ideen. Der Bildungsgang des Menschen stellt sich für Steiner aber nicht nur mikrokosmisch als ein aufsteigender Entfaltungsprozess der Naturkräfte dar, sondern zugleich – in der Perspektive der Reinkarnationslehre – parabelförmig als ein zunächst absteigender Prozess der Wiederverkörperung des Geistes. Wie in einer Abwärtsbewegung ergreift ein überzeitliches geistiges Ich seinen neuen Körper und gestaltet ihn – ebenfalls im hebdomadischen Rhythmus – gleichsam vom Kopf übers Herz bis zur Hand durch. Mit dem Beginn des dritten Jahrsiebts hat das geistige Ich so gesehen den gesamten Körper von Kopf bis Fuß ergriffen. Nach der Verkörperung kann nun – wieder ansteigend – die Vergeistigung der Seele und der Gedankenwelt beginnen.

Als die zentralen Aufgaben einer «geisteswissenschaftlichen» Erziehung «vom Kinde aus» ergeben sich mithin die entwicklungsgemäße Pflege und Stärkung des physischen, psychischen und intellektuellen «Wachstums» des Menschen und der harmonisierende Ausgleich der individuellen Einseitigkeit von Temperament und Konstitution. Steiners (spirituell-)naturalistisches Erziehungsverständnis wird hier also weder ethisch noch empirisch-psychologisch fundiert. Es ist aus der anthroposophischen Lehre über den Menschen deduziert und besitzt wie diese weniger begrifflich-diskursive als vielmehr metaphorisch-pragmatische Züge. Im Lichte der Mikrokosmos-Vorstellung erscheint die Erziehung als Unterstützung des Wachstums und Ausgleich von Einseitigkeiten – der Erzieher ähnelt dem Gärtner und dem Heilkünstler; aus der Orientierung an der Reinkarnationslehre resultiert das Bild der Erziehung als Inkarnationshilfe und geistiger Erweckung – der Erzieher wird zum Priester und Seelenführer des Kindes.

Auf der Grundlage dieses anthroposophischen Erziehungskonzepts entwickelte Steiner mit der Gründung der Freien Waldorfschule in Stuttgart im September 1919 eine historisch neue Schulpädagogik, die er später noch heilpädagogisch ergänzte.

Intuitive Medizin

Die Grundlage der anthroposophischen Medizin bilden acht Vortragszyklen (GA 312–319), die Steiner in den Jahren von 1920 bis 1924 vor Ärzten gehalten hat, und die zusammen mit der Ärztin Ita Wegman verfasste Schrift *Grundlegendes für eine Erweiterung der Heilkunst nach geisteswissenschaftlichen Erkenntnissen* (GA 27), die posthum im Jahre 1925 erschienen ist. Im Vorwort stellt Wegman fest, dass es Steiner bei der Begründung der geisteswissenschaftlich erweiterten Medizin darum gehe,

> das alte Mysterien-Wesen zu erneuern und in die Medizin einfließen zu lassen. Denn von alters her ist dieses Mysterien-Wesen mit der Heilkunst in engstem Zusammenhang gewesen, und wurde das Erringen geistiger Erkenntnisse mit dem Heilen in Zusammenhang gebracht. [...] Selbstverständlich sollte nicht die seelisch instinktive Art

der alten Mysterien wieder aufleben, sondern eine solche, die dem vollentwickelten, zum Spirituellen gehobenen, modernen Bewusstsein entspricht. (Steiner / Wegman GA 27, 1984, 136)

Anders als die «materialistische», naturwissenschaftlich operierende Schulmedizin soll die geisteswissenschaftlich-intuitive in Wiederanknüpfung an die antik-hippokratische und vorneuzeitlich-paracelsische Heilkunst «das gesamte Bild des Menschen, seine Umgebung und sein Darinnen-Stehen in der Welt und im Kosmos» (Lorenz 1983, 93) in den Blick nehmen, um die Frage nach dem Wesen seiner Krankheit beantworten zu können. Man kann

den Gesamtmenschen wie auch ein einzelnes Organ nur durchschauen [...], wenn man weiß, wie in ihm der physische, der ätherische, der astralische Leib und das Ich wirken. [...] so kann man auch den kranken Menschen nur verstehen, wenn man einsieht, in welche Lage der Gesamtorganismus oder ein Organ oder eine Organreihe kommen, wenn die Wirkungsweise der höheren Glieder in Unregelmäßigkeit verfällt. Und an Heilmittel wird man nur denken können, wenn man ein Wissen darüber entwickelt, wie ein Erdenstoff oder Erdenvorgang zum Ätherischen, zum Astralischen, zum Ich sich verhält. (Steiner / Wegman a.a.O., 17 f.)

Den systematischen Kern der «ganzheitlich-intuitiven» Medizin bilden einerseits die vier kosmischen Wesensstufen beziehungsweise menschlichen «Leiber» und andererseits die drei funktionellen Systeme des menschlichen Organismus. In das Nerven-Sinnes-System wirken Ich- und Astral-Leib, in das Rhythmische System Astral- und Äther-Leib und in das Stoffwechsel-Gliedmaßen-System physischer und Äther-Leib hinein. Voraussetzung für die Gesundheit sind das Gleichgewicht und die Harmonie zwischen den vier «Leibern» beziehungsweise drei Systemen. Krankheiten entstehen durch die Verlagerung und Übersteigerung normaler Prozesse: Wenn die Nerven-Sinnes-Prozesse über ihren Wirkungsbereich hinaustreten, erzeugen sie Abbau, Verhärtungen, Sklerose; wenn dies durch das Stoffwechsel-Gliedmaßen-System geschieht, bewirkt dies Auflösung, Zersetzung, Entzündung. Gesundheit verbürgt gegen diese Vereinseitigungstendenzen das Rhythmische System durch die ausgleichenden Rhythmen von Atem, Herz und Kreislauf (siehe Lorenz 1983, 107 f.).

Nicht von der Dreigliederung, sondern von der Vierstufigkeit ausgehend bestimmt der anthroposophische Mediziner Volker Fintelmann (geb. 1935) die folgenden vier Haupttypen von Krankheiten: *1.* Die Sklerose entsteht aus der Verfestigung des physischen Leibes, *2.* die Geschwulstbildung aus der Verselbständigung des Ätherleibs gegenüber den beiden oberen «Leibern», *3.* die Allergie aus der Übersteigerung des Astralischen und *4.* die Entzündung aus der Dominanz der Ich-Organisation über die anderen Wesenheiten (Fintelmann 1995, 76 ff.).

Die anthroposophische Wesensbestimmung der Krankheit ist mit dieser spirituellen Lokalisierung noch nicht abgeschlossen. Jede Krankheit verlangt vom Arzt letztlich noch ihre biographische Erklärung, das heißt die Rekonstruktion des Sinnes, den sie lebensgeschichtlich für den Kranken hat. «Das Studium der Biographie wird den Arzt aber sogar über die Grenzen von Geburt und Tod hinaustreiben […], um die Ursachen in der vorgeburtlichen Präexistenz des Menschen zu finden.» (ebd. 74 f.) Das höchste Ziel der Behandlung ist dann nicht mehr nur die Befreiung des Patienten von seinem körperlichen und seelischen Leiden, sondern die Begleitung seines spirituellen Ichs auf dem Schicksalsweg durch die In- und Exkarnationen.

Aus solcherart geisteswissenschaftlich erweiterter Diagnostik ergibt sich auch eine die schulmedizinische Behandlung transzendierende «rationelle» Therapie, welche die vielfältigen makrokosmischen Beziehungen des Menschen berücksichtigt. Steiner hat für

Krankheiten an sieben Körperorganen eine Therapie mit sieben diesen «entsprechenden» Metallpräparaten vorgeschlagen; denn in Blei, Zinn, Eisen, Gold, Kupfer, Quecksilber und Silber verdichten sich die kosmischen Kräfte der «sieben Planeten» Saturn, Jupiter, Mars, Sonne, Venus, Merkur und Mond (siehe ebd. 245 ff.).

Für die Wirkung dieser sowie anderer Heilmittel sind die folgenden Anwendungsvorschriften maßgebend: Mit tierischen Heilmitteln wirkt man auf den Ätherleib, mit pflanzlichen auf den Astral-Leib und mit mineralischen auf den Ich-Leib. Da der Mensch in einer umgekehrten Beziehung zur Pflanze steht, wirken deren Wurzeln auf die Kopfkräfte des Nerven-Sinnes-Systems, die Extrakte aus Blüte und Frucht auf diejenigen des Stoffwechsel-Systems und Arzneien aus Blatt und Stängel auf die Prozesse des Rhythmischen Systems. Von außen gegebene Heilmittel (Öle, Salben, Bäder, Massagen) beeinflussen direkt das Nerven-Sinnes-System, innere Anwendungen (oral, enteral oder rektal) das Stoffwechsel-Gliedmaßen-System, durch Injektionen erreicht man das Rhythmische System.

Bedeutsam ist für die an die homöopathische Heilmethode anschließende Behandlung auch die richtige Wahl der Potenzierung: Niedrige Potenzen bis D6 wirken auf das Stoffwechsel-, mittlere bis D15 auf das Rhythmische und Hochpotenzen ab D20 auf das Nerven-Sinnes-System, auf dessen Ich-Kräfte nur noch feinstofflich-dynamische Prozesse eine Wirkung ausüben können.

Zu den spirituell begründeten Heilverfahren gehören schließlich auch die künstlerischen Therapien und die Heileurythmie. Allein schon die plastisch-organische Architektur eines anthroposophischen Gemeinschaftskrankenhauses übt eine wohltuende Wirkung auf den physischen Leib aus. Die Bildekräfte des Ätherleibs werden durch das Plastizieren mit Ton und die verschiedenen Techniken das Malens gestärkt. In der Musiktherapie wird durch die unterschiedlichen Temperamente der Streich-, Schlag-, Zupf-

und Blasinstrumente das seelische Erleben im Bereich des Astralischen angeregt. In der Sprachgestaltung wird schließlich durch die kunstvolle Rezitation des Wortes das Geistige der Ich-Wesenheit evoziert. Und in der Heileurythmie kann durch das Zusammenwirken der gefühlvollen Vokale mit den formgebenden Konsonanten in der tänzerischen Bewegung das Gleichgewicht zwischen aufbauenden und abbauenden Kräften wiederhergestellt werden.

Die Praxis der anthroposophischen Heilkunst soll exemplarisch an der Behandlung zweier Krankheiten verdeutlicht werden. Als Epilepsie bezeichnet der Mediziner eine Symptomatik, die von spontan auftretenden Krampfanfällen und anschließendem Bewusstseinsverlust bestimmt ist und ohne erkennbare Ursache auftritt. Der Anfall ist Folge «gewitterähnlicher» Entladungen von Neuronengruppen im Gehirn, die zu anschließenden Verhaltensstörungen und -beeinträchtigungen führen. Die schulmedizinische Behandlung der sehr heterogenen, zumeist chronischen Krankheit erfolgt durch die sorgfältig dosierte Gabe anti-konvulsiv wirkender Medikamente, in wenigen Fällen auch durch hirnchirurgische Eingriffe. Der anthroposophische Arzt gibt sich mit dieser Erklärung der Epilepsie als Versagen der Steuerung im Gehirn nicht zufrieden. Er sucht nach dem «Wesen» der Epilepsie und findet es in Steiners Hinweis, der Epileptiker sei in seinem Aufwachprozess steckengeblieben, weil sich Astralleib und Ich bei ihm nach dem nächtlichen Schlaf nur unvollständig inkarnieren.

Nun können wir auch das Anfallsgeschehen klarer miterleben. Was da wie ein Blitz in den Kranken einschlägt, ihn zu Boden wirft, in maximaler Anspannung seinen Leib ergreift, das ist sein eigener Astralleib, der, das Ich mit sich reißend, eine neue gewaltsame Inkarnation eingeleitet hat. […] So gesehen ist der epileptische Krampfanfall nicht nur ein Symptom, sondern auch ein Selbstheilungsversuch des Kranken, ein ‹krampfhafter› Versuch allerdings, der mehr oder weniger in seinem Ansatz steckenbleibt. (Treichler 1981, 199 f.)

Im Anfall versucht also der Astralleib des Epileptikers, sich besser in seinem Leib zu inkarnieren. Das Ziel einer «rationellen» Epilepsie-Therapie kann deshalb nicht nur darin bestehen, durch Antikonvulsiva die Anfälle zu unterdrücken; denn damit würde auch der den Anfällen zugrunde liegende Selbstheilungsprozess unterdrückt. Vielmehr sollte es darum gehen, durch spirituelle Heilmittel (zum Beispiel Belladonna in möglichst hoher Potenz) und Heileurythmie das «steckengebliebene Aufwachgeschehen» fortzusetzen:

> Die E-Gebärde [...] regt die tiefere Verkörperung vom Ich aus an, sie leitet jedoch auch die Durchdringung des Leibes ein. Jenes Aufwachen durch den Leib hindurch, in dem der Astralleib beim Krampfanfall steckenbleibt, wird durch das Sich-Kreuzen der Hände und Füße beim E vom Ich aus angeregt und zu Ende geführt.» (ebd. 206)

Die herausragende Bedeutung, ja das tendenzielle Übergewicht der spirituellen Dimension in der «geisteswissenschaftlich erweiterten» Medizin zeigt sich auch im Verständnis und in der Behandlung der Krebskrankheit. Diese gilt der Anthroposophie als eine primär seelisch-geistige Zeitkrankheit, die symptomatisch für die Entwicklungsstufe der «Bewusstseinsseele» ist, in die die Menschen seit dem Ende des fünfzehnten Jahrhunderts eingetreten sind. Sie «entsteht in der Auseinandersetzung des Menschen mit der Materie, seiner Gefährdung im Verlust seiner geistigen Bestimmung, im Verlust seiner Freiheit.» (Fintelmann 1995, 211) Die maligne Geschwulstbildung resultiert – vereinfacht gesagt – aus der Verselbständigung des Ätherleibs gegenüber den vordem Gestalt gebenden Kräften von Astralleib und Ich. «Anstelle von Ordnung, die von den oberen Wesensgliedern ausgeht, kommt es zu der in unserer gegenwärtigen Welt so häufigen Unordnung. Statt in einem Organismus integriert zu sein, leben die Zellen ein Eigenleben, wuchern und verfallen der physischen Welt.» (Bott 1983, 159) Im

Wachstum der bösartigen Zellen dominiert also das chaotisch ausufernde ätherische Wachstumsgeschehen über die Kräfte der Formbildung.

Eine somatische Heilung kann durch einen Gegenprozess erfolgen, in welchem «die Wucherungstendenz der Geschwulstbildung durch das stärkere Hineintreiben von aufbauender Ich-Tätigkeit mit der sie begleitenden Seele zur Rückbildung gebracht [wird]» (Fintelmann 1995, 218). Das hierfür wirksamste Heilmittel, welches einst das Messer des Chirurgen ersetzen könne, sieht Steiner in der weißbeerigen Mistel (Viscum album). Denn im Wachstumsprozess dieser botanisch eigentümlichen Pflanze drückt sich für ihn eine innere Wesensverwandtschaft mit der Krebsgeschwulst aus. Als immergrüner Parasit gedeiht die Mistel ohne erdzugewandte Wurzeln in verschiedenen Wirtsbäumen unabhängig von den Lichtverhältnissen. Ihre Früchte reifen im Winter. Als eine außerhalb des normalen jahreszeitlichen Zyklus weder geo- noch phototrop wachsende Pflanze stellt sich die Mistel den ätherischen Kräften und damit auch der Geschwulstbildung entgegen (siehe Bott 1983, 167). Durch ihre Heilsverwandtschaft mit dem Lichthaft-Geistigen kann sie den Gestalt bildenden Geistkern des Menschen beim Kampf gegen das wuchernde Krebsgeschehen unterstützen. Bei der «rationellen» Herstellung der anthroposophischen Mistelpräparate, die in der Regel subkutan in den Tumor injiziert werden, werden insbesondere folgende Aspekte beachtet: die Art des Wirtsbaums, der Zeitpunkt der Ernte, die Formen der Verarbeitung (Fermentierung, Mischung, Verwirbelung, Dosierung usw.).

Die klinische Wirksamkeit der Misteltherapie wird seit mehr als zwei Jahrzehnten erforscht und bis heute kontrovers diskutiert. Wenn man nach den Standards heutiger medizinischer Forschung nur randomisierte (auf zufälliger Auswahl der Testpersonen beruhende), doppelblinde klinische Studien mit hoher Fallzahl als Evidenz akzeptiert, kann kein positiver Wirkungsnachweis geführt werden (siehe Kienle 2010; Kleeberg u. a. 2004). Die Einschätzung der Misteltherapie wird durch den Umstand erschwert, dass die anthroposophisch ergänzte Medizin zugleich eine Vielzahl weiterer therapeutischer Praktiken anbietet und dabei Methoden und Forschungen der Schulmedizin keineswegs aus dem Blick verliert.

Biologisch-dynamische Landwirtschaft

Anders als das bäuerliche Wirtschaften früherer Jahrhunderte ist die moderne Landwirtschaft auf eine hocheffektive Bodennutzung zur Ertragssteigerung und Gewinnmaximierung des Betriebs ausgerichtet. Die biochemische Forschung ermöglicht seit langem den Einsatz mineralischer Dünger und die Verwendung chemischer Gifte im Pflanzenschutz, die Technik den Einsatz hochfunktioneller Landmaschinen. Im Pflanzenanbau und in der Tierhaltung kommt es in Abkehr von der ursprünglichen Heterogenität der Betriebsgrößen und Erzeugnisse weltweit zu fortschreitender monokultureller Spezialisierung, deren Ertrag zunehmend durch gentechnische Manipulationen gesteigert wird.

> Der ursprüngliche ‹Organismus› wurde zum mechanistisch gedachten Modell, dessen Struktur und Funktionen im Hinblick auf Einkommenssteigerung rechnerisch optimiert werden können. Die Herkunft der Betriebsmittel [...] ist für dieses Ziel gleichgültig. Ertragssteigerung, Rationalisierung von Betriebsorganisation und -führung wurden zum vorherrschenden Handlungs- und Denksatz. (Koepf/Plato 2001, 420)

Mit dem Sieg der modernen Landwirtschaft und der sie bestimmenden «materialistischen Weltauffassung» verliert der Landwirt die traditionelle Verbundenheit mit dem Boden, das Gespür für die Qualität der Produkte und den Sinn für die übergreifenden Zusammenhänge in der Natur. Mit dem «Landwirtschaftlichen

Kursus» von 1924 (siehe GA 327, 1975) will Rudolf Steiner aufzeigen, wie der Geist in der Natur und durch die Arbeit an der Natur wiedergefunden werden kann und wie die tradierten Praxiselemente einer gesunden Landwirtschaft erhalten werden können. Über sein spezifisches Erkenntnisinteresse bemerkt Steiner:

> Es handelt sich bei der Auffindung von geisteswissenschaftlichen Methoden auch für die Landwirtschaft darum, gewissermaßen die Natur im Großen anzuschauen, in ihrem umfassenden Kreis, während die materialistisch gefärbte Wissenschaft immer mehr dazu gekommen ist, in die kleinen Kreise, in das Kleine hineinzugehen. [...] Dem gegenüber müssen wir – und das ist heute so notwendig wie nur irgend möglich – wiederum eine wirkliche Wissenschaft stellen, die auf die großen Weltzusammenhänge geht. (ebd. 85)

Die Aufgabe der geisteswissenschaftlichen Erkenntnis ist nicht die mikroskopische Analyse der Materie, sondern die Beobachtung des Makrokosmischen, das auf alles Lebendige wirkt. Und so geht es in Steiners Vorträgen vor Landwirten ganz allgemein darum, auf der Grundlage der Analogie von Makrokosmos und Mikrokosmos die vielfältigen geistigen Dynamiken, Wesenheiten und Systeme aufzuzeigen, welche die Wachstumsprozesse in der Natur bestimmen: die Polaritäten von oben und unten, von Stoff und Form, die sieben planetarischen Kräftefelder, die drei Systeme des Organismus und die vier kosmischen Wesenheiten.

Im ersten Vortrag rückt Steiner das Leben in der Natur in den großen Rahmen der Sternenwelt und stellt eine kosmische Beziehung her zwischen den Wirkungen der sieben chaldäischen Planeten und der mineralischen Welt auf der Erde. Die polaren kosmischen Kräfte der obersonnigen (Mars, Jupiter, Saturn) und der untersonnigen Planeten des Sonnensystems (Mond, Merkur, Venus) werden im Mineralreich von kieselartigen (Quarz, Feldspat, Glimmer usw.) und von kalkhaltigen Substanzen (Kalk, Kali, Natrium, Salzen u. a.) vermittelt. In unsichtbar feiner Verdünnung finden sie sich auch in der Erdatmosphäre. Die Wirkung der obersonnigen Planeten manifestiert sich auch in der Wärme und in den Holz bildenden Pflanzen, während die untersonnigen Planeten, insbesondere der Mond, über das Wasser wirken sowie in den Kraut bildenden Pflanzen zum Ausdruck kommen. Die planetarischen Wirkungen zeigen sich für Steiner auch im Einfluss der zeitlichen Rhythmen der Umlaufbewegungen der Gestirne, insbesondere von Sonne und Mond, auf das Wachstum der Pflanzen. Deshalb empfiehlt er beispielsweise den Landwirten die Aussaat in feuchte Erde einige Tage vor Vollmond. Das Pflanzenleben steht noch am stärksten unter dem Einfluss der kosmischen Zyklen und Rhythmen, während sich aufsteigend die höheren Tiere und erst recht der Mensch immer weiter davon emanzipiert haben. Er wird nur noch innerlich vom Biorhythmus bestimmt.

Im Mittelpunkt des zweiten Vortrags stehen das Leitbild der Individualität des landwirtschaftlichen Betriebs und sein Verständnis als menschenähnlicher dreigliedriger Organismus. Horizontal steht der Hof als individueller Organismus in einer vielfältigen natürlichen Beziehung zu einer Fülle von Tier- und Pflanzenarten in seiner Umwelt. «Die Landwirtschaft wird als ein biologisches System betrachtet, dessen Produktionsfähigkeit als vielfältige Tätigkeit von Lebewesen, die einander zugeordnet werden, aufgesucht und entwickelt wird.» (Schaumann 1983, 156) Ein gesunder Betrieb muss sich selbst versorgen, indem er über seine Tierhaltung die notwendigen Düngestoffe dem Boden wieder zuführt und sich als individueller Organismus in den größeren Zusammenhang der Landschaft einordnet. Die vertikale Ordnung des landwirtschaftlichen Betriebs entspricht in umgekehrter Form derjenigen der menschlichen Gestalt: Was unter der Oberfläche der Erde im Wurzelbereich geschieht, wirkt auf die Pflanzen wie der Kopf auf den menschlichen Organismus; was über der Erde geschieht – das Wachstum der Pflanzen und das Leben der Tiere – entspricht der Verdauung im menschlichen Unterleib; den dazwischenliegenden Erdboden vergleicht Steiner mit dem zwischen Kopf und Bauch befindlichen menschlichen Zwerchfell.

Im Weiteren richtet Steiner den Blick auf die Polarität der das Wachstum der Pflanzen bestimmenden Prinzipien und Kräfte. Das aus dem Kosmos strömende Geistige wird von der Pflanze zunächst unter der Erde aufgenommen, um – durch den tonhaltigen Erdboden gefördert – in ihr aufwärts zu strömen. Die Pflanze wächst gemäß der in ihrem Samen angelegten Gestalt im Spannungsfeld zwischen dem Stoff-Pol des wasser- und kohlenstoffhaltigen Humus und dem Form-Pol der auf sie wirkenden kosmischen Kräftefelder, die ihrerseits entweder von unten oder von oben einströmen. All das, was unter dem Erdboden ist, wird bestimmt von den Kräften der fernen Planeten, was über der Erde ist dagegen von denjenigen der erdnahen. Die innerhalb des Erdbodens entstehende «Wurzelwärme» hat etwas Belebendes, die oberhalb der Erde wirkende «Blüten- und Blattwärme» ist dagegen eine «tote Wärme». Deshalb ist das Leben der Erde für Steiner im Winterhalbjahr besonders intensiv, während es im Sommer eher verlöscht.

Im dritten Vortrag entwirft Steiner die Grundzüge einer geisteswissenschaftlichen Chemie der Elemente. Dem naturwissenschaftlichen Chemiker wirft er vor, dass er bei seinen Laboranalysen die Elementarstoffe nur wie ein Fotograf abbilde und dabei «die innere Bedeutung dieser Stoffe im Ganzen der Weltenwirksamkeiten» gar nicht erfasse. Um diese spirituelle Dimension zu erschließen, geht Steiner nicht auf die vier antiken Elemente Erde, Wasser, Luft und Feuer zurück, sondern auf die Grundstoffe der mittelalterlichen Alchemie. Er zeigt auf, dass der Kohlenstoff der Träger aller Gestaltungsprozesse in der Natur ist;

dieser geheime Plastiker, indem er die verschiedensten Formen aufbaut, die in der Natur aufgebaut werden, bedient sich dabei des Schwefels. So dass wir anschauen müssen [...], wie die Geisttätigkeit des Weltenalls sozusagen sich mit dem Schwefel befeuchtet, als Plastiker tätig ist und mit Hilfe des Kohlenstoffs die festere Pflanzenform aufbaut, dann aber auch wiederum die im Entstehen schon vergehende Form des Menschen aufbaut, der gerade dadurch Mensch ist, nicht Pflanze, dass er die eben entstehende Form immer wiederum sogleich vernichten kann, indem er den Kohlenstoff, als Kohlensäure an den Sauerstoff gebunden, absondert. (GA 327, 1975, 63 ff.)

Den vier kosmischen Wesenstufen gemäß ist «oberhalb» des Kohlenstoffes der Sauerstoff als das belebende und in Bewegung setzende Element der Träger der ätherischen Lebenskräfte, darüber der Stickstoff derjenige der astralischen Empfindsamkeit und auf der höchsten Stufe der Schwefel das Element, in dem – wie im Phosphor als Lichtträger – das Geistige in die Natur hineinwirkt. Der Wasserstoff kann alles in der Natur Gestaltete auflösen und wieder in die Weiten des Weltalls hinaufnehmen.

Steiner hat in den ersten drei Vorträgen die Grundlagen einer geisteswissenschaftlichen Landwirtschaft gelegt, in den fünf folgenden zieht er die praktischen Schlüsse. Im Zentrum steht zunächst die Frage der Düngung, deren wichtigste Aufgabe die «Verlebendigung der Erde» darstellt. Den vier kosmischen Kräften entsprechend unterscheidet Steiner vier unterschiedliche Stufen des Düngens. Bei der mineralisch-anorganischen Düngung wird das Pflanzenwachstum durch chemische Kunstdünger und Wasser unterstützt. Eine organische Düngung, in der ätherische Kräfte freigesetzt werden, kann durch Zusatz von Erde, zum Beispiel in einer Miete, erfolgen. Auf einer dritten Stufe kann durch gereiften und ausgewogenen Kompost das Astralische zur Wirkung gebracht werden. Die geistig höchste Stufe der «dynamischen» Düngung wird jahreszeitlich durch die homöopathisch potenzierte Abgabe geringer Mengen von Präparaten erreicht, die durch die Einhüllung und Lagerung von Mist oder Kieselerde etwa in Kuhhörnern erzeugt werden können. Denn durch die «Konzentration» in den Kuhhörnern werden alltägliche Substanzen aus der Landwirtschaft in verstärkter Weise zu Trägern des Geistigen. Der «Hornmist» unterstützt die Wirkungen des irdischen Stoffprinzips, der «Hornkiesel» diejenigen des kosmischen Formprinzips.

Die Präparate für eine dynamische Düngung können auch aus den Blüten von Schafgarbe, Kamille, Löwenzahn und Baldrian sowie aus Brennnesseln und aus Eichenrinde gewonnen werden und beispielsweise durch ihre Einhüllung in ein Tierorgan wie die Blase eines Edelwildes eine erhöhte geistige «Strahlung» auf Mist und Kompost ausüben. Die Schafgarbe steht in einem Entsprechungsverhältnis zu Kali, die Kamille zu Kali und Kalk, die Brennnessel zu Kali, Kalk und Eisen, der Löwenzahn zu Kiesel und der Baldrian zu Phosphor.

Über die Fragen der Düngung hinausgehend befasste sich Steiner noch mit den Themen der Schädlingsbekämpfung durch Aschezubereitung sowie mit dem ökologischen Verhältnis des Bauernhofes zu der ihn umgebenden Landschaft. Der ethische Grundsatz, der die biologisch-dynamische Landwirtschaft bestimmt, verpflichtet alle Beteiligten auf den verantwortlichen Umgang mit den natürlichen Ressourcen im Sinne des Gebens und Nehmens in der Natur. Den Abschluss bilden Ratschläge zur Ernährung der Nutztiere, ein weiteres Mal im Zeichen der Dreigliederung des Organismus. Die Verfütterung der Wurzeln der Pflanzen fördert das Nerven-Sinnes-System der Tiere, die Stängel und Blätter wirken auf das Rhythmische sowie die Samen und Früchte auf das Stoffwechsel-Gliedmaßen-System.

Nach Steiners Tod haben sich die biologisch-dynamischen Landwirtschaftsbetriebe, die nach seinen weltanschaulichen Vorgaben und praktischen Grundsätzen arbeiten, in dem bis heute aktiven Demeter-Bund zusammengeschlossen. In Deutschland gab es um die Jahrtausendwende etwa 1350, weltweit 3500 Demeter-Betriebe (siehe Koepf / Plato 2001, 356, 360), darunter die Sekem-Farmen in Ägypten, die im Jahr 2003 mit dem Alternativen Nobelpreis ausgezeichnet wurden.

Eine in diesem Rahmen entstandene Neuentwicklung auf der Grundlage der Lehre Steiners sind die «Landwirtschaftsgemeinschaften». Ihre Kennzeichen sind die gemeinnützige Trägerschaft, ökologische Nachhaltigkeit, der Direkt-Verkauf ab Hof und die Einbeziehung einer größeren Zahl von Menschen, die auf demselben Gelände in mit dem Hof verbundenen Initiativen der Behindertenarbeit, der Sozial- und Kunsttherapie tätig sind (ebd. 255 ff.).

Drittes Kapitel

Rezeption und Kritik

Hagiographen und Kritiker

Der Stand der Forschung zur Anthroposophie Rudolf Steiners ist bis heute unübersichtlich und unzulänglich. Die Gründe dafür liegen erstens in der textlichen Beschaffenheit des Steinerschen Werkes, zweitens im überwiegend apologetischen Charakter der sich darauf beziehenden anthroposophischen Literatur und drittens in der bislang größtenteils polemischen Art der kritischen Auseinandersetzung mit der Gedankenwelt Steiners.

Das bislang nur in deutscher Sprache vollständig publizierte Werk Steiners ist inhaltlich so vielfältig und in seiner Breite so unüberschaubar, dass es sich gleichsam gegen eine Gesamtdarstellung oder sogar Gesamtbeurteilung sperrt. Dazu kommt, dass die Sprache, die Gedankenwelt und die Argumentationsformen Steiners auf viele Leser fremdartig wirken müssen. Einer wissenschaftlichen Untersuchung scheinen die Werke Steiners auch schon wegen ihrer esoterischen Züge Hindernisse in den Weg zu stellen.

Dieses Problem verschärft sich eher noch durch den Umfang der sich auf das Steinersche Werk beziehenden anthroposophischen Literatur aus dem nicht mehr nur deutschsprachigen, sondern international gewordenen Kreis der Anhängerschaft Steiners. Hier findet man allerdings kaum systematisch fundierte Deutungen, sondern hauptsächlich Versuche einer thematisch fokussierenden Paraphrase und erläuternden Strukturierung der Gedankenwelt

Steiners durch Autoren, bei denen das Verständnis der Sache mit dem Einverständnis affirmativ zusammenfällt. Bisweilen scheint jede Distanz aufgegeben, so dass die Ausführungen wie eine Verbeugung vor dem eigenen geistigen Führer wirken müssen.

Eine größere Gruppe allgemeiner Darstellungen beschäftigt sich vorwiegend mit der Biographie Rudolf Steiners oder wählt einen biographischen Zugang zu seinem Werk (siehe vor allem Hemleben 1963, Wehr 1994, Kugler 1980, Lindenberg 1997). Das Grundproblem all dieser anthroposophischen Biographien liegt in der unkritischen Orientierung an Steiners Autobiographie, die ohne Distanz als Grundlage der Darstellung übernommen wird. Dabei wird vor allem die Frage nach möglichen Brüchen und Umorientierungen im Lebensgang Steiners zugunsten der angeblichen Kontinuität und Einheitlichkeit seines Lebenswerkes verdrängt, ausgeklammert oder harmonisiert.

Eine zweite Gruppe in der anthroposophischen Steiner-Rezeption bilden die Arbeiten, die ausgewählte Schriften Steiners unter thematischen Gesichtspunkten strukturieren und übersichtlich erschließen, etwa im Hinblick auf sein Menschenbild, seine Naturauffassung, sein Christusverständnis oder seinen Erkenntnisweg. Neben diesen vorwiegend paraphrasierend verfahrenden allgemeinen Darstellungen der Anthroposophie stehen Arbeiten, welche die Tätigkeitsfelder der anthroposophischen Bewegung – von der Pädagogik über die Medizin bis zur Landwirtschaft – beschreiben und dazu deren weltanschauliche Grundlage entfalten. Auch diese Darstellungen sind im Wesentlichen aus dem Geist der Verehrung geschrieben, applizieren die Gedanken Steiners allerdings häufig selbständig auf die Handlungsanforderungen in konkreten Praxisbereichen der Gegenwart.

Als weitere Gruppe sind die noch seltenen einzelwissenschaftlich orientierten Arbeiten zu nennen, in denen im Rahmen der anthroposophischen Steiner-Rezeption versucht wird, die erkenntnistheoretischen, anthropologischen oder ethischen Auffassungen Steiners nicht nur immanent, sondern im Kontrast oder als Ergänzung zu Theorien und Ergebnissen gegenwärtiger «normalwissenschaftlicher» Forschung zu diskutieren (siehe die Studien von Peter Schneider 1982, Kiene 1984, Hübner 2005, Rittelmeyer 1990).

Ein wesentlicher Grund für die besonderen Schwierigkeiten bei der Rezeption der Anthroposophie liegt in der sich nahezu unvermeidlich ergebenden Spaltung der Rezipienten in bedingungslose Anhänger und polemische Kritiker. Sowohl die anthroposophische Würdigung Steiners als auch die nichtanthroposophische Kritik kranken an einem Übermaß von Betroffenheit und Parteinahme. Es scheint fast unmöglich zu sein, sich mit der Anthroposophie in einer fairen und distanzierten Weise wissenschaftlich auseinanderzusetzen. Steiners Gedanken polarisieren; sie provozieren engagierte und enthusiastische Identifikation oder heftige Abwehr und Spott – vielleicht, weil es dabei nicht nur um eine spezifische Theorie über den Menschen oder eine soziale Praxis geht, sondern um Antworten auf die «letzten Fragen» nach dem Grund und dem Sinn des Lebens.

Diese Polarisierung zwischen den «Steiner-Hagiographen» und der sogenannten «Kritikerliteratur» im Rezeptionsprozess der Anthroposophie beginnt im deutschsprachigen Raum schon in den letzten Lebensjahren Steiners und setzt sich bis heute fort. (Eine Übersicht über die ersten Kritiker findet sich bei Ullrich 1991, 204 ff.). Obwohl sich unter den zahlreichen deutschen Kritikern Steiners so namhafte Philosophen wie Theodor W. Adorno und Ernst Bloch befinden sowie führende protestantische Theologen wie Friedrich Gogarten und Paul Tillich, können insgesamt gesehen bis heute nur wenige Arbeiten als Versuche einer kritischen Forschung über Anthroposophie wissenschaftlichen Rang beanspruchen.

Hagiographen und Kritiker

175

Die «Grenzenlosigkeit» der Anthroposophie

Vertreter eines an der Erkenntniskritik Kants geschulten Philosophierens (siehe u.a. Schneider 1992, Prange 2000) gelangen bei der kritischen Überprüfung der Prämissen des Steinerschen Denkens zu dem Ergebnis, dass Steiner bei der Begründung seiner *Erkenntnistheorie* aufgrund eines fundamentalen psychologistischen Missverständnisses der von Kant gezogenen Erkenntnisgrenzen auf eine vorkritische und naiv-realistische Position zurückfällt. Indem er das Denken zum vermeintlich objektiven Spiegel des Seins verklärt, billigt Steiner dem Menschen ohne philosophischen Nachweis eine letztlich unbegrenzte Erkenntnismöglichkeit zu, mit der er die übergeschichtlichen Wahrheiten und ewigen Ideen intellektuell erfassen kann. Die kritische Frage nach den durch die menschliche Konstitution gegebenen Grenzen des Erkennens, die mit der Form der sinnlichen Anschauung und den Kategorien des Verstandes gesetzt sind, lässt Steiner ebenso wenig gelten wie diejenige nach der Geschichtlichkeit des menschlichen Selbstverständnisses. Während Kant aus der Analyse der Bedingungen menschlichen Erkennens die Unmöglichkeit eines wissenschaftlichen Gottesbeweises zwingend darlegt, ergibt sich aus der Steinerschen Prämisse, dass das Denken prinzipiell das Absolute in der Form einer Wesenserkenntnis erschauen kann, da der menschliche Verstand selber göttlichen Wesens sein muss. Nur wer diese rational unbeweisbare metaphysische Setzung teilt, wird in Steiners Gedankenwelt keinen prinzipiellen Verstoß gegen die philosophische Reflexion sehen und seinem geisteswissenschaftlichen Schulungsweg und den darauf erlangten Erkenntnissen über die höheren Welten Glauben schenken. Hält man aber an dem Grundsatz der kritischen Philosophie fest, dass es für den menschlichen Verstand keine intersubjektiv überprüfbare rationale Wesenserkenntnis Gottes und des Absoluten geben kann, dann wird die auf dem

Rezeption und Kritik

Boden der Steinerschen Erkenntnislehre entwickelte Anthropologie, Kosmologie und Ethik in hohem Maße fragwürdig.

Eine grenzenlose Erkenntnistheorie muss auch zu einem maßlosen Begriff von der menschlichen Existenz führen. Dieser zeigt sich schon in Steiners dualistischem Menschenbild, in dem er die endliche physische Natur des Individuums als Trägerin einer ewigen, unendlichen seelisch-geistigen Wesenheit darstellt. Der Begriff einer geschichtlich einmaligen, in ihrer konkreten endlichen Existenz zur Selbstbestimmung in Freiheit und zur Solidarität mit dem Anderen veranlassten Person findet in Steiners Anthropologie keinen Raum.

Die *Ethik* der Anthroposophie entwirft Steiner in seinen Frühschriften als «ethischen Individualismus», das heißt als das Handeln eines sich selbst gewissen Individuums, das im reinen Denken des Weltganzen die Quelle seiner Moralität zu finden sucht. Im Hauptwerk Steiners dominiert dann die Ethik des dem Karma unterworfenen Menschen, der sich auf der höchsten Stufe der Erkenntnis mit dem Weltenplan, der kosmischen Evolution, vereinigt. Wie in seiner Erkenntnistheorie und Anthropologie bestimmt Steiners Glaube an die in aller Individualität sich zeigende Idealität und Göttlichkeit des Menschen grundlegend auch sein ethisches Denken – in je verschiedener Form in seinem Frühwerk wie in seinem Hauptwerk. Nur unter der metaphysischen Voraussetzung der Identität von Individualität und Idealität kann der Einzelne durch die moralische Intuition sein Handeln an der ewigen Ordnung der Ideenwelt ausrichten, kann es für den vortheosophischen Steiner das Tun des Guten geben. Dieses kann aber nicht als ein im strengen Sinne «sittliches» Handeln bezeichnet werden, das aus der Freiheit des Subjekts entspringt; es ist vielmehr die Handlung eines Einzelnen, dessen Wollen notwendig mit der erschauten Ideenwelt übereinstimmt. Was Steiner unter «Freiheit» versteht, erweist sich streng genommen als ein Determiniert-Sein

durch die Welt der Ideen, wenngleich sich diese Determination –
im Idealfall – weder als ein Müssen noch als ein Sollen, sondern als
ein Selber-Wollen dieses Allgemeinen erkennen lassen sollte.

Mit dem «ethischen Individualismus» liefert der frühe Steiner
also eine Naturlehre des Handelns, nicht aber eine Ethik, die das
Proprium moralischen Handelns – wie zum Beispiel Kant durch
den kategorischen Imperativ – bestimmen hilft. Durch die Vereinigung von Individualität und Idealität kommt weder der konkrete Mensch mit seiner endlichen Freiheit in den Blick noch der
andere als mein Gegenüber, der mein Handeln als ein moralisches
herausfordert.

Steiner versucht später, die Begriffe der Freiheit und der Verantwortung auf der Basis der theosophischen Lehren von Reinkarnation und Schicksal («Karma») neu zu durchdenken, in deren Licht
das moralische Handeln des Individuums nicht mehr nur an seine
gegenwärtige Existenz gebunden, sondern schon durch vorausge-
gangene Erdenleben determiniert erscheint. Er geht von der Voraussetzung aus, dass der Mensch bei seiner Geburt die Verbindung
eines ewigen geistigen Wesens mit einem endlichen physischen
Körper ist und dass der Tod nur das Ende des letzteren bedeutet.
Für das geistige «Ich» stellt der Tod keine Grenze dar, sondern nur
eine Unterbrechung seines Bildungsprozesses, den es in den folgenden Inkarnationen fortsetzt. Dabei wirken durch das «Gesetz
des Schicksals» (Karma) die Taten des vorhergehenden Lebens bestimmend auf das Handeln in der künftigen Existenz.

Die Möglichkeit der menschlichen Freiheit ist durch zwei Gegebenheiten beeinträchtigt. Zum einen ist die gegenwärtige Existenz, die der Einzelne durchlebt, in ihren Bedingungen durch das
Schicksal in vorhergehenden Erdenleben schon bestimmt; ein Le-
bensplan ist schon vorgezeichnet, auf den der Einzelne nur noch
zu reagieren hat. Zum anderen ist auch der Mensch, wenn er geboren wird, sich selbst schon vorgegeben als ein Ich, das, aus un-

endlichen Zeiträumen kommend, eine sich selbst unbewusste Vergangenheit und Zukunft in sich trägt.

Der Mensch lebt nach Steiner also in zwei Zeiten: in der ihm verfügbaren endlichen Lebenszeit und der ihm unverfügbaren ewigen Überzeit zwischen den Verkörperungen. Das Spezifische des Geschichtlichen, die Einmaligkeit der Existenz, zu der fundamental die Endlichkeit gehört, ist hier entgrenzt und damit aufgelöst. Der Mensch ist in seinem Leben gerade nicht Herr seiner Zeit und Herr seiner selbst, wenn sich wesentliche Prozesse der Entwicklung seines Ich nicht in seiner Welt, sondern jenseits davon vollziehen. Und durch das Schicksalsgesetz ergibt sich, dass den Einzelnen die Wirkungen seiner Taten nicht mehr in seiner jetzigen Existenzform treffen, sondern in einem ihm noch unvorstellbaren künftigen Leben. Streng genommen kann sich also der Mensch hier und jetzt gar nicht selbst bestimmen, weil es durch sein Eingespanntsein in vergangenes und künftiges Karma keine unmittelbare Rückwirkung seines Handelns auf ihn selber geben kann. «Frei» ist er nur in dem Maße, wie er sich Erkenntnis über den Weltzusammenhang erworben hat, in dem er steht. Es bleibt ihm keine andere Wahl, als in Übereinstimmung mit dem Weltenplan zu handeln, den er bestenfalls durch Erkenntnis verstehen kann. Wenn der Mensch in Kenntnis der Gesetze des Schicksals handelt, dann ist er selbst nicht der Urheber möglicher Zwecke. Der sich aus der Schicksalsverkettung ergebende Begriff der Freiheit ist der einer Freiheit zum vorgegebenen Gesetz, nicht der einer Freiheit zum selbständigen Setzen. Wenn der Mensch nur die Wahl hat, die ihm gegebenen Gesetze des Weltenplans zu erfüllen oder diese sich gegen seinen Willen erfüllen zu lassen, dann schwindet der Unterschied zwischen Freiheit und Notwendigkeit; moralische Selbstbestimmung scheint innerhalb dieses überindividuellen Kausalnexus nicht möglich zu sein.

Und auch der Andere als mein Gegenüber kommt nicht existenziell als Mensch zur Geltung, sondern als Träger einer Aufgabe in meinem Schicksalsplan. Ausgehend von den Ideen der Reinkarnation und des Karma verfügt also auch der späte Steiner weder über einen zureichenden Freiheitsbegriff noch über ein eigenständiges Prinzip moralischen Handelns. Wie schon in seinem Frühwerk bestimmt er den Menschen ohne Grenze der Erkenntnis, ohne Grenze seiner Existenz und ohne Grenze seiner Freiheit (siehe Schneider 1992, S. 33 f.).

Die hier in exemplarischer Absicht referierte kritische Rezeption der Anthroposophie auf dem Gebiet der akademischen Philosophie hat schon eine lange Geschichte. Sie beginnt mit den ablehnenden Rezensionen Eduard von Hartmanns und Arthur Drews' zu Steiners frühem Hauptwerk *Philosophie der Freiheit* und wiederholt sich bis heute, wenn Vertreter einer streng systematischen Philosophie in der Nachfolge Kants mit der Steinerschen Gedankenwelt in Berührung kommen. Auf größeres Verständnis und bisweilen auch auf Wohlwollen stoßen einzelne Lehren Steiners – zum Beispiel sein Goetheanismus – bei Denkern, die sich mit der Naturphilosophie und der Geschichte der Naturwissenschaften befassen (siehe u. a. Böhme 1980). Ebenso findet Steiners Eintreten für die Mystik bei Religionsphilosophen bis heute Beachtung (siehe Koslowski 1988).

Die Rückkehr des mythischen Denkens

Ein zweiter Rezeptionsweg der Anthroposophie, der bereits in den letzten Lebensjahren Steiners eröffnet und bis heute weiter beschritten wird, ist die Auseinandersetzung mit dem Wissenschaftscharakter der Anthroposophie, insbesondere die Analyse ihrer spezifischen Denkformen. Rudolf Steiner hat stets die Auffassung vertreten, dass seine Erschließung der übersinnlichen

Welt den Anspruch der Wissenschaftlichkeit erfülle, weil sie in ihrer methodischen Strenge den Naturwissenschaften nicht nachstehe.

Eine in die Tiefe gehende wissenschaftsgeschichtliche Analyse der Entwicklungs- und Temperamentenlehre – zweier Hauptpfeiler von Steiners pädagogischer Anthropologie – ergibt indes, dass diese konzeptionell und empirisch heute keine wissenschaftliche Geltung beanspruchen können. Rudolf Steiner hat seine Entwicklungslehre von den stufenweise im Abstand von je sieben Jahren erfolgenden seelischen «Geburten» – oder besser Metamorphosen – nicht in Auseinandersetzung mit der zeitgenössischen Kinder- und Jugendpsychologie konzipiert; er greift vielmehr mit dieser Jahrsiebtenlehre auf das archaische Schema der Altersordnung zurück, das in der europäisch-mittelmeerischen Kultur vor der Verwissenschaftlichung der Menschenkunde die größte Bedeutung besaß. Denn die Sieben ist im griechisch-römischen Altertum und in der alteuropäischen Kultur die mythisch und religiös beglaubigte Zahl für die Altersgliederung schlechthin.

Mit dem Anspruch der spirituellen Erweiterung der wissenschaftlichen Menschenforschung kehrt Steiner hier zu einer vorwissenschaftlichen Lebensalterslehre zurück, die mit ihrem schematischen Rhythmus die seelische Entwicklung des Individuums weniger zu beschreiben als vielmehr vorzuschreiben beabsichtigt. Als ein seelenkundlicher Anachronismus ist die Steinersche Hebdomadenlehre im disziplinären Rahmen der modernen empirisch-wissenschaftlichen Entwicklungspsychologie nicht konstruktiv diskutierbar, selbst wenn sich durch ihr Stufenschema oberflächliche Affinitäten zu den Konzeptionen eines Jean Piaget oder Erik Erikson herstellen lassen. Die anthroposophische Entwicklungslehre kann also streng genommen nicht als Ergebnis authentischer eigener Forschung angesehen werden; es spricht vieles dafür, dass Steiner das Jahrsiebtenschema in der «Geheimlehre» Helena Blavatskys,

Die Rückkehr des mythischen Denkens

seiner theosophischen Vorläuferin, vorgefunden und dann adaptiert hat.

Auch mit seiner Lehre von den vier Temperamenten hat Steiner keine neuartige Persönlichkeitspsychologie geschaffen. Hier greift er wiederum in Abkehr von der wissenschaftlichen Psychologie seiner Zeit auf das Viererschema der spätantiken hippokratischen Menschenkunde zurück und versucht, es aus einer theosophischen Perspektive heraus umfassend auszudeuten. Dies geschieht durch die Darlegung zahlreicher spirituell-kosmischer Wesensverwandtschaften zwischen Temperament und körperlicher Gestalt, dominanter Körperregion, Krankheitstendenz, Heilmittel, Lieblingsfarbe, Jahreszeit, Lebensalter, Nationalcharakter und anderen Parametern. Die psychologische Charakterisierung der Temperamente und die pädagogischen Maximen zu ihrer «Behandlung» hat Steiner nicht selber entwickelt, sondern zum allergrößten Teil und mit nur geringfügigen Modifikationen der populären Ratgeberliteratur seiner Zeit, insbesondere den Schriften des Pfarrers Bernhard Hellwig, entnommen.

Im Hinblick auf begriffliche Klarheit und deskriptive Differenzierung bleibt Steiners Lehre von den vier kosmischen Temperamenten noch hinter der romantisch-spekulativen Seelenlehre eines Carl Gustav Carus zurück. Die empirisch-exakte Persönlichkeitspsychologie hat die diagnostische Schwäche und mangelnde Validität einer solchen psychophysischen Totaltypologie ausführlich problematisiert. Angesichts des Umstands, dass in ihrem Lichte neun Zehntel einer Population den meisten Beobachtern als «Mischtypen» erscheinen müssen, hat die Forschung die traditionelle Lehre von den vier Temperamenten seit langem verabschiedet. Auch die moderne neuropsychologische Forschung, die sich wieder mit der Konstitution und dem Temperament befasst, vermeidet die typologischen Vereinfachungen und Generalisierungen.

Mit dem Anspruch, die spezialisierte normalwissenschaftliche

Menschenforschung durch eine «geisteswissenschaftliche», ganzheitlich-intuitive Erkenntnis zu erweitern, hält die Schülerschaft Steiners bis heute an der alteuropäischen Jahrsiebtenlehre und am hippokratisch-galenischen Viererschema der Temperamente fest. Damit überschreitet sie aber keineswegs das begrifflich-abstrakte Denken und die empirisch-quantitative Erkenntnisform der neuzeitlichen Wissenschaft. Sie begibt sich vielmehr in die bildhaft-analogisierenden Denkweisen des Mythos zurück und tradiert so von der modernen Wissenschaft längst verabschiedetes antiquiertes Wissen.

Weite Teile von Steiners kosmologischem und anthropologischem System sind vom Gedanken der architektonischen Schichtung oder Stufung und vom Grundsatz der gegenseitigen Entsprechung beherrscht. Dementsprechend postuliert Steiner dort kausale Zusammenhänge, wo sich nur scheinbare gedankliche Ähnlichkeiten feststellen lassen. Was erst bewiesen werden müsste, wird unbefangen vorausgesetzt. Der Architektonik der Analogien kommt der uralte Gedanke des Mikrokosmos sehr entgegen. Da sich in der Ordnung des Kosmos alles entspricht und sich in jedem Wesen das Abbild kosmischer Prozesse ausdrückt, kann auch das Temperament und der Entwicklungsgang eines Menschen nach Steiner nur dann wahrhaft begriffen werden, wenn in ihm das Abbild umfassender Weltenvorgänge wieder erkannt wird.

Der Schlüssel für die Möglichkeit dieser Ausdeutung liegt in der Zahlensymbolik, im uralt-sakralen Schema der Drei-, Vier- und Siebenzahl. Die Zahlensymbolik leistet für Steiner zweierlei: Sie gibt seiner Systematik einerseits das Gepräge des wissenschaftlich Berechenbaren, andererseits wahrt sie in der Tradition der heiligen Zahlen aber auch den Schleier vor dem Geheimnis. Ein weiteres Denkwerkzeug Steiners, das dazu dient, die mannigfachen zahlensymbolischen Korrespondenzen zu begründen, ist die sich durch die Verdinglichung des Immateriellen ergebende Stufung der vier «Wesenheiten» beziehungsweise der drei Glieder des Organismus. Sie ist einerseits der Theosophie und der spekulativen Naturphilosophie verpflichtet, andererseits steht sie in der Tradition der platonischen Seelenlehre. Einer modernen wissenschaftlichen Erkenntnis ist eine solche Substantialisierung fremd; derartige Einteilungen können allenfalls als vorläufige Denkmodelle dienen.

Durch die Verlagerung der «wahren Erkenntnis» ins Übersinnliche und ihre Bindung an das Absolvieren eines meditativen Schulungsweges verleiht Steiner seinen Aussagen, denen er den Status überzeitlich geltender Wahrheiten zuspricht, faktisch die völlige Unantastbarkeit. Die Ergebnisse seiner «Geheimwissenschaft» sollen durch ihren kosmologischen und anthropologischen Systemcharakter für alle einzelwissenschaftliche Forschung grundlegend sein. Gleich den ewigen Weisheiten der Esoterik, mit denen sie ja größtenteils verwandt sind, stehen sie ein für allemal unverrückbar fest; Zweifel und öffentliche Kritik daran zu üben, wird von Steiners Schülerschaft nach wie vor abgelehnt. Diese Kennzeichen der anthroposophischen Geisteswissenschaft haben mit moderner Wissenschaftlichkeit wenig gemein. Wohlwollend könnte man Steiners essentialen Begriff von Wissenschaft noch der vorneuzeitlichen, aristotelisch-thomistischen Konzeption zurechnen. Hier war wissenschaftliche Erkenntnis gekennzeichnet durch die Überzeugung von ihrer Absolutheit (sie erkennt etwas Ewiges, Unveränderliches, Notwendiges, das per se evident ist), von ihrer Allgemeinheit (sie gilt für alles, immer und überall) und von ihrer Wahrheit (sie entspricht den Wesensgesetzen der Schöpfung).

Für die neuzeitliche Konzeption der Natur-, Kultur- und Sozialwissenschaften ist indes die Ablehnung jedes absoluten Wahrheitsanspruchs konstitutiv, denn dieser fixiert eine einmal erreichte Erschlossenheit und verhindert das Weiterdenken und die Vermehrung des Wissens. Das Neue in den Wissenschaften und in der Philosophie der Moderne liegt gerade in der Freigabe des Denkens aus der Klammer absoluter metaphysischer Systeme. Die einzelne wissenschaftliche Erkenntnis ist Bestandteil eines fortschreitenden, sich spezialisierenden und prinzipiell unabschließbaren Forschungsprozesses.

Aus der Perspektive einer modernen Wissenschaftskonzeption können die weltanschaulichen Voraussetzungen und die Erkenntnismethoden der anthroposophischen Geisteswissenschaft zum großen Teil als «vorwissenschaftlich» angesehen werden. In der Tat lassen sich alle von Gaston Bachelard (1884–1962) genannten Merkmale des vorwissenschaftlichen Denkens in der Geisteswissenschaft Rudolf Steiners wiederfinden: *1.* das Sich-Beruhigen bei der Metaphorik und Schlichtheit des ersten Blicks, *2.* das Bedürfnis nach allgemeiner Erkenntnis (Universalismus), *3.* das Bedürfnis nach Einheit und Ganzheit und *4.* der Substantialismus. Der vorwissenschaftliche Geist ist naiver Realist; er glaubt – der Anthroposoph wie der Alchimist und der Astrologe – an einen universellen Zusammenhang, in dem Erscheinungen von größter Heterogenität kausal miteinander verbunden sein sollen. Der vorwissenschaftliche Denker sucht so alle Erscheinungen durch eine Systematik allgemeiner, oberster, die konkrete einzelne Erfahrung überschreitender Einsichten zu erklären. Dabei herrschen in der Tat das Gesetz der geringsten Anstrengung und der Anspruch ewiger Gewissheiten zugleich.

Dagegen ist der wissenschaftliche Geist, den Bachelard vor allem in der Entwicklung der modernen naturwissenschaftlichen Forschung am Werk sieht, zu jener geistigen Askese bereit, die die eigenen Intuitionen, die eigenen Lieblingsbilder, durch einen «epistemologischen Schnitt» *(coupure épistémologique)* abstreift, das heißt zugunsten abstrakter Modelle und quantitativer Verfahren radikal mit dem Alltagswissen bricht. Die anthroposophische Geisteswissenschaft, die gerade durch ihre «lebendigen, beweg-

Die Rückkehr des mythischen Denkens

lichen Begriffe» und ihre «Meta-Logik» der Bilder das abstrahie-
rende (natur-)wissenschaftliche Erkennen der neuzeitlichen Na-
tur- und Menschenforschung erweitern und überschreiten will,
fällt so gesehen wissenschaftsgeschichtlich auf die Stufe des vorwissenschaftlichen Denkens zurück.

Die eigentümliche Struktur des anthroposophischen Denkens
möchte ich im Folgenden in einem eigenen Beitrag mit Hilfe von
Ernst Cassirers neo-kantianischer Philosophie der symbolischen
Formen systematisch analysieren. Nach Cassirer besitzen Wissenschaft und Mythos wie Sprache, Religion und Kunst jeweils selbständige, unterschiedliche Strukturen der Auffassung und For-
mung der Welt (siehe Cassirer 1977). Was wir Wirklichkeit nennen,
erblicken wir in der Totalität der von diesen symbolischen Formen
artikulierten Bildwelten. Der Mythos, mit dem wir im Folgenden
die Logik der anthroposophischen Erkenntnisart vergleichen wollen, ist eine Bewusstseinsform, die eine eigene Weise der Synthesis
des Mannigfaltigen, der Weltgliederung impliziert. Die zentralen
Denk- und Anschauungsformen des mythischen Bewusstseins
sind m. E. der am besten passende Schlüssel für das Verständnis der
anthroposophischen Weltanschauung.

1. *Der mythische Kausalitätsbegriff:* Während das wissenschaftliche
Denken zur Erkenntnis einer Kausalitätsbeziehung aus einem
Gesamtkomplex ein bestimmtes Einzelmoment als Bedingung
hervorhebt, schließt im Mythos schon jede Gleichzeitigkeit
und jede räumliche Nachbarschaft von Dingen und Ereignissen
die Annahme eines realen kausalen Nexus in sich. Im mythischen – und so auch im anthroposophischen – Denken herrscht
eine Art Hypertrophie des kausalen Instinkts und des kausalen
Erklärungsbedürfnisses. Zwei Gewissheiten sind für den Mythos – und für die Anthroposophie – zentral: Nichts in der Welt
geschieht durch Zufall, sondern alles durch Absicht. Durch We-
sensverwandlungen kann alles aus allem werden, weil alles mit

allem sich zeit-räumlich berühren kann. Während die wissenschaftliche Erkenntnis immer genauer nach dem gesetzmäßigen «Wie» des Werdens sucht, fragt das mythische und anthroposophische Denken nach dem «Was», dem «Woraus» und dem «Wohin» und beide verlangen, dies in voller dinglicher Bestimmtheit zu schauen. So wird alle Eigenart des Wirkens dadurch erklärt, dass eine bestimmte dingliche Eigenschaft einer Sache auch bei einer anderen zu finden oder auf diese übergegangen ist.

2. *Der mythische Substanzbegriff:* Für das mythische wie für das anthroposophische Denken wirken überall in der Welt und im Menschen dieselben Kräfte, die sich auch ganz in der Anschauung offenbaren. Sie können nach dem Gesetz der Metamorphose unterschiedslos in allen Seinsbereichen zur Wirkung kommen. Im Gegensatz zum naturwissenschaftlichen Kraftbegriff, der ein dynamisches Verhältnis interdependenter Beziehungen ausdrückt, denken Mythos und Anthroposophie Kraft als etwas Verdinglichtes, Substanzartiges, das «kosmisch» überall in der Welt wirkt. Gleichheit oder Ähnlichkeit ist hier kein bloßer Relationsbegriff, sondern Wirkung einer realen Kraft, die in allen Bereichen der Welt in unterschiedlichsten Formen zum Ausdruck gelangt. Jede Ähnlichkeit oder Gleichheit zwischen zwei Erscheinungen deutet darauf hin, dass dieselbe Kraft in ihnen wirkt; von daher ergibt sich die Möglichkeit und Notwendigkeit schier unabschließbarer Analogiebildungen.

3. *Der mythische Raumbegriff:* Im Gegensatz zur Abstraktheit und Homogenität des geometrischen Begriffsraumes gibt der mythische Anschauungsraum einen konkret-figurativen Grundplan der Welt. Darin kommen die kosmischen Kräfte in unterschiedlichen Gestalten zum Ausdruck, die durch ihre Wesensverwandtschaft miteinander in Beziehung stehen. Auch im anthroposophischen Denken gibt es die Korrespondenzen zwischen kosmischen Kräften, Jahreszeiten, Lebensaltern, Temperamen-

ten, Leibesorganen, Entwicklungsstufen, Farben, die für das mythische Denken kennzeichnend sind. Im «Strukturraum» (Cassirer) des Mythos entsteht das Ganze nicht genetisch aus den Elementen, sondern es besteht ein rein statisches Verhältnis des Innewohnens. In jedem Teil findet sich die Struktur des Ganzen wieder. Auch hier herrscht das substantielle Identitätsprinzip, dessen räumlicher Ausdruck der Gedanke der Einheit von Mikrokosmos und Makrokosmos ist. Wie der Mythos geht auch die Anthroposophie von dieser Entsprechung zwischen Mensch und Welt aus und schließt somit aus einer Analogie zwischen zwei Erscheinungen auf die Identität ihres Ursprungs und Wesens. Die konkreten mythischen Raumgliederungen gehen häufig von der Siebenzahl der Weltgegenden aus, teils auch von der Siebenzahl der Planeten oder von der Vierzahl der Himmelsrichtungen. Dem mythischen Raumgefühl liegt der Gegensatz von Licht und Dunkel zugrunde; der Sieg des Lichts ist der Ursprung der Weltordnung. Die anthroposophische Kosmologie schließt mit ihren Vorstellungen hier unmittelbar an.

4. *Der mythische Zeitbegriff:* Der Mythos kennt nicht wie die mathematisch-physikalische oder die historische Zeit gleichmäßige Kontinuität und Sukzession; er teilt vielmehr das Ganze der Zeit nach dem «natürlichen» Bild des Lebens in einzelne Phasen ein, in Zeitgestalten also, in denen sich die «Rhythmen» des biologischen Daseins und Werdens manifestieren. Das mythische «Phasengefühl» (Cassirer) betrachtet diese Zeitabschnitte – wie der Anthroposoph die Lebensaltersphasen, Jahreszeiten, Mondphasen usw. – nicht als eine einfache, gleichförmige, rein extensive Reihe, sondern spricht jeder Phase selbst eine qualitative Eigenart und eine eigentümliche Wirksamkeit zu. Daraus erklärt sich auch die Vorstellung der Krise, der Metamorphose oder der neuen Geburt, die zwischen zwei bedeutsamen Lebensepochen stattfindet.

5. *Der mythische Zahlbegriff:* Im Mythos wie in der Anthroposophie ist die Zahl keine bloße Ordnungs- oder Funktionszahl, die sich innerhalb eines umfassenden Zahlensystems auf jeden beliebigen Inhalt anwenden lässt: Sie ist vielmehr noch Ding- und Strukturzahl, die von einem einzelnen zählbaren Phänomen ausgeht und an seine Anschauung gebunden bleibt. Jede Zahl hat zum andern ihr eigenes Wesen und ihre besondere «Kraft».

Wo immer zwei Mengen als gleichzahlig erscheinen, wo sich zeigt, dass sie einander Glied für Glied eindeutig zugeordnet werden können, da «erklärt» sich diese Möglichkeit der Zuordnung, die in der Erkenntnis als ein rein ideelles Verhältnis erscheint, aus einer sachlichen Gemeinschaft ihrer mythischen «Natur». Was dieselbe Zahl an sich trägt, das wird bei all seiner sonstigen äußeren Verschiedenheit mythisch dasselbe; denn es ist *ein* Wesen, das sich nur unter verschiedenartigen Erscheinungsformen verhüllt und versteckt. In diesem Zusammenhang sei nur an die über die Vierzahl gebildeten kosmischen Korrespondenzreihen und an die auf der Siebenzahl fußende Lebensalterslehre in der anthroposophischen Menschenkunde Steiners erinnert. Auch Steiner sieht wie im Mythos in jeder partikularen Vierheit einer Erscheinung die universelle «Kraftnatur» (Cassirer) der kosmischen Vierheit. Auch Steiner gliedert den Ablauf des Weltgeschehens und des individuellen Lebenslaufes nach der heiligen Siebenzahl, die sich letztlich aus dem natürlichen Ablauf der Mondphasen herleitet. Die «Sieben» hat in der Tradition des mythischen Denkens die weitläufigsten Beziehungen entwickelt. Die Strukturzahlen des Mythos und der Anthroposophie verstricken den Menschen leiblich, seelisch und geistig in den Ablauf des kosmischen Geschehens, um ihn mit den Erscheinungen der Welt in Einklang zu bringen.

6. *Der mythische Personbegriff:* Im Gegensatz zur wissenschaftlichen Auffassung der Seele als einer unanschaulichen Einheit domi-

niert im Mythos und in der Anthroposophie die Vorstellung von der Seelenspaltung. Für das mythische Denken können in ein- und demselben Menschen ganz verschiedene Seelen – bei Steiner «Leiber» oder «Wesenheiten» – miteinander existieren. Im Nacheinander der Lebenszeit vollzieht sich derselbe Prozess der Spaltung wie im Nebeneinander: In jeder Lebensphase nimmt ein neues Selbst seinen Anfang.

7. *Der mythische Existenzbegriff:* Kraft mythischen Glaubens an die ungebrochene Einheit und Stetigkeit des Lebens hat die menschliche Existenz keine Begrenzung in Raum und Zeit. Von daher erklärt sich der Glaube an das Fortleben nach dem Tod, an die Seelenwanderung und Reinkarnation des Geistes sowie an Schicksal und Vergeltung.

In der Anthroposophie Rudolf Steiners und somit auch in der Menschenkunde der Waldorfpädagogik und der intuitiven Medizin begegnen wir heute also dem altbekannten Antlitz des Mythos wieder. Aber anders als die ursprünglich erzählten Mythen stellt die anthroposophische Weltanschauung eine Synthese heterogener mythischer Weltdeutungen dar, gleichsam einen *reflexiven Mythos zweiter Ordnung.* Das Paradox der Anthroposophie ist, dass sie mit dem Anspruch der Wissenschaftlichkeit auftritt, aber tatsächlich eine Rückkehr zum Mythos vollzieht. Denn ihr eigentlicher Gegenstand ist nicht die natürliche oder die kulturelle, sondern die übersinnliche geistige Welt. Ihre Methode ist nicht das kontrollierte Experiment oder die Analyse von Texten, sondern die meditative Versenkung in das Innere der eigenen Person. Ihre Logik ist nicht eine der Begriffe und Modelle, sondern eine der Bilder und Analogien. Die anthroposophische Erkenntnisart stellt daher keine Erweiterung der wissenschaftlichen Forschung dar, sondern in letzter Konsequenz deren Verabschiedung. Ideengeschichtlich gesehen erscheint die «Geisteswissenschaft» Steiners als ein Versuch der Rehabilitierung mythischer Denk- und Lebensformen inmitten einer verwissenschaftlichten und säkularisierten Zivilisation.

Eine moderne Form der Gnosis

In seiner «Geheim- bzw. Geisteswissenschaft» versucht Steiner in der Spur der Romantiker den Intellekt intellektuell zu überschreiten, um das «Überbewusste, Wesenhafte, Kosmische» wieder zum Sprechen zu bringen. Wenn es zutrifft, dass dieses gnostische Mythenverlangen das zentrale Anliegen der Anthroposophie ausmacht, dann bedeutet dies, dass in der Kontroverse zwischen «Normalwissenschaft» und Steinerscher «Geisteswissenschaft» grundlegend verschiedene Formen des Wissens mit unterschiedlichen Erkenntnisinteressen aufeinandertreffen. Zur Klärung der dabei sich immer wieder ergebenden Verständnisschwierigkeiten und Missverständnisse könnte der Rückgriff auf die von Max Scheler eingeführte systematische Unterscheidung dreier Arten des Wissens mit jeweils unterschiedlichen Erkenntnisinteressen hilfreich sein (siehe Scheler 2008). Auf der untersten Stufe dieser Rangordnung steht das «Herrschafts- oder Leistungswissen», das der Kontrolle und Veränderung der äußeren und inneren Natur dient; es breitet sich in der Form der spezialisierten exakten Forschung immer weiter aus und bildet die Basis für die vielfältigen technischen und technologischen Innovationen sowie für die Konzeption und Evaluation gesellschaftlicher Reformen. Auf der zweiten Stufe steht das phänomenologisch fundierte und philosophisch reflexive «Bildungswissen», durch das der Mensch zur Entfaltung seiner Persönlichkeit an der Vielfalt seiner natürlichen und kulturellen Umwelt teilhaben kann. Die oberste Stufe der Rangordnung bildet für Scheler das «Heils- oder Erlösungswissen», wodurch das

Innerste des Menschen in einer absolut-existentiellen Einstellung zum Grund der Dinge und zum Werden der Welt vorstoßen will, um zur Einigung mit sich selbst oder zur Erlösung von den in ihr liegenden Gegensätzen zu finden. Das Heilswissen kann nur ein Wissen vom Ursprung, Wert und Ziel des Daseins sein, wie es zum Beispiel in den metaphysischen Denkformen der Gnosis und Mystik zum Ausdruck kommt.

Die Anthroposophie wendet sich an das allgemeine menschliche Verlangen nach tieferer Erkenntnis über das Woher und Wohin und Wozu unseres Lebens. Ein solches Verlangen verspricht sich von seiner Erfüllung eine Sinngebung der eigenen menschlichen Existenz. Hier ist der Weg der Erkenntnis ein Heilsweg, das erlangte Wissen ein Heilswissen. Dieses Erkenntnisinteresse muss deutlich von dem naturwissenschaftlichen Erkenntnisweg unterschieden werden. Auf diesem fragt der Mensch nämlich nach den Ursachen gegebener Erscheinungen und Prozesse, um sie durch sein Herrschafts- und Leistungswissen technisch kontrollieren und verändern zu können. Das anthroposophische Interesse an tieferer Erkenntnis reicht viel weiter und fragt gerade nach dem, was außerhalb des Blickfeldes der wissenschaftlich-rationalen Fragestellung liegt. Es verlangt Aufschlüsse über die Geheimnisse, die hinter der Welt der Dinge liegen und die kein natur- und kulturwissenschaftliches Forschen je in den Blick bekommen kann und darf, wenn es seinem Erkenntnisanspruch auf Allgemeingültigkeit und Objektivität gerecht werden will. Es geht dem Anthroposophen um übersinnliche Erkenntnis, das heißt um die Erkenntnis einer übersinnlichen Welt, mit der er in eine persönliche Beziehung eintreten will. Es geht ihm um mehr als nur um Wissen und Verstehen; er sucht Antwort auf die existenziellen Grundfragen: Wer sind wir? Woher kommen wir? Wohin gehen wir?

Im Traditionsstrom der Gnosis stehend, unterscheidet sich die Anthroposophie von Wissenschaft und Philosophie dadurch, dass sie ein Wissen anstrebt, das nicht nur Sachwissen, sondern zugleich Erlösungswissen ist. Unter *Gnosis* verstehen wir allgemein eine Denkweise, in der die Erkenntnis des Universums und die Erkenntnis des Menschen miteinander verwoben sind in der Konzeption eines dynamisch-genetischen Weltprozesses, der durch die drei Momente Schöpfung (Entäußerung), Fall (Desintegration) und Erlösung (Rückkehr) bestimmt wird; dieselben Momente konstituieren auch die Stadien des menschlichen Bildungs- und Selbstbildungsprozesses (siehe Koslowski 1988). Die Erkenntnis der Gnosis soll dem Erkennenden nicht nur die Welt und sein inneres Selbst entschlüsseln, sondern zugleich dabei helfen, sich von den Beschränkungen und Bedrückungen dieser Welt durch eben dieses Erkennen zu befreien, ja zu erlösen. Die Erkenntnis des Ganzen, das heißt der Entstehung der Welt, des Weges der Menschheit und der eigenen Seele in ihr, ist schon die wahre Erlösung.

Im Unterschied zum wissenschaftlichen Forschen und zum kritischen Philosophieren ist das anthroposophische Erkennen ein Schauen, das als existentieller Vollzug auf die Einfühlung und Einswerdung mit den Wesen und Werten der geistigen Welt gerichtet ist. Hierin ähnelt es der *Mystik*, die eine Erkenntnis von Einheit und Ganzheit anstrebt, die im Gegensatz zum systematischen Philosophieren stärker den Erfahrungscharakter der Vereinigung mit dem Göttlichen oder Geistigen betont. In der Mystik konvergieren Philosophie und Religion im Erlebnis von Einheit und Ganzheit. Wie Mystik und Gnosis unterscheidet sich die Anthroposophie vom Objektivismus der positiven Wissenschaften durch die Überzeugung, dass das wahre Wissen dem menschlichen Selbst nicht äußerlich sein kann, sondern dieses im Innersten seiner Person ergreift und verändert. Voraussetzung dieser Erkenntnismöglichkeit ist in der anthroposophischen Gnosis die Glaubensgewissheit von der Wesensverwandtschaft des menschlichen mit dem kosmischen Geist – ähnlich wie in der christlichen Gnosis und Mystik die Wesensverwandtschaft der Seele mit Gott im Zentrum der Glaubensüberzeugung steht.

Die axiomatische Grunderkenntnis der Anthroposophie ist ihr Wissen um die Entfremdung des gegenwärtigen Menschen von der geistigen Welt, um seine Verfallenheit an die dunklen Mächte des Materialismus und an eine nur noch kalt berechnende Rationalität. Das tragische und auch schuldhafte Verhängnis des gegenwärtigen Menschen ist seine Erblindung für die Transparenz der Dinge und auch für die Transparenz des eigenen Selbst im Lichte des Geistes, der den Kosmos durchströmt. In den Schauungen der höheren Welten weist Steiner seinen Geistesschülern den Weg zur Wiedervereinigung mit dem Geist. Ganz von selbst ist damit auch die Grundlinie einer Ethik gegeben, die auf ein Leben in Geisterfülltheit, in Harmonie mit sich selbst und dem Kosmos zielt.

Wichtig für das Beschreiten dieses Heilsweges ist die Erkenntnis der symbolischen Bedeutung Jesu Christi als Mittler der geistigen Kräfte, die allein den Menschen von seiner Verfallenheit an die ahrimanischen und luziferischen Mächte erlösen können. Dabei wird Christus nicht als einmalige geschichtliche Person aufgefasst, sondern als auserwählter Träger einer geistigen Substanz, der am tiefsten Punkt des Niedergangs den Prozess der Wiedervereinigung der Menschheit mit dem Geist wie ein Katalysator in Gang setzt und erfüllt. Die Anthroposophie ist – wie alle Gnosis – dynamisierte und narrative Metaphysik. Sie gestaltet das gnostische Schema von Ursprung, Fall und Erlösung aus mit Elementen der philosophischen Spekulation, der überlieferten Mythologie, des synkretistischen Kunstmythos und des historischen Berichts. Als modernisierte, neu interpretierte Form der Gnosis (siehe Harbsmeier 1957) schreitet sie als ein zugleich denkender und glaubender Zugang zum Begreifen der Gesamtwirklichkeit über die von der neuzeitlichen Philosophie gezogenen Grenzen des Denkens hinweg. Die Anthroposophie ist wie «die Gnosis […] ein gefährliches Unternehmen des Denkens, weil in keiner anderen Form der Weltbewältigung so nahe beieinander die größten Einsichten und die größten Irrtümer über Gott, die Natur und das Mittelwesen zwischen ihnen, den Menschen, liegen. In der Gnosis ist der Schritt von der Wahrheit zum Irrtum so klein und so folgenreich wie nirgendwo sonst.» (Koslowski 1988, 378)

Als Weg der Wiedervereinigung des Menschen mit dem Geistigen drängt die Anthroposophie zum kultischen Vollzug – nicht nur auf dem Gebiet der christlichen Religion. Rudolf Steiner hat auf der Grundlage seiner Erkenntnisse über die geistige Welt einen umfassenden Vergeistigungskult entwickelt, der von der Tanzkunst und Architektur über die Wirtschaft, Heilkunst und Landwirtschaft bis zur Pädagogik reicht und für jedes dieser Handlungsfelder ein verbindliches Modell «geistgemäßer» Lebensführung vorschreibt.

Die Zugehörigkeit der Anthroposophie zum mehr als zweitausend Jahre alten Traditionsstrom der Gnosis wird vor allem von Seiten der christlichen Theologie betont. In diesem Zusammenhang wird seit langem auch die Frage nach den Gemeinsamkeiten und nach den unüberbrückbaren Differenzen zwischen der Steinerschen Lehre und den Hauptströmungen des Christentums gestellt. Vertreter der großen christlichen Kirchen betrachten die Anthroposophie heute oft als Verbündete im Bemühen um die Überwindung eines materialistischen Menschenbildes, um das bedingungslose Ja zur göttlichen Schöpfung und um einen spirituell orientierten Lebensstil. Sie stimmen auch darin mit der Anhängerschaft Steiners überein, dass eine ethisch-religiös begründete Gestaltung des Lebens und der Kultur durch eine regelmäßig praktizierte Meditation bereichert werden kann. Die meisten Katholiken und Protestanten werden allerdings den Steinerschen Erkenntnisweg und seine Resultate als eine doktrinäre Verengung empfinden, die Gottes absolute Stellung als Schöpfer, die personale Verantwortlichkeit des endlichen Menschen und die geschichtliche Einmaligkeit der biblisch bezeugten göttlichen Offenbarung in Jesus Christus missachtet (siehe Grom 1989).

Rassenlehre und Völkerpsychologie

Seit mehr als zehn Jahren ist gegenüber dem Gründer der Anthroposophie wiederholt der Vorwurf des Rassismus und des Antisemitismus geäußert worden. (Ein polemisches Buch dazu hat Peter Bierl 1999 mit *Wurzelrassen, Erzengel und Volksgeister* vorgelegt; apologetisch haben sich 2002 Hans-Jürgen Bader und Lorenzo Ravagli in ihrem Buch *Rassenideale sind der Niedergang der Menschheit* geäußert.) In diesem Zusammenhang hat die Anthroposophische Gesellschaft in den Niederlanden eine Kommission damit beauftragt, die Schriften und Vorträge Rudolf Steiners auf rassistisch diskriminierende Äußerungen zu durchsuchen. Im Gesamtwerk wurden 16 Stellen als unvereinbar mit dem heutigen Menschenrechtsverständnis identifiziert und 66 Formulierungen als minder schwerwiegend klassifiziert. Weitere 162 Äußerungen, in denen der Rassebegriff verwendet oder Stellung zum Judentum bezogen wird, wurden als unproblematisch angesehen (siehe van Baarda 1998). Die Kommission hat bei diesen Bewertungen auch den Versuch unternommen, zwischen der Wirkung dieser Textpassagen auf heutige Leser und den eventuell davon abweichenden Intentionen Rudolf Steiners zu unterscheiden. Der Bericht kommt insgesamt zu der Auffassung, dass die identifizierten Textstellen trotz ihrer heutigen Bedenklichkeit in keiner Weise den ideellen und ethischen Kern der Anthroposophie und der auf ihr beruhenden Praxisinitiativen tangieren.

Besonderen Anstoß in der nichtanthroposophischen Welt haben Äußerungen Steiners erregt, in denen er sogenannte Eingeborene wie Indianer und Schwarzafrikaner als «zurückgeblieben» kennzeichnet. So bemerkt er beispielsweise in einem Vortrag im Jahre 1907: «Aber die Europäer sind hinaufgestiegen zu einer höheren Kulturstufe, während die Indianer stehengeblieben sind und dadurch in Dekadenz gekommen sind.» (GA 100, 2006, 259) Diese «amerikanische Rasse» ist für ihn «weit zurückgeblieben». Und in einem Vortrag vor den Bauarbeitern am Goetheanum führt er über Schwarzafrikaner aus: «Der Neger hat ein starkes Triebleben. Und weil er eigentlich das Sonnige, Licht und Wärme, da an der Körperoberfläche in seiner Haut hat, geht sein ganzer Stoffwechsel so vor sich, wie wenn in seinem Innern von der Sonne selber gekocht würde. Daher kommt sein Triebleben.» (GA 349, 2006, 55) Für den Theosophen Steiner ergeben sich die Eigenarten der menschlichen Rassen aus den Wirkungen unterschiedlicher geistiger Wesenheiten auf ihre Konstitution: bei den Schwarzen auf das Drüsensystem, bei den Asiaten auf das Nervensystem, bei den Europäern auf das Gehirn. Selbst wenn man jeder Rasse ihre besondere Eigenwertigkeit zugesteht, so bestehen doch gravierende Unterschiede zwischen ihnen im Hinblick auf die erreichte Kultur- und Entwicklungsstufe. Von der Stufe der Europäer aus betrachtet, bezeichnet Steiner andere «Rassen» als «zurückgeblieben» und «dekadent». Diese Charakterisierungen und Bewertungen werden erst verständlich, wenn man die Rassenlehre Steiners, die er im Umriss schon in der «Geheimlehre» Helena Blavatskys vorfand, noch einmal genauer betrachtet.

Wie oben dargestellt, entwickelt sich nach Steiner der menschliche Geist auf der «Erdenstufe» in sieben aufeinander folgenden Wurzelrassen mit je sieben Unterrassen. Im fünften nachatlantischen Zeitalter wird die kulturelle Entwicklung von der arischen Wurzelrasse vorangetrieben. Die Aufgabe der arischen Rasse, zu der die weißhäutigen Menschen gehören, ist es, die Kräfte des Denkens auszuprägen. Innerhalb der arischen Wurzelrasse übernehmen nun wiederum sieben Unterrassen nacheinander die Führung. Nach der ur-indischen und ur-persischen sowie der ägyptisch-chaldäischen und griechisch-lateinischen ist seit dem Jahr 1413 die nordisch-germanische die bestimmende Unterrasse, bevor in späteren Jahrtausenden die slawische und die nordamerikanische weiße Rasse maßgeblich werden. In dieser kulturellen Evolution der Menschheit, die Steiner ganz im Einklang mit dem Zeitgeist seiner kolonialistischen Epoche als Fortschrittsgeschichte versteht, haben seit dem Untergang von Atlantis die weißen Rassen die Führung inne; die anderen – seien es die Indianer, die Afrikaner oder die Asiaten – bleiben auf früheren Stufen zurück. Innerhalb der arischen Unterrassen haben nun wiederum einzelne Völker eine herausragende Mission. In Anlehnung an die romantische Völkerpsychologie seines Wiener Mentors, des Germanisten und Volkstumsforschers Karl Julius Schröer, spricht Steiner dem «Geist» oder der «Seele» eines Volkes unterschiedliche emotionale, soziale und intellektuelle Qualitäten zu. Die Mission des deutschen Volksgeistes ist es, mit seiner spirituellen Innerlichkeit und seinem heroisch-faustischen Idealismus vom neunzehnten bis ins dreiundzwanzigste Jahrhundert die Aufgabe der Ich-Entdeckung zu erfüllen.

Insgesamt ist festzuhalten, dass Steiner wie viele andere seiner Zeitgenossen den biologisch-anthropologisch nicht haltbaren Rassebegriff benutzt und ihn mit einer obsoleten Völkerpsychologie spirituell ausdifferenziert. Die Begriffe Rasse und Volk werden von ihm im konzeptionellen Rahmen einer teleologischen Theorie der spirituellen «Höherentwicklung» benutzt, was – gewollt oder ungewollt – dazu führt, dass bestimmte Ethnien und Bevölkerungsgruppen als «zurückgeblieben», «überholt» oder «dekadent» abgewertet und dadurch diskriminiert werden. Dies gilt auch für die Juden und für die Mission des jüdischen Volkes.

Steiners Haltung gegenüber dem zeitgenössischen Judentum

und zum erwachenden Zionismus ist komplex (siehe hierzu Sonnenberg 2003). Der vortheosophische Steiner nimmt in seiner Wiener Zeit von einem liberalen deutschnationalen Standpunkt aus eine assimilatorische Position gegenüber den Juden ein. Nach der Verschmelzung der aufgeklärten westeuropäischen Juden mit der modernen Kultur erscheint ihm das Fortbestehen oder Wiederaufleben eines eigenständigen Judentums – gar in der Form des Zionismus Theodor Herzls – als ein Anachronismus. In diesem Sinne stellt er fest:

> Das Judentum als solches hat sich aber längst ausgelebt, hat keine Berechtigung innerhalb des modernen Völkerlebens, und dass es sich dennoch erhalten hat, ist ein Fehler der Weltgeschichte, dessen Folgen nicht ausbleiben konnten. Wir meinen hier nicht die Formen der jüdischen Religion allein, wir meinen vorzüglich den Geist des Judentums, die jüdische Denkweise. (GA 32, 1971, 152)

Die Kritik an der für ihn mit materialistischen «Dekadenzerscheinungen» assoziierten «jüdischen Denkweise» hindert Steiner aber nicht daran, sich als ethischer Individualist in seiner Berliner Bohème-Zeit um 1900 entschieden gegen den stärker werdenden völkischen Antisemitismus zu wenden.

In seinen theosophischen Vorträgen und Schriften versucht Steiner schließlich etwa seit 1904, die Rolle des Judentums im Rahmen einer spirituellen Weltentwicklungslehre neu zu bestimmen. Einerseits führt ihn der universelle Anspruch der Theosophischen Gesellschaft, eine Weltanschauung für die Menschen aller Kulturen zu sein, in der die uralten Weisheiten der Religionen des Ostens und des Westens für ein wissenschaftliches Zeitalter wiederbelebt werden, zum Respekt vor der spirituellen Erfahrung jeder Religion – damit auch der jüdischen. Andererseits veranlasst ihn die Fortschrittslogik der theosophischen Emanations- und Evolutionslehre des Geistigen dazu, dem Judentum einen bestimmten geschichtlichen Ort und Stellenwert zuzuweisen. Das jüdische Volk hatte innerhalb der ägyptisch-chaldäischen Wurzel-rasse oder Kulturepoche die Aufgabe, durch seinen Monotheismus und den Dekalog in den Menschen ein starkes Eigenbewusstsein und moralisches Gewissen zu entfalten, das auf die Erscheinung des Christus vorbereitete. Diese jüdische Mission ist für Steiner allerdings längst abgeschlossen; aus der von ihr bewirkten kulturellen Befruchtung ist in der modernen Welt längst ein «Zersetzungsferment» (Steiner) geworden. Evolutionär folgerichtig war es deshalb, dass sich die Juden mit den späteren Kulturen und Völkern vermischt und sich in ihnen aufgelöst haben. Wo die «jüdische Denkweise» (Steiner) überlebt hat, verstärkt sie – wie etwa bei Marx und Freud – die materialistischen Zeittendenzen. Nach einer sorgfältigen Analyse der Quellenlage kommt Ralf Sonnenberg zu folgender Gesamteinschätzung:

> Steiners Auseinandersetzungen mit dem zeitgenössischen Judentum bewegten sich im Spannungsfeld zwischen einem aufgeklärten, die Assimilation bedingungslos einfordernden Antijudaismus und der kirchenchristlichen Tradition soteriologisch untermauerter Judenfeindschaft, ohne dass seine Anschauungen über jüdische Kultur und Religion bereits restlos in dieser ideengeschichtlichen Schnittmenge aufgingen. […] Im Subkontext transportierten Steiners Forderungen nach Assimilation der jüdischen Minderheit sowie seine stereotypen Miniaturen jüdischen Daseins Elemente des ‹antisemitischen Codes› rechtsbürgerlicher sowie politisch liberaler Kreise in den Jahrzehnten vor und nach dem Ersten Weltkrieg. (Sonnenberg 2003, 208)

Dass Steiner nicht *der* völkisch-rassistische Antisemit war, zu dem ihn seine polemischen Kritiker gerne machen, dokumentiert nicht zuletzt der Sachverhalt, dass viele Juden Mitglieder der Anthroposophischen Gesellschaft waren und bis zu deren Verbot durch die Nationalsozialisten auch ihre Mitgliedschaft behalten konnten (dazu Werner 1999). In diesem Zusammenhang ist auch von Interesse, dass es in Israel heute drei jüdische Waldorfschulen gibt und ein großer Teil der Waldorfschülerschaft in New York jüdischer Herkunft ist. In einem kürzlich erschienenen Memorandum zu den rassistisch wirkenden Äußerungen Rudolf Steiners stellen intellektuell führende deutsche Anthroposophen fest, dass für sie die Angaben Steiners zu Fragen der Rassen

> weder in ihrem Diskurs noch in der Praxis ihrer Arbeitsfelder eine Rolle spielen. Für die anthroposophische Arbeit, die heute weltweit, z.B. selbstverständlich auch in vielen Ländern Afrikas, in Israel oder in nordamerikanischen Indianerreservaten, stattfindet, ist vielmehr die unvoreingenommene und respektvolle individuelle Menschenbegegnung maßgeblich. (Brüll / Heisterkamp 2008, 14)

Sie konzedieren aber auch selbstkritisch, dass «die Frage, wie eine evolutionäre Sicht auf Natur, Kultur und Bewusstsein ohne diskriminierende Hierarchisierungen möglich ist, einer weiteren Bearbeitung vorbehalten [ist]» (ebd. 12).

Die Rezeption der Anthroposophie war von Steiners Lebzeiten an bis heute äußerst kontrovers. Die Art und das Ausmaß der Kritik und der Anerkennung hängen zum großen Teil vom disziplinären Standpunkt des Betrachters ab. Die Vertreter der akademischen Philosophie akzentuieren vorwiegend die erkenntnistheoretischen und ethischen Begründungsschwächen der Anthroposophie. Die wissenschaftstheoretischen Analysen fokussieren dagegen die unübersehbaren Affinitäten zwischen der anthroposophischen Weltanschauung und Formen des vorwissenschaftlichen, speziell des mythischen Denkens. Religionsphilosophische und theologische Arbeiten betonen schließlich die enge Verwandtschaft der Steinerschen Anthroposophie mit der Mystik und insbesondere mit dem Traditionsstrom der Gnosis. Die vor kurzem vorgelegte monumentale ideengeschichtliche Analyse Helmut Zanders (2007) leistet eine weit ausgreifende historische Kontextualisierung der Gedankenwelt und der lebensreformerischen Initiativen Rudolf Steiners innerhalb der Kulturkritik um 1900 und mündet in die

Rassenlehre und Völkerpsychologie

These, dass Steiner die entscheidenden Ideen seiner anthroposophischen Geisteswissenschaft der Theosophie Helena Blavatskys und anderer verdankt:

> Die Theosophie war das wichtigste ‹Medium› asiatischer und esoterischer Vorstellungen, von der Anthropologie bis zur Kosmologie, und sie stellte den Interpretationsrahmen, in den Steiner alle in den letzten zweieinhalb Lebensjahrzehnten akquirierten Vorstellungen stellte. Weil aber Steiner seine theosophischen Wurzeln im Laufe der Auseinandersetzung mit Annie Besant verleugnete, ihm die Anthroposophen darin bis auf wenige folgten und die wissenschaftliche Literatur diese Vorgabe mehr oder weniger übernahm, greift diese Revision tief in das bislang gezeichnete Bild Steiners ein. (ebd. 1686)

Mit dieser Charakterisierung Steiners als «in die Wolle gefärbter Theosoph» (ebd. 1687) und der besonderen Akzentuierung der theosophischen Dimension in seinem Werk betont Zander stärker die Abhängigkeiten der Anthroposophie von den zeitgenössischen Ideen als die faktische oder mutmaßliche Originalität ihres Gründers. Im Hinblick auf die Bedeutung der Lehre Steiners für seine Schülerschaft und für die Einschätzung seiner gesellschaftlichen Wirkungen ist diese Revision der traditionellen Deutung jedoch folgenlos.

Viertes Kapitel

Der größte Erfolg: Die Waldorfpädagogik

Fast neun Jahrzehnte nach der Eröffnung der ersten Freien Waldorfschule für die Kinder der Arbeiter und Angestellten der Waldorf-Astoria-Zigarrenfabrik in Stuttgart im September 1919 findet man Waldorfschulen und die mit ihnen verwandten vorschulischen und heilpädagogischen Einrichtungen heute auf allen fünf Kontinenten. Die anthroposophische Schulbewegung kann mittlerweile neben der Montessori-Pädagogik als die erfolgreichste Reforminitiative gelten, die aus der klassischen Epoche der Reformpädagogik im ersten Drittel des zwanzigsten Jahrhunderts hervorgegangen ist. Im Schuljahr 2009/10 gab es in Deutschland 219 Waldorfschulen, weltweit erreichen sie gerade die Zahl von eintausend. Dieser erstaunliche Sachverhalt wirft stets von neuem die Frage nach den besonderen Kennzeichen dieses Schultyps und nach den Gründen für seine immer noch wachsende Popularität auf.

Leitlinien der pädagogischen Arbeit

Freie Waldorfschulen sind rechtlich und finanziell freie Schulen mit einer besonderen pädagogischen Prägung. Waldorfschulen werden in der Regel von einem Schulverein getragen, durch einen gewählten Vorstand wirtschaftlich geleitet und mit Hilfe eines Schulgeldes von den Eltern (mit-)finanziert. Statt einer direktorialen gibt es eine kollegiale Schulleitung. Waldorfschulen sind Gesamtschulen, in denen Mädchen und Jungen ohne Zensuren und Versetzung in stabilen, leistungsheterogenen Jahrgangsklassen in der Regel vom ersten bis zum zwölften Schuljahr gemeinsam lernen. Statt der amtlichen Noten- oder Punktezeugnisse erstellen die Waldorflehrer jährliche Schülercharakteristiken und Lernberichte in freiem Wortlaut. Der Lehrplan, der Stundenplan und der Aufbau des Unterrichts sollen sich in erster Linie an der Entwicklung des Schülers orientieren. Die Schüler benutzen in der Waldorfschule keine fachspezifischen Lehrbücher; stattdessen halten sie die von ihren Lehrern im Unterricht behandelten Themen und Aufgaben handschriftlich in je individuell ausgestalteten Epochenheften fest.

Die tägliche Unterrichtszeit gliedert sich in den allmorgendlichen zweistündigen «Hauptunterricht», in dem jedes der traditionellen Hauptfächer ein- bis zweimal im Jahr in «Epochen» von drei bis vier Wochen täglich gelehrt wird, und in den einstündigen «Fachunterricht», der sich auf die Fremdsprachen, die künstlerisch-handwerklichen Fächer sowie Religion erstreckt. Der Klassenlehrer erteilt zumeist in der Unterstufe vom ersten bis zum achten Schuljahr den täglichen Hauptunterricht in einer Vielzahl von Fächern. Für die Tätigkeit eines Klassenlehrers wird der Abschluss einer spezifischen Waldorflehrer-Ausbildung an einer Hochschule oder an einem Seminar für anthroposophische Pädagogik vorausgesetzt.

Durch die tendenzielle Gleichgewichtung von kognitiven, musisch-künstlerischen, handwerklich-praktischen und sozialen Lernbereichen («Kopf, Herz und Hand») im Unterricht und im Schulleben soll die Persönlichkeit des Schülers vielseitig gebildet werden. An der Freien Waldorfschule werden schon von der ersten Klasse an zwei moderne Fremdsprachen gelehrt. Eine weitere Besonderheit der Waldorfschulen ist der Unterricht in dem von Rudolf Steiner neu geschaffenen Schulfach Eurythmie. In vielen Ländern gibt es an Waldorfschulen christlichen Religionsunterricht in kirchlich-konfessioneller und in freier, an Steiners esoterischer Christenlehre orientierter Form.

Auf Grund der zeitlichen Parallelität ihrer Gründung mit den anderen kindorientierten «Lebensgemeinschaftsschulen» der klassischen Reformpädagogik wird die Freie Waldorfschule in der Öffentlichkeit zumeist als reformpädagogisches Schulmodell neben anderen gesehen: in der Nachbarschaft zu den Montessori-Schulen, die es seit 1923 in Deutschland gibt, dem Jenaplan des Pädagogen Peter Petersen (1884–1952) aus dem Jahr 1927 sowie den Freinet-Schulen, die 1920 in Frankreich von Célestin Freinet (1896–1966) gegründet wurden.

Als gemeinsame Züge reformpädagogischer Schulkulturen lassen sich in bewusst zugespitzter Abhebung von den staatlichen Regelschulen idealtypisch bestimmen: *1.* die Konzeption der Schule als überschaubare, selbst verantwortete Schulgemeinde, nicht als bürokratische Unterrichtsanstalt, *2.* die Gestaltung des Klassenzimmers als Schulwohnstube, nicht als unpersönlichen Belehrungsraum, *3.* das gemeinsame Lernen in leistungsheterogenen, altersgemischten Lerngruppen, nicht in Jahrgangsklassen, *4.* die Aufteilung der Lernzeit nach einem «organisch» gegliederten Wochenarbeitsplan, nicht nach einem inhaltlich beziehungslosen Fetzenstundenplan, *5.* die methodische Ausrichtung auf ein selbstbestimmtes produktives Arbeiten in fächerübergreifenden Erfahrungsbereichen anstelle eines rezeptiven fachlichen Lernens im Gleichschritt, *6.* ein motivierender individualisierender Lernbericht anstelle des selektierenden Zensurenzeugnisses und *7.* eine langjährig konstante schulische Bezugsperson (Klassenlehrer, Tutor oder Ähnliches) anstelle häufig wechselnder Fachlehrer.

Die Waldorfschulen weisen auf den ersten Blick einige schulorganisatorische, pädagogische, didaktische und methodische Ähnlichkeiten mit diesen Kennzeichen der kindzentrierten Schulen der klassischen Reformpädagogik auf. Allerdings wird schon bei der jahrgangsbezogenen Konstitution der Schulklasse, beim Schematismus des nach Kulturstufen fortschreitenden Lehrplans und in der Methodik des frontalen Unterrichts sowie in der autoritativen Stellung des Klassenlehrers deutlich, dass die Waldorfschule auch stark an die systematische lehrerzentrierte Schulpädagogik und Didaktik anschließt, die im Anschluss an Johann Friedrich Herbart (1776–1841) das Schul- und Unterrichtsregime in den Volksschulen des neunzehnten Jahrhunderts bestimmte (siehe Prange 2000). Die herbartianistische Lehre vom «erziehenden Unterricht» setzt voraus, dass man sicher weiß, nach welchen Modalitäten die Schüler im Unterricht lernen, auf welcher Entwicklungsstufe sich diese befinden und wie die Universalgeschichte der Menschheit verlaufen ist. Über ein solches umfassendes Bild der Welt und des Menschen meint die Waldorfpädagogik in der Anthroposophie zu verfügen.

Die pädagogische Führung durch den Klassenlehrer

Die Waldorfschule versteht sich offiziell als eine Schule mit einer besonderen pädagogischen Prägung, nicht als eine Weltanschauungsschule, in der die Schüler auf eine religiöse oder weltanschauliche Doktrin eingeschworen werden. Obwohl der größte Teil der Lehrerschaft – vor allem die Klassenlehrer – sich innerlich der Anthroposophie Rudolf Steiners verpflichtet fühlt, wird Anthroposophie offiziell nicht als «Was», das heißt als Schulfach oder als Inhalt eines Faches, sondern nur als «Wie», das heißt als Methode, gelehrt (GA 298, 1958, 64). Anders als in den partnerschaftlichen reformpädagogischen Schulkulturen der Landerziehungsheime (Internate), der Montessori-Schulen, der Jenaplan-Schulen und der Freien Alternativschulen steht dem Kind in der Zeit zwischen der Schulreife und der Pubertät in der Waldorfschule eine «richtunggebende Persönlichkeit» (Stefan Leber) gegenüber, die sein Temperament harmonisieren und durch einen anschaulich gestalteten Unterricht seine vielseitigen Interessen fördern soll. Diese Aufgaben einer «geliebten Autorität» (Steiner) soll der Klassenlehrer erfüllen. Er soll ein universeller Geist sein, kein Spezialist. Deshalb unterrichtet er die Schüler seiner Klasse in der Regel vom ersten bis zum achten Schuljahr in nahezu allen Schulfächern mit Ausnahme der Fremdsprachen und der musisch-praktischen Fächer.

Eine der zentralen Aufgaben des Klassenlehrers in der Waldorfschule ist die Temperamentserziehung. Das Temperament des Kindes wird zur Richtschnur zahlreicher unterrichtlicher Maßnahmen. So setzen Klassenlehrer in vielen Waldorfschulen die Schüler entsprechend ihrem Temperamentstyp in vier Gruppen; nach den Angaben Steiners sollen die Phlegmatiker und die Choleriker außen, die Melancholiker und Sanguiniker dazwischen ihren Platz haben. Eine «Behandlung» der Temperamente im Unterricht findet auch dadurch statt, dass der Lehrer nacheinander im Wechsel immer eine andere Gruppe mit dem ihrem Temperament entsprechenden Impuls anspricht: Beispielsweise lässt er beim Rechnen die Phlegmatiker addieren, die Sanguiniker dagegen multiplizieren; oder beim Musizieren setzt er den Melancholiker mit einem Streich- und den Sanguiniker mit einem Blasinstrument ein. Das Ziel der Temperamentserziehung ist es, die seelische Konstitution des Kindes ins Gleichgewicht zu bringen, um aus Vereinseitigung entspringenden Erkrankungen vorzubeugen.

Eine weitere Hauptaufgabe des Klassenlehrers ist das Unterrichten nach dem Grundsatz der Bildhaftigkeit zur Kultivierung der «freigewordenen» ätherischen Bildekräfte. Im vorhergehenden ersten Jahrsiebt hatten sich im Kind durch die vor allem im

Spiel erfolgende tätige Nachahmung die äußeren Sinne ausgebildet. Das Kind war hier «ganz Sinnesorgan und Plastiker» (Steiner); das Motto der Weltbegegnung im Kindergarten lautete: Die Welt ist nachahmenswert gut. Im zweiten Jahrsiebt entfaltet nun die zur bildhaft-künstlerischen Nachfolge anregende Autorität des Klassenlehrers die inneren Sinne – die Anschauung, das Gedächtnis und die Phantasie. Das Kind ist «Zuhörer und Musiker» (Steiner). Das didaktische Motto ist jetzt: Die Welt ist schön. Alles, was gesagt und getan wird, soll schön sein, sei es die Art, wie der Lehrer spricht oder an die Tafel schreibt. Der bevorzugte didaktische Ort für die bildhafte Darstellung ist die tägliche Erzählung des Klassenlehrers in der letzten Phase des Hauptunterrichts. Hier werden die Schüler im Laufe der ersten acht Schuljahre durch die Abfolge der Erzählstoffe von den Märchen, Legenden und Fabeln über nachweisbare Historie und Biographie bis zu den Gründern unserer wissenschaftlichen Zivilisation geführt. Im anschließenden dritten Jahrsiebt bildet sich die abstrakt-begriffliche Erkenntnis und das selbständige Urteilsvermögen heraus; das Motto des wissenschaftsorientierten Fachunterrichts lautet jetzt: Die Welt ist wahr.

Die dritte Hauptaufgabe des Klassenlehrers, die aus den beiden anderen folgt, ist die individualisierte Zeugnisgestaltung. Das notenfreie Waldorfzeugnis besteht in den ersten acht Schuljahren aus der in der Regel eine ganze Seite umfassenden Gesamtcharakteristik des Schülers durch den Klassenlehrer und den jeweils nur in wenige Zeilen gefassten Kurzberichten der Fachlehrer. In seiner Charakteristik misst der Klassenlehrer den Schüler nicht an einer vorgegeben Sachnorm oder an der Leistung seiner Mitschüler; er will vielmehr Angaben über die Persönlichkeit und über die Entwicklung des Schülers machen – sein «Wesensbild» skizzieren. Dies geschieht zumeist aus der Perspektive der anthroposophischen Entwicklungs- und Temperamentenlehre. Der «objektive»

Teil des Zeugnisses ist eine Art Lernbericht, ein Rückblick auf den Lernweg und die Lernerfolge des Schülers in den verschiedenen Lernbereichen und Epochen des Hauptunterrichts. Im «subjektiven» Teil wendet sich der Klassenlehrer oft wie in einem kurzen Brief direkt an den Schüler. Den Schluss des Zeugnisses bildet dann der Zeugnisspruch, den der Klassenlehrer speziell für diesen Schüler selbst verfasst oder aus einer der von Waldorflehrern publiziert vorliegenden Spruchsammlungen ausgewählt hat. Diesen «seinen» Spruch soll der Schüler im folgenden Schuljahr allwöchentlich an dem Wochentag, an dem er geboren wurde, zu Beginn des Hauptunterrichts vor der Klasse vortragen, um gleichsam daran zu wachsen. Durch seine sprachliche Gestalt, insbesondere seine Metrik, soll auch der Zeugnisspruch zur Harmonisierung des Schülertemperaments beitragen. In einem Buch über die «Zeugnissprüche in der Erziehungskunst Rudolf Steiners» wird berichtet:

> Der Hinweis Rudolf Steiners [...] hieß etwa so: Es ist gut, bei der Wahl des zu verwendenden Versfußes zunächst einmal dem Temperament des Kindes entgegenzukommen. Also beim Sanguiniker müsste man mit leichten, tänzelnden Silben beginnen und dann im Vorschreiten zur betonten Silbe zur Ruhe hinführen. In erster Linie könne man sich des Anapästes und dann des Jambus bedienen. Das Gegenteil gilt für den Phlegmatiker. Ihn kann man gut vom Trochäus zum Daktylus hinführen. In einer Zwischenbemerkung kam es zu einem Vergleich mit der Hahnemannschen homöopathischen Methode, die in der Behandlung der Krankheiten vom Prinzip des Simile ausgeht. Gut wäre es, wenn man beim Bild, das durch den Spruch zur Darstellung gebracht werden soll, z. B. beim Sanguiniker, etwas male, was von der Bewegung zur Ruhe hinführe; beim Phlegmatiker müsse ein entgegengesetzter bildhafter Vorgang gewählt werden. (Müller 1977, 22)

Ein Zeugnis einer Waldorfschule aus den letzten Jahren hatte beispielsweise folgenden Wortlaut (Name geändert):

Freie Waldorfschule A.
Einheitliche Volks- und höhere Schule

Dieses
Zeugnis
wird Franziska B. geboren am 23.05. XX in C.
für die Klasse 3 im Schuljahr 2000/2001 gegeben.

Franziska kommt morgens als eine der letzten in den Klassenraum. Sie begrüßt dann fix ihren Lehrer mit offenem erwartungsvollem Blick und reiht sich bescheiden in die Klassengemeinschaft ein. Das allmorgendliche Rätsel ist für Franziska ein besonderer Reiz. Wenn sich ihr Finger hebt, hat zumindest einer die Lösung gefunden. Sie ist unsere Rätselkönigin.

Franziska hat sich in diesem Schuljahr sehr verändert. Ihr Temperament hat sie den Rubikon tief durchleben lassen und zu Schuljahresbeginn war sie sehr auf der Suche. Mit ihrem neuen Haarschnitt ist sie auch zu einem neuen gestärkten Selbstbewusstsein gekommen und steht viel fester auf ihren Füßen. Franziska weiß genau, was sie will, und doch begegnet sie ihren Klassenkameraden liebevoll und zuhörend. Sie ist ein geschätzter Kamerad.

In den Morgenspruch und die rhythmischen Sprüche und Lieder bringt sich Franziska ganz ein. Sie kann einen Rhythmus mit tragen. Wenn Franziska ihren Zeugnisspruch aufsagt, ist es ganz ruhig. Die anderen wissen, dass sie sehr leise spricht.

Franziskas feingliedriges Wesen zeigt sich auch im Formenzeichnen. Ihre Formen sind harmonisch und dünnwandig. In der zweiten Epoche sind sie deutlich kraftvoller und klarer. Ihre Beziehung zum Räumlichen ist gesund entwickelt.

Im Rechnen hat Franziska in diesem Schuljahr gute Fortschritte gemacht. Das kleine Einmaleins hat sie sicher parat und ist bei unseren mündlichen und schriftlichen Übungen als eine der Schnellsten «gefürchtet». In der vierten Klasse wird Franziska noch lernen, ein Rechenheft vom Anfang bis zum Ende ganz sorgfältig und ordentlich zu führen.

In Schrift und Sprache ist Franziska eine der Klassenbesten. Sie liest geübte und unbekannte Texte flüssig und fehlerfrei. Ihre Sicherheit lässt

sie manchmal zu schnell werden und die Ausdruckskraft vernachlässi-
gen. Von der Tafel schreibt Franziska fehlerfrei ab. In kleinen freien
Aufsätzen ist sie sehr fleißig und zeigt, dass sie die Rechtschreibung
schon gut beherrscht.

In den praktisch-handwerklichen Epochen hat Franziska interessiert
mitgearbeitet und den Unterricht mit ihrer Klarheit unterstützt. Sie hat
fleißig Kartoffeln aufgelesen, ein schönes Körbchen geflochten und
kräftig mitgebaut.

Franziska kann mit dem Wässrigen besonders feinfühlig umgehen. Sie
vertieft sich in das Wasserfarbenmalen und malt stets eines unserer
schönsten Bilder. Für ihre weitere Entwicklung scheint es pädagogische
Herausforderung, ihre tiefe Innerlichkeit mehr noch in Lebens- und
Durchsetzungskraft zu verwandeln.

Für Franziska:
Alles fügt sich und erfüllt sich, musst es nur erwarten können
Und dem Werden deines Glückes Jahr' und Felder reichlich gönnen,
Bis du eines Tages jenen reifen Duft der Körner spürest
Und dich aufmachst und die Ernte in die tiefen Speicher führest.
(Christian Morgenstern)

Quelle: Idel 2007, 196 ff.

Der genetisch-organische Aufbau des Lehrplans

Für den Waldorflehrer ergibt sich allein schon aus dem Entwick-
lungsrhythmus innerhalb des zweiten Jahrsiebts «genetisch» der
maßgebende Gesichtspunkt für den Aufbau seines Sachunter-
richts. Das Kind lebt für ihn vom siebten bis zum zehnten Lebensjahr noch im «Märchenalter», in einer naiven Verbundenheit mit
seiner Sach- und Mitwelt. Deshalb sollen die Tiere, Pflanzen und
Dinge auch noch so wie in Märchen, Fabeln und Legenden persönlich zu ihm sprechen; sie sollen «erlebt» werden. Im Alter von
ungefähr zehn Jahren stellt sich die Dingwelt dem Kinde gegenüber, nachdem es gemäß Steiner den «Rubikon» zum Ich-Be-
wusstsein unwiderruflich überschritten hat. Jetzt beginnt die mor-
phologisch-«verstehende» Naturkunde, die von der plastischen

Erfahrung der Form des Menschen zur bildhaften Erfassung der Gestalten der Tiere und Pflanzen hinabschreitet. Vom zwölften Lebensjahr an setzt – mit dem Hervortreten des kausalen Denkens – der «erklärende» Unterricht ein, der die Heranwachsenden in Geologie, Physik und Chemie zu den elementaren Naturgesetzen hinführt.

Der Waldorflehrplan will kein mechanisches Aggregat von fachlichen Inhalten sein, die mit der Entwicklung des Kindes nur in loser Beziehung stehen. Er soll vielmehr – durch den über lange Jahre vom Klassenlehrer gestifteten «organischen» Zusammenhang der Lehrstoffe – gewährleisten, dass das Kind die Welt nicht in einzelne Wissensgebiete auseinandergerissen erlebt, sondern als geordneten Vorstellungskreis empfindet. Dies soll ein Lehrplan verbürgen, dessen Inhalte «vertikal» nach menschheitlichen Kulturstufen strukturiert und «horizontal» in zunehmender fachlicher Ausdifferenzierung um altersspezifische Erzählstoffe herum konzentrisch gruppiert sind. Der Klassenlehrer trägt diese Erzählstoffe im täglichen Hauptunterricht vor oder liest sie mit den Schülern. In jeder Altersstufe soll ein bestimmter Erzählstoff den Fokus bilden, gleichsam den Stamm für die Äste der übrigen Bildungsstoffe eines Schuljahres.

Dieselbe organische Stufenordnung, nach der die Erzählstoffe von den Märchen, den Fabeln und Legenden über die Geschichten des Alten Testamentes, die germanischen Götter- und Heldensagen, die Mythologie der Griechen und Römer, Biographien aus Mittelalter und Reformationszeit bis zu solchen aus der bürgerlichen Klassik und der beginnenden Moderne «aufsteigen», findet sich auch in den anderen kultur- und naturkundlichen Epochen und Fächern des Waldorfcurriculums – ebenso in Handarbeit und Werken. Hier wird die Nadelarbeit der ersten vier Schuljahre (erst Stricken, dann Häkeln, Sticken und Nähen) ab der fünften Klasse ergänzt durch handwerkliche

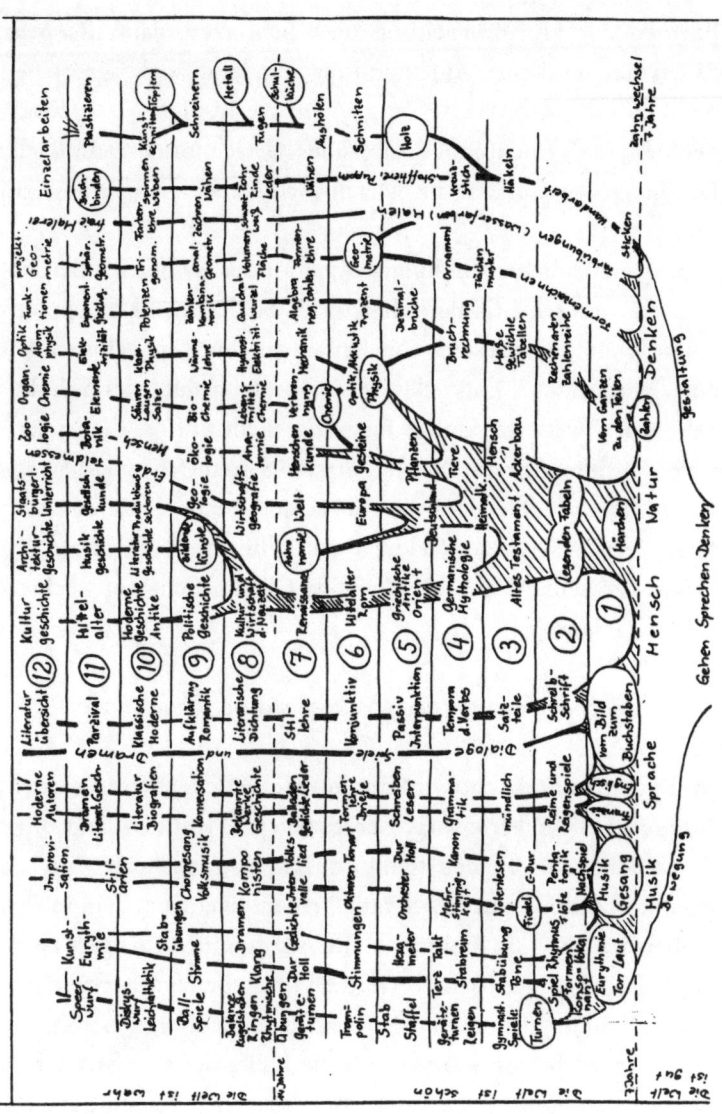

Der genetisch-organische Lehrplan der Waldorfschule

Leitlinien der pädagogischen Arbeit

Formen der Holzbearbeitung (erst Schnitzen, dann Raspeln, Sägen und Hobeln). Vom neunten Schuljahr an kommen sowohl kunsthandwerkliche Tätigkeiten wie Kupfertreiben, Korbflechten und Buchbinden als auch die technisch-industrielle Fertigung von Geräten aus Metall (Schmieden und Schlossern) hinzu.

Im ganzheitlichen Bildungsprogramm der Waldorfschulen haben die musisch-künstlerischen und die handwerklich-praktischen Fächer ein stärkeres Gewicht als an den Regelschulen. Für eine harmonische Entwicklung der Individualität des Schülers hält es der Waldorfpädagoge für nötig, nicht nur die Gedankenwelt, die ihren Sitz im Nerven-Sinnes-System («Kopf») hat, anzusprechen, sondern über die Künste auch seine Gefühlswelt im Herz-Kreislauf-System («Herz») zu kultivieren und über das Handwerk seine Willenstätigkeit im Gliedmaßen-Stoffwechsel-System («Hand»).

Epochenunterricht und goetheanistische Lehrmethode

Im Epochenunterricht wird drei bis vier Wochen lang an jedem Morgen ein Unterrichtsfach eindreiviertel Stunden lang ohne Pause behandelt. In den traditionellen Hauptfächern wird das gesamte Lernpensum des Schuljahres in zwei Epochen, in den Nebenfächern, zum Beispiel in Physik, in einer einzigen zwei- bis dreiwöchigen Epoche vermittelt. Im Epochenunterricht sollen die Schüler gründlicher und nachhaltiger als in den üblichen Kurzstunden lernen können. An die Stelle der standardisierten Lehrwerke treten in den Waldorfschulen auf der Seite des Lehrers zumeist der lebendige Vortrag, die Demonstration und das Experiment sowie der kunstvolle Tafelanschrieb, auf der Schülerseite die je individuelle Anfertigung der Epochenhefte – der mit eigener Hand geschriebenen und gemalten Merkbücher.

Das Lehren soll «ganzheitlich» und schülernah erfolgen. Die Waldorfpädagogen wollen die Schüler lehren, die Phänomene der Natur und die Werke der Kultur «erlebend zu verstehen» (Peter Buck). Die Schüler ihrerseits müssen sich dazu eng «mit der Welt verbinden». Deshalb soll zum Beispiel die ursprüngliche physiognomisch-imaginative Naturauffassung des Kindes im Voranschreiten zum exakten, begrifflich-abstrakten Denken der modernen Naturwissenschaften nicht einfach verabschiedet, sondern in einer phänomenologischen Naturkunde bewahrt werden. An den Phänomenen sollen die Schüler jenes Denken und jene produktive Imaginationskraft entwickeln, durch die sich in ihnen etwas von dem lebendigen Zusammenhang und dem schöpferischen Wesen der Natur aussprechen kann. Deshalb geht es im Naturkundeunterricht der Waldorfschule nicht nur um elementare wissenschaftliche Erkenntnis, sondern ebenso um die emotionale Einfühlung und künstlerische Nachbildung sowie um weltanschaulich-existentielle Fragen. Das Vorbild stellt für die Waldorfpädagogen die morphologische Naturanschauung Goethes dar. Dies bedeutet bis zum Ende der achten Klasse eine bewusste Abkehr von der quantitativ-experimentellen, sogenannten «materialistischen» Forschungsweise der modernen Naturwissenschaften und ihren Modellen. Auf den Spuren Goethes sollen die Schüler also die Naturerscheinungen als *natura naturata* betrachten und aus ihren Gestalten auf die dahinter waltenden schöpferisch-geistigen Prozesse der *natura naturans* schließen (siehe oben, Seite 28).

Beispielsweise sollen die Schüler in den Biologie-Epochen des fünften und sechsten Schuljahres die Gestaltenvielfalt der Pflanzenwelt, insbesondere der Blütenpflanzen, genauer kennenlernen. Dazu werden sie in eine Art physiognomische Pflanzenbetrachtung eingeführt. Diese geht von der Erfahrung aus, dass verschiedene Blütenpflanzen den Menschen in unterschiedlicher Weise ästhetisch beeindrucken. Die von ihnen ausgelöste seelische Empfindung entspringt – insbesondere bei den Blütenpflanzen – aus der «Gebärde», die sich in ihrer Gestalt zum Ausdruck bringt. Man kann es auch anders ausdrücken: Dieselbe seelische Regung, die der menschliche Betrachter innerseelisch erlebt, kommt auch in der äußeren Gestalt der Pflanze zum Ausdruck. Dann sind die Gestalten der Pflanzen als Manifestationen von Empfindungen zu betrachten, die sich sowohl in der «Seele der Erde» als auch in der Seele des Schülers vollziehen. Die Schüler können die Gestalt einer Pflanze als Ausdruck einer bestimmten seelischen Gebärde verstehen, weil dieselbe sich ja auch in deren eigenem Empfinden nacherleben lässt.

> Verfolgt man, wie im Krokus Sehnsucht für kurze Zeit zum Bild wird, dann im Buschwindröschen das Erstaunen, den Wunsch in der Schwertlilie, Gläubigkeit in der Glockenblume usf. bis zur Trauer in der Herbstzeitlose, so erscheint der Jahreslauf in der Pflanzenwelt als eine Art von großem Mienenspiel. Ein Bild von Seelischem tritt neben und nach anderen solchen Bildern hervor. Was man im Mienenspiel des Menschen kennenlernt, ist Ausdruck seiner Seele. [...] Ebenso begegnet man in dem in der Natur auflebenden Mienenspiel der Offenbarung eines Seelenwesens. [...] Durch die Pflanzenwelt lernt man im Bilde ein umfassendes Seelenwesen kennen. (Kranich 1995, 134 f.)

Die Pflanzenwelt ist für den Waldorflehrer die Seelenwelt der Erde. Die Erde besteht nämlich nicht nur aus den physikalischen und chemischen Prozessen ihres mineralisch-physischen und vegetativ-ätherischen Leibes; sie besitzt auch eine seelisch-astralische Wesenheit, die mit derjenigen des Menschen in enger Entsprechung steht. Die beiden zentralen metaphysischen Voraussetzungen der hier skizzierten «Pflanzen-Seelen-Kunde» des fünften und sechsten Schuljahres sind: *1.* In allem Naturdasein lebt ein Geistig-Seelisches, das der Mensch erkennen kann, weil er *2.* als Mikrokosmos alle Seinsbestandteile der Welt auch in sich selber trägt. In den Gestalten der Pflanzenwelt erscheint ihm die Seele der Erde, welche aufs engste mit der seinen verwandt ist (siehe Gögelein 1994, 188).

Es ist unschwer erkennbar, dass sich die Grundlagen und Resultate dieser Pflanzenseelenkunde – wie späterhin auch die Elemente der Alchemie im Chemieunterricht des siebten Schuljahres – an der Waldorfschule nicht ohne Weiteres schon aus der Goetheschen Naturforschung ergeben. Vielmehr bezieht der Waldorflehrer hier in seine «goetheanistische Naturauffassung» eine spirituelle Dimension mit ein, die sich nur von der Anthroposophie Rudolf Steiners her erschließt. Die Waldorfschulen sind hier also – insbesondere in der Klassenlehrerzeit – nicht nur anthropologisch und methodisch, sondern durchaus auch inhaltlich inspiriert vom Geist der Anthroposophie.

Die rhythmische Gestaltung des Schullebens

Nicht nur der genetische Waldorflehrpan und die goetheanistische Lehrmethode sollen der kosmischen Ordnung entsprechen, sondern auch die gesamte Erziehungswirklichkeit des Schulalltags. Und so ist die Praxis der Waldorfschulen nicht nur in ihrer inhaltlichen, sondern auch in ihrer räumlichen, zeitlichen und sozialen Dimension durchgehend entwicklungsgemäß gestaltet, «rhythmisiert». In ihrer an das Steinersche «Goetheanum» gemahnenden «organischen» Architektur ist die *räumliche Welt* der Waldorfschule nach der Wesensgliederung des Menschen anthropomorph als Kopf, Herz und Hand gestaltet. In bewusster Meidung des rechtwinkligen Formprinzips will sie durch ihre «metamorphosierende» Bauform dem Schüler ein entwicklungsgemäßer Lern- und Lebensraum sein. Durch die festlich sich weitende Eingangshalle betreten Schüler und Lehrer die Schule als einen Raum, in dem sie sich unter *einem* Dach zu *einer*

Modell der Waldorfschule in Toronto, Kanada: Die kristalline Form
erinnert an das zweite Goetheanum.

Gemeinschaft zusammenschließen, die sich im zyklischen Rhythmus der Jahreszeiten regelmäßig im Festsaal, dem «Herz» der Schule, zu Feiern versammelt. Im Schulbau soll somit von der Gesamtgestalt über die Proportion, die Akustik, die Farbgebung, die Bildmotivik, den Lichteinfall bis zur Himmelsrichtung die Räumlichkeit ganz auf die Erfordernisse der Erziehung bezogen werden. In den Schulklassen wandeln sich zum Beispiel die Farbgebung der Wände und die Motive der Wandbilder «altersstufengemäß» von Jahr zu Jahr. Die Farbgebung schreitet nach den Angaben Steiners vom ersten bis zum achten Schuljahr die Spektralfarben in der Richtung vom Rot über Gelb, Grün, Blau bis zum Violett ab; die Bildmotive in den Klassenräumen orientieren sich ebenso schematisch an der Abfolge der Erzählstoffe des Waldorflehrplans. Die Sitzordnung der Klasse wird schließlich in den ersten acht Schuljahren nach den vier Temperamentsgruppen gebildet.

Der größte Erfolg: Die Waldorfpädagogik

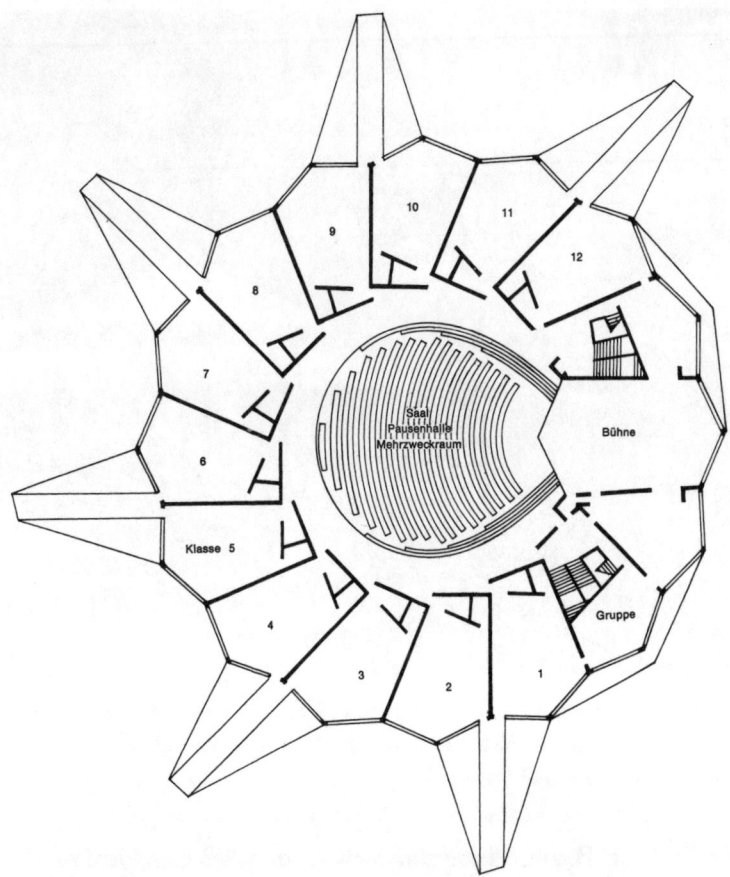

Grundriss der Toronto Waldorf School: Die Schüler steigen kreisförmig
von der ersten bis zur zwölften Klasse auf. Das Nebeneinander von
rundem Saal und großem Bühnenraum im Herzen des Gebäudes greift
das Motiv der Doppelkuppel des ersten Goetheanums auf.

Wie die räumliche ist auch die *zeitliche Dimension* der Erziehungswirklichkeit durch zahlensymbolische Zeitgestalten «rhythmisch» gegliedert. Den äußeren Rahmen der Schulzeit bilden die
durch die «Geburten» der Wesenskräfte des Menschen bestimmten Jahrsiebte der Entwicklung, die sich – wie schon bei Hippo-

Die 1968 gegründete Waldorfschule von Toronto liegt nördlich der Stadt in einem Waldgebiet, das ebenso wie ein Bauernhof und ein großer Garten zur Schule gehört.

krates – am Beginn des Zahnwechsels und der Geschlechtsreife ablesen lassen sollen. Jedes Jahrsiebt wird nochmals «rhythmisch» in drei Abschnitte von je 2⅓ Jahren gegliedert, in denen bei den Seelenkräften zuerst das Wollen, dann das Fühlen und schließlich das Denken dominiert. Im Jahreslauf wird in Anlehnung an das christliche Kirchenjahr der Beginn der vier Jahreszeiten mit besonderen Festen und darauf vorbereitenden Erzählungen akzentuiert: Weihnachtsspiel, Ostern und Frühlingsanfang, Sommerfest, Michaeli. Dem Monat entsprechende Rhythmen entstehen durch die stoffliche Gliederung des Hauptunterrichts in Epochen und durch die sogenannten Monatsfeiern, in denen die Schüler im

Unterricht Erarbeitetes vor der gesamten Schulöffentlichkeit im Festsaal zur Darbietung bringen. Der Wochenrhythmus entsteht durch die wöchentliche Wiederkehr des Aufsagens der Zeugnissprüche. Jeden Donnerstagnachmittag findet die Konferenz der Lehrer statt. Der Rhythmus des einzelnen Tages entsteht dadurch, dass täglich im Nacheinander zunächst die primär kognitiv-betrachtenden Fächer, dann die künstlerischen und schließlich die handwerklichen und technischen Tätigkeiten unterrichtet werden. Denselben Rhythmus im Kleinen soll der Hauptunterricht des Klassenlehrers aufweisen: Nach der Begrüßung eines jeden Schülers per Handschlag und dem Aufsagen der Zeugnissprüche, der chorischen Rezitation eines Gedichts oder gemeinsamem Gesang erfolgt die Einführung von Neuem oder die Einübung von Bekanntem; am Schluss der Stunde wird gespielt, nochmals gesungen oder der Lehrer erzählt etwas. Jede Stunde ist also in der Regel so gestaltet, dass in einem «rhythmischen Teil» der Wille, im «mittleren Teil» das Gefühl und in einem «ruhigen Abschluss» das Denken des Kindes angesprochen wird.

Schließlich ist auch die *soziale Mitwelt* des Schülers «rhythmisch» gegliedert. Sie ist unterteilt in den Nahbereich der Beziehung zu dem bewusst erziehenden Klassenlehrer und in die weiter entfernte Zone der Kontakte zu der nur unterrichtenden Fachlehrerschaft. Der Wechsel in die Oberstufe zu Beginn des dritten Jahrsiebts bedeutet zugleich den abrupten Übergang vom Klassen- zum Fachlehrerprinzip, vom Primat der Person und des Bildes zum Primat der Sache und des Begriffs.

Leitlinien der pädagogischen Arbeit

Die kollektive Schulleitung

Die Lehrerschaft leitet «ihre» Schule gemäß einer kollegialen Verfassung selbst. Sie tagt dazu in wöchentlichen Konferenzen und entscheidet in allen Angelegenheiten einstimmig. Diese «egalitäre» Selbstverwaltung erfordert einen hohen Grad an Kooperationsfähigkeit und birgt in sich zugleich ein großes Konfliktpotential, erst recht, weil für die Regelung der meisten Angelegenheiten – anders als an staatlichen Schulen – kaum formale Vorgaben existieren. Die Idee der «Lehrer-Republik» (Steiner) und die damit verbundene Vorstellung von Autonomie sind nicht nur – wie bei den reformpädagogischen Zeitgenossen Steiners – pädagogisch oder politisch begründet, sondern entspringen letztlich der Gedankenwelt der Anthroposophie.

Der Ausgangspunkt und die Grundlage der Waldorfschulbewegung ist das umfassende Sozialkonzept Steiners, die Idee der Dreigliederung des sozialen Organismus. Im rechtlich-politischen Bereich soll die Idee der Gleichheit, im Wirtschaftsleben die der Brüderlichkeit und auf dem geistig-kulturellen Gebiet, zu dem die Schule gehört, die Idee der Freiheit bestimmend sein. Steiner formuliert sein soziales Reformprogramm indes nur vordergründig im radikaldemokratischen Geist der Französischen Revolution. Die Letztbegründung seines sozialen Dreigliederungsimpulses erfolgt im Licht der Weltanschauung der Anthroposophie mit ihren Grundgesetzen des Mikrokosmos und der Reinkarnation des Geistigen: Der politisch-rechtliche Bereich entspricht dem physischen Leib, der nach dem Tod wieder zu Materie zerfällt; das Wirtschaftsleben entspricht dem seelisch-astralischen Leib des Menschen, dessen brüderlich-solidarische Gesinnung über die Schwelle des Todes mit in die übersinnliche Welt hineingelangen kann; das kulturelle Leben entspricht schließlich der geistigen Ich-Wesenheit des Menschen. Deshalb wirkt sich das engagierte

Der größte Erfolg: Die Waldorfpädagogik

Handeln in diesem Bereich auch noch positiv in der nächsten Inkarnation aus (siehe oben, Seite 80 f.). Die Freiheit der Schule ist zwar auch eine pädagogische Voraussetzung für die freiheitliche Erziehung der jungen Generation; in der kosmisch-menschheitlichen Sicht der Anthroposophie dient sie aber vor allem der Befreiung des «höheren» menschlichen Geistes aus den Fesseln der «niederen» politischen und ökonomischen Zwecke.

Die in der pädagogisch interessierten Öffentlichkeit weit verbreitete Ansicht, die Freie Waldorfschule sei eine Schule mit einer besonderen reformpädagogisch-kindorientierten Prägung, greift zu kurz. Die Waldorfschule ist, insbesondere in den acht Jahren der Klassenlehrerzeit, in ihren pädagogischen Normen und Formen eine Schule aus einem einheitlichen Geist, dem Geist der Anthroposophie. Sie unterscheidet sich von den anderen Schulen der klassischen Reformpädagogik des frühen zwanzigsten Jahrhunderts – und erst recht von den Alternativschulen der zeitgenössischen Reformpädagogik – durch den hohen Grad der «Spiritualisierung» und Ritualisierung in allen Bereichen ihrer Schulkultur. Ihr Ausmaß an weltanschaulicher Geschlossenheit sucht hierzulande noch ihresgleichen.

Der Waldorfkindergarten

Im Jahr 2010 gab es in Deutschland 527 und weltweit insgesamt 1501 Waldorfkindergärten. Mithin gehört zu fast jeder Waldorfschule mindestens ein Kindergarten. Die meisten Neugründungen von Waldorfschulen werden nämlich von Eltern getragen, deren Kinder zuvor einen Waldorfkindergarten besucht haben. Geschichtlich gesehen ist aber nicht die Waldorfschule aus dem Kindergarten heraus entstanden; vielmehr ist der Waldorfkindergarten als fakultative Ergänzung des Schulmodells nachträglich eingerichet worden. Zu Ostern 1926 – ein Jahr nach Rudolf Steiners Tod – begann Elisabeth von Grunelius (1895–1985) ihre Arbeit als Erzieherin in dem ersten, noch ganz in die Stuttgarter Waldorfschule eingegliederten Waldorfkindergarten.

Für die Waldorfpädagogen stellt der Kindergarten keinesfalls eine «Vor-Schule» dar, in der die Kinder hauptsächlich auf die späteren schulischen Anforderungen des Lesens, Schreibens, Rechnens und Erforschens optimal vorbereitet werden sollen. Ganz in der Tradition des Gründers Friedrich Fröbel (1782–1852) soll der «Kinder-Garten» gleichsam der den Kindern zurückgegebene Garten Eden sein, ein Ort, an dem sie sich im Schutz der sie fürsorglich achtenden Erwachsenen zum Spielen in freudiger Geselligkeit zusammenfinden. Hier sollen die Kinder die Bedingungen vorfinden, die ihrer allseitigen Entwicklung förderlich sind.

Die Grundgedanken für die Erziehung im Kindergarten ergeben sich aus der anthroposophischen Sicht auf die «Natur des Kindes», das im ersten Jahrsiebt – gemäß der aufsteigenden Linie seines Bildungsprozesses – seine äußeren Sinne entfaltet und dabei – der absteigenden Bewegung seiner Reinkarnation entsprechend – in diesem frühen Lebensalter noch in enger Verbundenheit mit den höheren geistigen Welten lebt. Für Steiner ist das Kind in der Zeit vor dem Zahnwechsel in einer Hinsicht «ganz Sinnesorgan». Die Sinne sind Nachahmer: in Bildern das Auge, in Tönen das Ohr, in Gerüchen die Nase; nachahmend, nachsprechend und nachspielend ergreift das Kind handelnd die es unmittelbar umgebende Welt. Deshalb ist es pädagogisch geboten, dem Kind möglichst viele Gelegenheiten zu geben, sinnvolle, aus dem sinnlichen Erfassen zu begreifende Tätigkeiten nachzuahmen. Für den Kindergarten bedeutet dies, dass die Erzieherinnen sich einerseits ihres Einflusses als nachahmenswerte Vorbilder würdig erweisen und andererseits den Kindern ein reichhaltiges Angebot an Tätigkeiten machen müssen, die ihre Sinne kultivieren und ihren Willen schulen.

In anderer Hinsicht steht das Kind in den frühen Lebensjahren für Steiner noch in einer engeren Beziehung zur geistigen Welt als später, wenn sein Inkarnationsprozess bis zur «Erden-Reife» fortgeschritten und die Verbindung zum vorgeburtlichen Dasein ganz abgerissen ist. Deshalb betrachtet der Waldorfpädagoge das Kind als einen «Sendboten einer höheren Welt» (Herbert Hahn), in dessen Phantasie und schöpferischem Spiel sich eine geistige Botschaft offenbart. In den drei Phasen des ersten Jahrsiebts ergreift das aus den höheren Welten «herabkommende» geistige Ich den ererbten physischen Leib und verhilft ihm zunächst zum aufrechten Gang und zum Erwerb der Sprache, dann zum phantasievollen Fiktions- und Rollenspiel, bevor es im planvollen Konstruktionsspiel sich noch enger mit der Realität verbindet.

Dem Erzieher im Waldorfkindergarten gilt das kleine Kind deshalb nicht etwa als ein noch unvollkommener Mensch, sondern als ein phantasievolles, religiöses Wesen, das der geistigen Wirklichkeit noch näher ist und deshalb den Erwachsenen zu Besinnung und Ehrfurcht führen kann. Das romantische Bild vom göttlichen Kind, von dem der Erwachsene sich wieder verjüngen lassen kann, inspiriert also nicht nur die pädagogischen Lehren Fröbels und Montessoris, sondern auch die anthroposophische Begründung der Pädagogik des frühen Kindesalters. Aus der hier entfalteten doppelten Sicht auf die «Natur des Kindes» ergeben sich als die vier pädagogischen Richtlinien für die Praxis des Waldorfkindergartens Nachahmung und Rhythmus einerseits sowie Spielpflege und religiöse Erziehung andererseits.

1. *Nachahmung und Vorbild:* Was die Erzieherin tut und wie sie es tut, das soll für das Kind vorbildlich und nachahmenswert sein. Deshalb ähnelt der Kindergarten einem vormodernen Haushalt, in dem die Erzieherin wie die Mutter einer Großfamilie kocht, bäckt, wäscht, bügelt, näht und putzt. In einer Ecke befindet sich ein Webrahmen und Baumwolle; in einer anderen

eine Werkbank mit Hammer, Schrauben und kleinem Werkzeug. Im Garten stehen Rechen, Hacke und Schubkarre. Die Kinder kommen jeden Morgen in einen pädagogischen Raum, in dem sie von Dingen und Tätigkeiten angezogen und zur Mitarbeit angeregt werden. Im Waldorfkindergarten sollen die aus dem Alltag in der modernen urbanen Welt verschwundenen Tätigkeiten der Handwerker und Bauern wieder gelernt und ausgeübt werden, um den Kindern zu den bedeutsamen primären sinnlichen Erfahrungen zu verhelfen. Im Miterleben und Nachvollzug solcher elementarer Arbeiten, die sinnvoll auseinander hervorgehen und zu anschaulichen Ergebnissen führen, wird die Voraussetzung für den Erwerb des logischen, problemlösenden Denkens auf einer späteren Entwicklungsstufe gesehen.

2. *Rhythmus und Wiederholung:* Für die Waldorfpädagogen ist eine rhythmisch gestaltete Lebensführung der Garant einer gesunden Entwicklung. Deshalb wird der zeitliche Ablauf des pädagogischen Geschehens nach den «kosmischen» Rhythmen des Tages, der Woche, der Monate und der Jahreszeiten geordnet. Dem Kind als «Sinnesorgan», das noch ganz von seinem unmittelbaren Erfahrungsraum abhängig ist, wird ein «organischer», rhythmisch geordneter, sich alltäglich wiederholender Verlauf der Tätigkeiten vorgegeben, der einem zweimaligen Ein- und Ausatmen entspricht. Jedes Kind soll den Kindergartenvormittag in zwei großen Atemzügen erleben, zwischen denen das gemeinsame Frühstück liegt. Eine erste große Ausatmungsphase, in der das Kind mehr oder weniger seinen eigenen Antrieben folgen kann, umfasst das Freispiel mit dem gemeinsamen Aufräumen und dem Gang in den Waschraum. Dann folgt im «Morgenkreis» oder während der rhythmischen Spiele und dem Frühstück eine kurze Einatmungsphase, in der sich die Kinder ganz in das Gruppengeschehen einordnen. Ein zweites Ausat-

men umfasst nach dem Frühstück das freie Spiel im Garten oder den kleinen Ausflug, bevor mit einem zweiten Stuhlkreis mit Märchenerzählung, Puppenspiel oder Musizieren eine nochmalige Phase des Einatmens den Abschluss bildet. Bei den Kindern, die auch am Nachmittag im Kindergarten betreut werden, folgen auf das gemeinsame Mittagessen der Mittagsschlaf und dann eine Phase des freien Spiels bis zur Abholung durch die Eltern. Der Rhythmus des Tages wird überwölbt von dem der Woche und dem der Jahreszeiten. Der Wochenrhythmus ergibt sich aus dem sich wiederholenden täglichen Wechsel der künstlerischen Tätigkeiten (Malen, Eurythmie, Kneten usw.) und der Art der biologisch-dynamischen Frühstückszubereitung. Der Rhythmus des Jahres wird erfahrbar durch die Geburtstagsfeiern, den jahreszeitlichen Wechsel der Pflanzen und Früchte auf dem Jahreszeitentisch sowie durch die intensive Vorbereitung auf die gemeinsame Feier der christlichen Jahresfeste.

3. *Religiöse Erziehung:* Das Begehen der Jahresfeste soll die Kinder nicht nur mit dem Kreislauf der Natur verbinden, sondern auch mit der Welt der christlichen Religion, mit den Inhalten der biblischen Botschaft und mit dem Wirken der Heiligen. In den an Ostern, Johanni, Michaeli und Weihnachten aufgeführten feierlichen Spielen werden die Inhalte der heiligen Schriften und Legenden so anschaulich gestaltet, dass die Kinder ihre eigenen Erlebnisse und Handlungen damit verbinden können. Zusammen mit den Liedern, Sprüchen und Gebeten, welche die gemeinsamen Haltepunkte im Alltag begleiten, stellt das von den Erzieherinnen jeweils über eine ganze Woche täglich in freiem Vortrag erzählte Märchen den zweiten Grundpfeiler der religiösen Erziehung dar.

Nach Ansicht der Waldorfpädagogen stammen die Märchen aus der Frühzeit der Menschheit, in der diese über die Mysterienkulte noch enger mit den übersinnlich-geistigen Wesenheiten verbunden war. Die Kinder durchlaufen in ihrer Entwicklung diese frühere Bewusstseinsstufe der Menschheit und erfahren in den Märchen noch einmal die unmittelbare geistige Anschauung der Kräfte des Guten und Bösen, die hinter den Dingen walten. Das Märchen spricht in Bildern von der Herkunft der Menschen, ihrer Prüfung und Bewährung, ihrer Verzauberung und Wandlung sowie ihrer Erlösung. Die Märchen können für das noch im religiösen Urvertrauen und in einer reichen Phantasiewelt lebende Kind «Antworten auf die letzten Dinge» (von Kügelgen 1991, 67) bedeuten.

4. *Pflege des phantasievollen Spiels:* In den verschiedenen Formen des kindlichen Spiels – vom senso-motorischen Übungsspiel über das symbolische Rollenspiel bis zum planmäßigen Konstruktionsspiel – zeigt sich für den anthroposophischen Erzieher, wie eine geistige Kraft schrittweise sich immer mehr mit dem Körper verbindet. Die Förderung des Spiels und die Bereitstellung des entwicklungsgemäßen Spielzeugs stellen so gesehen eine wichtige Inkarnationshilfe für das geistige Wesen des Kindes dar (siehe Hahn 1929). Da die geistigen Kräfte beim Kind gleichsam erst den Kopf («Nerven-Sinnes-System»), dann das Herz («Rhythmisches System») und schließlich die Hand («Stoffwechsel-Gliedmaßen-System») durchdringen, muss auch die äußere Form des Spielzeugs diesem inneren Entwicklungsprozess entsprechen: Am Anfang stehen der kopfförmige Ball und die Puppe, dann die Kuscheltiere, bevor schließlich Materialien aus der belebten und unbelebten Natur (etwa Holzstücke und Tannenzapfen, Kieselsteine und Sand) dem Kindergartenkind als Spielgaben dienen. Im Spiel soll das Kind sowohl schöpferisch – von innen nach außen – seine Phantasie zum Ausdruck bringen als auch nachahmend – von außen nach innen – die elementaren Tätigkeiten der Erwachsenen (wie Gartenpflege, Backen, Bauen und Handwerken) in sich

aufnehmen. Um die Kinder zum phantasievollen Spielen zu veranlassen, sollen sie im Waldorfkindergarten so wenig Fertiges wie möglich vorfinden. Hier gibt es deshalb neben den Gerätschaften des häuslichen Lebens (Bänken, Eimern, Besen, Töpfen, Tüchern, Decken und Wäscheklammern) nur vielerlei unbearbeitete Naturmaterialien, viele bunte handgefertigte Tücher und die bewusst primitiv gehaltenen textilen Waldorfpuppen.

Alle Arten von maschinell gefertigtem technischem oder elektronischem Spielzeug – seien es Lego-Bausteine oder Computerspiele – werden strikt vom Kindergarten ferngehalten, da sie die Phantasietätigkeit und damit zugleich die den Leib des Kindes aufbauenden ätherischen Lebenskräfte lähmen. Die anthroposophischen Vorschulpädagogen wehren sich ebenso entschieden gegen das anscheinend unaufhaltsame Eindringen des Fernsehens und der Computerspiele in die Welt der Kinder. Sie sind davon überzeugt, dass das Fernsehen die Kinder sowohl daran hindert, ein aktives Interesse an ihrer tatsächlichen Umwelt als auch kreativ ihre Phantasie zu entwickeln. Während das einer Erzählung lauschende Kind innere Bilder erschafft, wird diese Einbildungskraft durch die oftmals hektischen und aggressiven Bilder des Fernsehens gelähmt, ebenso der Antrieb, über die gehörten Geschichten mit den Erwachsenen zu kommunizieren. Für Waldorfpädagogen soll das Medium Fernsehen in Bildungsprozessen erst nach dem Ende des zweiten Jahrsiebts eine Rolle spielen, wenn die Willens- und Gefühlsentwicklung zum Abschluss gekommen ist. Diese kulturkritischen Impulse gegen eine Medialisierung der Kindheit und eine Verfrühung der kindlichen Lernprozesse werden der Elternschaft an Informationsabenden im Kindergarten und in individuellen Hausbesuchen immer wieder von neuem nahegebracht. Durch diese intensive Bildungsarbeit erhält der Waldorfkindergarten – oft-

Der Waldorfkindergarten

mals zusammen mit der benachbarten Waldorfschule – die weit über den eigentlichen pädagogischen Auftrag hinausgehende Funktion eines Kulturzentrums.

Anthroposophische Heilpädagogik

Das heute weltweite Angebot der anthroposophischen Heilpädagogik stellt sich als ein breites Spektrum unterschiedlicher Einrichtungen dar; es reicht vom Heilpädagogischen oder Integrativen Kindergarten über Förderschulen für «seelenpflegebedürftige» Kinder und Integrative Waldorfschulen, Heimen für Kinder und Jugendliche bis zu Werkstätten und Lebensgemeinschaften für erwachsene Menschen mit Behinderungen. Im Jahr 2010 gab es in Deutschland rund 250 und weltweit insgesamt 638 solcher heilpädagogischen Einrichtungen, deren erste vor dem Besuch Steiners 1924 auf dem Lauenstein bei Jena gegründet wurde (siehe oben, Seite 94 f.).

Die Einführung des Begriffs «seelenpflegebedürftig» als Leitmotiv anthroposophischer Heilpädagogik signalisiert die Absicht, die abwertend und defizitär wirkenden Bezeichnungen «geistig behindert» oder «psychisch gestört» zu überwinden und eine positive Haltung gegenüber dem Schüler zum Ausdruck zu bringen. Der Begriff «geistig behindert» steht auch in krassem Widerspruch zur Auffassung Rudolf Steiners, wonach der geistige Wesenskern des Menschen niemals erkranken oder gestört werden kann. Behinderungen werden nur als Mängel in der leiblichen Wesensschicht des Menschen aufgefasst, die durch besonders starke Vereinseitigungen bei der Herausbildung seiner Konstitution zustande kommen. Der geistige Wesenskern ist bei einem behinderten Kind ebenso unversehrt wie bei jedem anderen Menschen. Das Leben mit einer Behinderung ist auch nur eine Etappe in einer Kette bereits durchlaufener und noch bevorstehender «gesunder» Inkarnationen. In jeder Inkarnation wird die im vorangegangenen Leben angebahnte Entwicklung fortgesetzt und die bisherige Tatenfolge aufgearbeitet. Gleichzeitig werden Weichen für den Verlauf des Schicksals im folgenden Erdenleben gestellt. So ist es durchaus möglich, dass sich in einem epileptischen Kind ein geistiges Ich unvollständig reinkarniert hat, das in früheren Existenzen schon einmal geniale Fähigkeiten offenbart hat.

Der Heilpädagoge, der die Seele dieses hirnorganisch geschädigten Kindes pflegt und ihm dadurch hilft, das gestörte Gleichgewicht zwischen den oberen und unteren Wesensgliedern auszugleichen, verbessert schon jetzt die Aussichten von dessen geistigem Ich, sich in der nachfolgenden Existenz wieder harmonischer zu inkarnieren. Als Helfer bei der Schicksalsbewältigung versetzt er das Kind in die Lage, seine aktuell begrenzten Entwicklungspotenziale im Hinblick auf eine folgende Inkarnation voll auszuschöpfen. Auf dem meditativen Schulungsweg und in den wöchentlichen Kinderbesprechungen und Kinderkonferenzen soll sich der Heilpädagoge im interdisziplinären Gespräch mit seinen Kollegen dem rätselhaften «Wesen des Kindes» nähern, das sich in der leiblich-seelischen Konstitution, in den Ausdrucksformen des Geistes und in den Erfahrungen der Biographie spiegelt. Auf dieser menschenkundlichen Grundlage soll er die pädagogischen und therapeutischen Maßnahmen treffen, die dem je besonderen Schicksal gemäß sind.

Die Tätigkeit des Heilens wird hier weniger im medizinischen Sinne als die Hilfe zur Linderung und Beseitigung einer organischen Krankheit verstanden, sondern eher als auslösende und stärkende Kraftzufuhr für seelische Prozesse, die sich in unterschiedlichen zeitlichen Dimensionen vollziehen – als Lebensfreude in der Gegenwart, als körperliche und seelische Metamorphosen in späteren Lebensphasen und als vollkommenere Bildungsprozesse

Anthroposophische Heilpädagogik

in künftigen Erdenleben. Im Mittelpunkt der heilpädagogischen Arbeit stehen die Willensbildung und die Stärkung der Ich-Kräfte, um den jungen Menschen bei der Ausbalancierung der Einseitigkeiten zu unterstützen, die seine Behinderung ausgelöst haben. Dabei spielen pädagogische, künstlerische und medizinisch-diätetische Maßnahmen gleichermaßen eine Rolle.

Die Praxis der anthroposophischen Heilpädagogik ist – wie die Pädagogik der Waldorfschule und des Waldorfkindergartens – durch die «organische» räumliche Ausgestaltung einer die Seelenpflegebedürftigen schützend umhüllenden Umwelt gekennzeichnet. Eines ihrer zentralen Elemente ist der alle zeitlichen Vollzüge – vom Jahreslauf über den Tageslauf hin bis zu den Phasen des Unterrichts – genauestens gliedernde «organische» Lebensrhythmus des Ein- und Ausatmens, der Aktivität und Stille. Durch diese rhythmisierende Gliederung soll dem Kind ein innerer Halt geboten werden.

Die zentrale soziale Grundlage der heilpädagogischen Praxis, die ebenfalls eine stabile Orientierung bieten soll, ist die langjährige pädagogische Beziehung eines Klassenlehrers, der als Vorbild agiert, zu den Kindern. Der Unterricht an den Schulen für Seelenpflegebedürftige folgt den allgemeinen organisatorischen, curricularen und methodischen Prinzipien der Waldorfpädagogik. Er soll indes, um die seelischen Kräfte der Kinder zu stärken, inhaltlich noch elementarer und methodisch noch lebendiger sein, indem er mehr Gelegenheiten zur Aneignung durch Nachahmung, urbildhafte Darstellung und emotionale Identifikation bietet. Die Lehrperson soll sich als Leitbild seelischer Beweglichkeit mimisch und gestisch ausdrucksvoll vor der Klasse bewegen und zugleich den Schülern die Gelegenheit geben, sich selbst in vielfältiger Weise zu betätigen (siehe Neukäter-Piewek 1989).

Die Problematik der adäquaten Förderung der dem Kinderheim und der Schule für Seelenpflegebedürftige entwachsenen jungen Menschen mit Behinderungen wird von der anthroposophischen Heilpädagogik auf eine völlig neuartige Weise durch die Lebens- oder Dorfgemeinschaften gelöst. Der Impuls hierfür stammt nicht mehr von Rudolf Steiner selbst; er wurde vielmehr von seinem religiös-sozialistisch engagierten Schüler Karl König (1902–1963) entwickelt und nach der erzwungenen Emigration aus Deutschland in dem schottischen Dorf Camphill bei Aberdeen erstmals 1939 verwirklicht.

In der Camphill-Bewegung verbinden sich drei unterschiedliche Impulse: die heilpädagogische Arbeit mit behinderten Kindern und Jugendlichen im Rahmen von Hausgemeinschaften, die umfassende Lebensgestaltung aus christlichem Geist und die sozialistische Form des Wirtschaftens (siehe König 1991). Auf Wunsch vieler Eltern gründete Karl König für deren erwachsen gewordene Kinder 1953 in Botton Village (England) die erste Dorfgemeinschaft, in der behinderte und nicht behinderte Menschen zusammenlebten.

Stand in der heilpädagogischen Arbeit die individuelle Behinderung im Mittelpunkt, so änderte sich dies nun in der «sozialtherapeutischen» Dorfgemeinschaft der Erwachsenen. Jetzt konzentrierte sich alles auf den Beitrag, den auch der Behinderte zum Gelingen der Gemeinschaft leisten kann. Behinderte und nicht behinderte Bewohner des Dorfes arbeiteten gemeinsam in der Herstellung landwirtschaftlicher und handwerklicher Produkte und in der Gestaltung eines reichhaltigen kulturellen Lebens. Auch wenn die aktuellen Entwicklungen in der Behindertenhilfe in Europa programmatisch mehr zu offeneren und stärker individualisierten Formen der Integration (zum Beispiel «community care») tendieren, verdient der von Camphill ausgegangene «sozialtherapeutische» Impuls der Dorfgemeinschaften heute noch Beachtung und Respekt. Auch wenn man das zugrunde liegende Menschenbild Steiners nicht teilt, wird man die hier gelingende

Aktivierung und soziale Einbindung der Menschen mit Behinderungen anerkennen müssen, die vom Grundsatz der Achtung ihrer Individualität geleitet wird.

Wirklichkeit und Wirkungen der Waldorfpädagogik

Die Ursachen für die bemerkenswert große Beliebtheit und weltweite Expansion der Waldorfschulen sowie der Waldorfkindergärten und heilpädagogischen Einrichtungen auf anthroposophischer Grundlage sind sicher vielfältig. Eine fundierte Klärung der Gründe für die Aktualität, die Akzeptanz und den Erfolg von Waldorfschulen kann nur durch empirische Forschung erfolgen. Als erste und vorläufige Antworten auf diese Fragen sollen im Folgenden Ergebnisse aus drei aktuellen empirischen Studien vorgestellt werden, einer Evaluations-, einer Absolventen- und einer Schulkulturstudie.

Soziale Herkunft und Lernerfolge von Waldorfschülern

Bezüglich der sozialen Herkunft der Waldorfschüler ergab sich aus einer aktuellen schwedischen Evaluationsstudie (Dahlin u. a. 2007), dass Waldorfeltern in Schweden eine relativ homogene soziale Gruppe darstellen. Sie sprechen zu neun Zehnteln schwedisch als Muttersprache, verfügen im Allgemeinen über eine gute Ausbildung und ein Mittelschicht-Einkommen; zumeist gehen sie «weichen», sozialen und pflegerischen Berufstätigkeiten nach; ihre politischen Sympathien liegen eher auf der ökologisch bestimmten linken Seite des Spektrums. Ihre weltanschauliche Orientierung ist mehrheitlich religiös oder spirituell bestimmt und veranlasst sie zu einer eher solidarischen Haltung gegenüber den sozial Schwachen in der schwedischen Gesellschaft. Durch diesen hohen Grad an sozialer Homogenität ihrer Elternschaft trägt die Waldorfschule ungewollt zu einer gewissen sozialen und kulturellen Segregation in der schwedischen Gesellschaft bei. Im Unterschied zur Elternschaft anderer privater Schulen ist dieser Distinktionsprozess bei den Waldorfeltern weniger durch das ökonomische oder soziale Kapital bestimmt, sondern vor allem (bei 70 Prozent) durch die Wahl einer bestimmten Erziehungskultur.

Bezüglich der Ergebnisse in den nationalen Schulleistungstests in den Fächern Schwedisch, Englisch und Mathematik am Ende des neunten Schuljahres ergab der Vergleich zwischen Waldorf- und Regelschülern, dass ein größerer Teil der Waldorfschüler die vorgegebenen Standards – insbesondere im Fach Mathematik – nicht erreichte. Aus den Antworten auf den zusätzlich ausgefüllten Fragebögen ergab sich, dass die befragten Waldorfschüler sich an ihrer Schule wohler fühlten als die Schüler der Regelschulen, dass die Waldorfschüler ein positiveres Bild von ihren Schulleistungen besaßen und ein größeres Interesse an angebotenen Fächern zeigten. Gleichwohl fühlten sie sich weniger gut als die Regelschüler in der Lage, die Anforderungen der standardisierten Tests in den drei Fächern zu meistern.

Ein viel positiveres Bild ergibt sich für die Waldorfschüler desselben Schuljahres im Hinblick auf ihre sozialen Kompetenzen. Die Befragungen erbrachten, dass Waldorfschüler in höherem Maß die Leitziele demokratischer Erziehung erreichten. Sie entwickelten beispielsweise mehr Offenheit und Toleranz gegenüber gesellschaftlichen Außenseitern – mit Ausnahme der Kriminellen, Nazis und Rassisten, gegen die sie sich entschlossen wehren würden. Insgesamt legen die Antworten die Schlussfolgerung nahe, dass die Waldorfschulen mehr aktive, verantwortungsbereite, demokratische junge Bürger hervorbringen als die Regelschulen.

Obwohl die Waldorfschüler in den nationalen Tests im 9. Schuljahr fachlich nur mäßige Erfolge erzielen, entscheidet sich später der größte Teil von ihnen (58 Prozent) für ein Hochschulstudium. Frühere Waldorfschüler findet man in allen Fachbereichen der Universitäten; sie studieren die gewählten Fächer stärker aus persönlichem Interesse als aus Erwägungen der Nützlichkeit für eine spätere berufliche Karriere. Die meisten von ihnen fühlen sich für die Anforderungen ihres Studiums von ihrer Schule besser vorbereitet als ihre Kommilitonen aus den öffentlichen Schulen.

Lebensläufe ehemaliger Waldorfschüler

Erst kürzlich sind die Ergebnisse einer Absolventen-Studie über ehemalige Schüler deutscher Waldorfschulen aus drei verschiedenen Alterskohorten veröffentlicht worden (Barz / Randoll 2007). Die 3500 versendeten Fragebögen hatten einen Rücklauf von 32,2 Prozent; 67,8 Prozent hielten es nicht für nötig, an der Befragung teilzunehmen. Die gleichsam «härtesten» Daten, die auch einen Vergleich mit der Gesamtbevölkerung ermöglichen, liefert die Teilstudie von Anne Bonhoeffer und Michael Brater über die *berufliche Entwicklung der ehemaligen Waldorfschüler*.

Die Auswertung ergibt, dass die ehemaligen Waldorfschüler in Deutschland weiterhin überwiegend aus der gehobenen, akademisch gebildeten Mittelschicht stammen, dem früher so genannten «Bildungsbürgertum». Während der Anteil der Akademiker in der deutschen Bevölkerung im Mikrozensus des Jahres 2004 bei 12 Prozent lag, gehörten mehr als 40 Prozent der Väter der ehemaligen Waldorfschüler dieser Gruppe an. Fast ein Fünftel der Waldorfeltern – mit steigender Tendenz in den jüngeren Alterskohorten – waren Lehrerinnen und Lehrer (aller Schulstufen und -arten) an staatlichen Schulen; bei den Vätern folgten ihnen in der Häufigkeit die Ingenieure vor den Warenkaufleuten und den Unternehmern. Im Vergleich mit der deutschen Gesamtbevölkerung ist auch der Anteil der Lehrer unter den Waldorfschulabsolventen fast um das Fünffache und derjenige der Ingenieure um das Vierfache höher. Noch größer ist die Differenz bei den geistes- und naturwissenschaftlichen Berufen, bei Ärzten, Apothekern und Künstlern.

Die ehemaligen Waldorfschüler haben fast viermal häufiger als die Gesamtbevölkerung (46,8 gegenüber 12 Prozent) eine Hochschulausbildung absolviert und überdurchschnittlich häufig akademische, künstlerische, medizinisch-therapeutische und sozialpflegerische Berufe erlernt. Unterdurchschnittlich seltener gehen sie in Berufe aus den Gruppen der Warenkaufleute und Bürofachkräfte, was auf eine eher wirtschaftsferne berufliche Orientierung hindeutet. Bemerkenswert ist auch der Befund, dass nur 2,7 Prozent aller befragten ehemaligen Waldorfschüler zum Zeitpunkt der Befragung arbeitslos waren, als die amtliche deutsche Statistik für ihre Vergleichsgruppe 12,0 Prozent auswies. Die Befriedigungspotentiale ihrer Berufstätigkeit liegen für die früheren Waldorfschüler weniger oft in extrinsischen Anreizen wie Freizeit, Prestige und Aufstiegschancen als vielmehr intrinsisch in den Entfaltungsmöglichkeiten bei ihrer Arbeit als solcher.

Aus der Teilstudie von Dirk Randoll über die *Einstellungen ehemaliger Waldorfschüler zu ihrer Schule* sind ergänzend noch die folgenden Einzelbefunde von Interesse: Der Prozentsatz der ehemaligen Waldorfschüler, die ihr Verhältnis zur Anthroposophie als «praktizierend/engagiert» bezeichnen, ist innerhalb von drei Jahrzehnten von 17,0 auf 7,2 Prozent zurückgegangen; der schon starke Anteil der Indifferenten und Kritiker der Steinerschen Lehre unter den Absolventen hat sich dagegen von 53,4 auf 61,4 Prozent weiter erhöht. Auch wenn für 58,7 Prozent der Befragten die Waldorfschulen zu wenig leistungsorientiert sind und mehr als die Hälfte der Befragten (52,2 Prozent bis sogar 64,0 Prozent aus der jüngsten Generation) der Auffassung ist, dass die Waldorfschulen gegenüber neueren pädagogischen Entwicklungen nicht aufgeschlossen sind, halten insgesamt 62,8 Prozent unter ihnen die Waldorfschulen doch für die besten Schulen, die sie kennen.

Im Rückblick auf die Schulzeit haben sich mehr als 80 Prozent der Ehemaligen in der Waldorfschule zugehörig, wohl und geborgen gefühlt; ein ähnlich hoher Anteil von ihnen würde – heute vor die Wahl gestellt – noch einmal auf eine Waldorfschule gehen. Knapp die Hälfte der Befragten (45,7 Prozent) hat auch die eigenen Kinder wieder einer Waldorfschule anvertraut oder hat die Absicht, dies in Zukunft zu tun; ein noch höherer Prozentanteil (58,7 Prozent) bejaht die Aussage, bei der Erziehung der eigenen Kinder Elemente der Waldorfpädagogik aufgegriffen zu haben. Die überwiegende Mehrheit der Befragten (84,1 Prozent) hat die im Unterricht der Waldorfschule vermittelten Inhalte als sinnvoll erlebt und hier auch eigene Ideen verwirklichen können (73,5 Prozent).

Als kritische Punkte des Waldorfunterrichts erscheinen für mehr als die Hälfte der Befragten die geringe Bedeutung der naturwissenschaftlichen Fächer sowie der Politik und des Sports; 38 Prozent der ehemaligen Waldorfschüler haben während der Schulzeit privaten Zusatz- und Nachhilfeunterricht genommen. Im Unterricht und im Schulleben hat die Anthroposophie Rudolf Steiners nach Ansicht von 60,8 Prozent der Ehemaligen aus allen drei Alterskohorten kaum eine Rolle gespielt; nur 15,8 Prozent (bei den Jüngeren 19,0 Prozent) fühlten sich «zur Anthroposophie hin gedrängt».

Als Besonderheiten ehemaliger Waldorfschüler, durch die sie sich von den Mitmenschen unterscheiden, die keine Rudolf-Steiner-Schule besucht haben, werden von den Befragten die folgenden Aspekte genannt: Sie sehen sich als offener, interessierter, kreativer, selbständiger, toleranter und selbstsicherer, fühlen sich allerdings unterlegen im Hinblick auf Leistungsorientierung, Durchsetzungsvermögen, Exaktheit und Selbstdisziplin.

Über den Alltag der Waldorfschulen, die dort stattfindenden Interaktionen zwischen den Lehrern und Schülern und die sie leitenden Orientierungen liegen bislang nur wenige Forschungsbefunde vor. In einer vor kurzem veröffentlichten Studie werden die besondere Qualität der pädagogischen Verhältnisse zwischen frühadoleszenten Waldorfschülern und ihren Klassenlehrern untersucht, von denen sie bereits acht Jahre lang ununterbrochen im Hauptunterricht unterrichtet worden sind (Helsper/Ullrich u. a. 2007). Angesichts der sozialwissenschaftlichen Diagnosen zum Strukturwandel des Aufwachsens und zum allmählichen Verschwinden der personalen Vorbilder sollte erforscht werden, ob und inwieweit in einer Reformschule, deren Pädagogik diesen gesellschaftlich dominierenden Entwicklungen geradezu entgegengesetzt ist, heute noch eine Lehrer-Schüler-Beziehung von besonderer personaler Qualität verwirklicht werden kann. Und bringt ein solch enges, an emotionaler Nähe und Autorität orientiertes pädagogisches Verhältnis für heutige frühadoleszente Schüler auch Probleme mit sich?

Ein zentraler Befund der Untersuchung ist, dass Waldorfschulen offensichtlich durch ihre besondere pädagogische Prägung soziale Räume und Atmosphären bieten, in denen langjährige Lehrer-Schüler-Beziehungen so intensiv ausgestaltet werden können, dass sie die an öffentlichen Schulen gängigen Rollenerwartungen weit übertreffen. Die untersuchten Klassenlehrer agieren nicht nur als fachlich unterrichtende Lehrpersonen, sondern werden auch bei einigen der ihnen anvertrauten Schülerinnen und Schüler zu biographisch bedeutsamen Bezugspersonen. Das pädagogisch entgrenzte Selbstverständnis der Lehrpersonen hängt eng mit ihren Wegen in den Beruf zusammen. Dem jeweiligen berufsbiographischen Selbstentwurf entsprechend, realisiert jede der

Lehrpersonen als Klassenlehrer oder Klassenlehrerin gegenüber ihrem Lieblingsschüler eine andere Form der «pädagogischen Liebe» – von der fürsorglichen Mütterlichkeit über einen idealistischen Erweckungswillen bis zum tiefgründigen ästhetischen Wohlgefallen am Schüler.

Auch für die Schüler lässt sich übrigens als eine Voraussetzung für das harmonische Passungsverhältnis zum Klassenlehrer ein besonderer biographischer Zugang zur Waldorfschule als der Schule ihrer – gleichsam nachträglichen – persönlichen Wahl nachweisen. Die enge pädagogische Beziehung zwischen den Waldorfklassenlehrern und ihren «prominenten» Schülern bringt für diese nicht nur Chancen, sondern auch Risiken mit sich. In jedem der harmonischen Passungsverhältnisse eröffnet der Lehrer für einen Schüler, der ihm im Lebensstil und Lebenslauf verwandt ist, einen Raum der emotionalen, kognitiven und sozialen Anerkennung und Entfaltung. Hierin können außerschulische Probleme und familiale Belastungen bearbeitet werden, aber auch durch besondere künstlerische und intellektuelle Herausforderungen zusätzliche Entwicklungsimpulse ausgelöst werden.

Aus dieser Intimisierung und Entgrenzung des pädagogischen Verhältnisses über den Zeitraum des Unterrichts hinaus erwächst für den Schüler allerdings auch die Gefahr, unbewusst für die Erfüllung der persönlichen Ambitionen und Nähe-Bedürfnisse des Klassenlehrers instrumentalisiert und dadurch in seinen eigenen adoleszenten Ablösungsprozessen behindert zu werden. Wenn dem Schüler also nicht zugleich auch Möglichkeiten zur rollenförmigen Distanzierung zugestanden werden, wird die exklusive Beziehung zum Klassenlehrer mit Verlusten an Autonomie erkauft – ganz zu schweigen von der Beschämung und drohenden Isolation durch die Mitschüler.

Die Kehrseite der «pädagogischen Liebe» des Klassenlehrers, aus der sich für einen mit ihm harmonierenden Schüler eine produktive Arbeitsatmosphäre ergeben hat, bilden die spannungsvollen Beziehungen mit solchen Schülerinnen und Schülern, die diesem Lehrerhabitus diametral widersprechen – zum Beispiel durch eine hohe Leistungsmotivation, frühe Selbständigkeitsansprüche oder starke jugendkulturelle Orientierungen. Ein wichtiger Grund für diese unterschiedlichen Beziehungsverläufe sind die verschiedenen Einstellungen der Schüler zu den Autoritätskonzepten ihrer Klassenlehrer. Während der eine Schüler beispielsweise keine Mühe damit hat, sich – durchaus taktierend – der mütterlichen Fürsorge seiner Klassenlehrerin weiterhin anzuvertrauen und in einem pädagogischen Zweierverhältnis innerhalb der Klasse noch ihr «Kind» zu bleiben, scheitert ein anderer an der hartnäckigen Regie seines Klassenlehrers, weil er es selbstbewusst ablehnt, die für ihn vorgesehene Rolle im Klassenensemble zu übernehmen. In allen dargestellten Beziehungen geht es also nicht zuletzt um den Umgang der massiv Selbständigkeit beanspruchenden frühadoleszenten Schüler mit der Macht ihrer Klassenlehrer, die an Waldorfschulen fachlich und pädagogisch so unbeschränkt, so «entgrenzt» erscheint wie an keiner anderen Schulform der Sekundarstufe. Auch wenn das acht Jahre lange Klassenlehrer-Regime in jedem der untersuchten rekonstruierten Fälle in unterschiedlichem Maße Chancen und Risiken für die Schüler mit sich bringt, sollten die Waldorfschulen doch – gerade angesichts der dokumentierten negativen Fälle – intensiv darüber nachdenken, ob nicht die Macht der Klassenlehrer zeitlich und fachlich enger begrenzt werden müsste. (siehe Brücher 2003)

Waldorfschulen als pädagogische Gegenwelten

Waldorfschulen stellen heute im Vergleich zu Regelschulen – speziell den Gymnasien – pädagogische Gegenwelten im primär bildungsbürgerlich-alternativen Sozialmilieu dar, die durch bewusst und reflexiv entmodernisierende Züge gekennzeichnet sind. Sie sind reflexiv, weil sie sich selbst als eine pädagogische Antwort auf die Problematiken der immer früheren Verselbständigung der Heranwachsenden, der weiter durchgreifenden Rationalisierung und Standardisierung des schulischen Lernens und des Rückgangs verlässlicher Wertorientierungen und personaler Vorbilder verstehen. Und sie sind entmodernisierend, weil es hier um die Errichtung schulischer Gegenwelten geht, die durch die «Entgrenzung», das heißt die Ausweitung der Grenzen des pädagogischen Verhältnisses und des fachlichen Lernens, genau diese Modernisierungsrisiken beschränken und ausgleichen sollen. Dies erklärt auch, warum die Waldorfschulen nicht nur die sozialen Milieus ansprechen, die selbst entmodernisierenden Lebensformen nahestehen, sondern auch für solche Eltern interessant sind, die unter den Lasten und Risiken der Modernisierung leiden oder modernisierungskritische Haltungen zeigen.

Die Entscheidung für eine Waldorfschule kann als bewusste Wahl einer pädagogischen Gegenwelt verstanden werden, die den Kindern und Jugendlichen das ermöglichen soll, was die Familien selbst heute immer weniger bieten können: personale Kontinuität und soziale Zugehörigkeit. Waldorfschulen sind daher gerade für ein spezifisches «alternativ-elitäres» soziokulturelles Milieu von Elternhäusern attraktiv.

Nachwort

Steiner als Lebensreformer

Nicht die Anthroposophie, sondern die lebensreformerischen Impulse Rudolf Steiners haben bis heute eine eindrucksvolle weltweite Wirkung entfaltet, insbesondere die Waldorfpädagogik, aber auch die biologisch-dynamische Landwirtschaft und die geisteswissenschaftlich erweiterte Medizin. Im Laufe des zwanzigsten Jahrhunderts hat sich die von Steiner konzipierte Freie Waldorfschule vom Außenseiter zum Anführer der internationalen Bewegung für eine Neue Erziehung entwickelt. Zugleich hat sich die Waldorfpädagogik in den Bereichen der Heilpädagogik und Sozialtherapie (etwa Schulen für Seelenpflegebedürftige, Camphill-Dorfgemeinschaften) sowie in der Vorschulerziehung (Freie Waldorfkindergärten) konzeptionell weiter ausdifferenziert und weltweit ausgebreitet. In vielen Staaten haben die Rudolf-Steiner-Schulen inzwischen einen festen sozialen Ort gefunden; in einigen Ländern Europas stellen sie mittlerweile *die* Alternative zum staatlichen oder konfessionell getragenen Regelschulwesen dar.

Innerhalb des breiten Spektrums der Waldorfschulen schreiben die meisten Schulen das traditionelle Modell der von Steiner geschaffenen Stuttgarter Mutterschule bis heute im Grunde unverändert fort. Vereinzelt haben innovative Waldorfpädagogen aber auch den Prototyp Steiners strukturell, curricular und methodisch weiterentwickelt, indem sie neue, unkonventionelle Wege zur Integration von allgemeiner und beruflicher Bildung oder zur Integration behinderter und nicht behinderter Schüler beschreiten oder eine bessere Eingliederung von sozial schwachen Migrantenkindern erproben – zum Beispiel die Hibernia-Schule in Herne, die Windrather Talschule in Velbert oder die Interkulturelle Waldorfschule in Mannheim-Neckarstadt. Seit Jahrzehnten gibt es auch immer wieder Versuche einzelner Lehrer oder Lehrerkollegien, Elemente der Waldorfpädagogik in das staatliche Schulwesen zu transferieren – seit langem in der Schweiz, inzwischen auch in Deutschland und seit der Aufhebung des Eisernen Vorhangs auch in Osteuropa, speziell in Rumänien (siehe Buddemeier / Schneider 2005). Auch wenn diese Versuche noch nicht abschließend bewertet werden können, so kann man doch festhalten, dass sie – selbst bei hohem personellen Engagement und organisatorischer Verankerung – bislang nirgendwo einen nachhaltigen Effekt auf die Reform und Entwicklung der staatlichen Schulen gehabt haben.

Die erziehungswissenschaftliche Diskussion über die Pädagogik der Waldorfschulen und ihre Grundlagen wird seit langem äußerst kontrovers und oft einseitig verkürzend geführt. Die reformpädagogische Rezeption hebt – von den weltanschaulichen Voraussetzungen absehend – die «sinnerfüllte Praxis» einer kindgemäßen und «ganzheitlichen» Erziehung hervor. Der ideologiekritische Diskurs dagegen unterzieht gerade die okkulte «Neo-Mythologie» Steiners einer radikalen philosophischen Kritik und warnt vor der Gefahr daraus entspringender Indoktrination im Unterricht, ohne allerdings die Wirklichkeit der Waldorfschulen genauer in den Blick zu nehmen.

Zwei neueren Entwicklungen ist es zu verdanken, dass sich diese Positionen nicht noch stärker verfestigt haben: dem seit etwa einem Jahrzehnt im deutschsprachigen Raum von Waldorfpädagogen angeregten Dialog mit Erziehungswissenschaftlern sowie der Intensivierung der internationalen empirischen Erforschung der Waldorfschulen. Der intensiver gewordene wissenschaftliche

Diskurs über das Werk und die Wirkungen Rudolf Steiners hat sowohl das Befremdliche seiner Lehre deutlicher hervortreten lassen als auch die Fruchtbarkeit seiner vielfältigen praktischen Anregungen, die sich als ungleich stärker erwiesen haben.

Anhang

Zeittafel

1861 Am 25. oder 27. Februar wird Rudolf Joseph Lorenz Steiner in Kraljevec, damals Ungarn, heute Kroatien, als erstes Kind des Bahntelegraphisten Johann Steiner und seiner Frau Franziska, geb. Blie, geboren. Seine Eltern stammen aus Niederösterreich.

1863 Die Familie zieht nach Pottschach in Niederösterreich, wo der Vater Stationsvorsteher ist.

1869 Der Vater wird nach Neudörfl – damals Ungarn, heute Burgenland – versetzt. Hier besucht Steiner bis 1872 die Dorfschule.

1872–1879 Rudolf Steiner besucht die Realschule (Höhere Schule mit naturwissenschaftlicher Ausrichtung) in der Wiener Neustadt. Seine Matura (Abitur) besteht er mit Auszeichnung.

1879 An der Technischen Universität in Wien beginnt Steiner ein Lehramtsstudium in den Fächern Mathematik, Physik, Naturgeschichte, das er ohne Abschluss beendet. Er hört verschiedene Vorlesungen aus anderen Fächern, unter anderem bei dem Germanisten Karl Julius Schröer und dem Philosophen Robert Zimmermann, einem Verehrer Johann Friedrich Herbarts.

1882–1897 Steiner wird auf Empfehlung von Karl Julius Schröer mit der Edition von Goethes naturwissenschaftlichen Schriften in der von Joseph Kürschner herausgegebenen Sammlung «Deutsche National-Litteratur» beauftragt und erstellt fünf Bände.

1884–1890 Steiner arbeitet als Hauslehrer bei der Wiener Kaufmannsfamilie Specht.

1886 Steiner wird zur Mitarbeit an der großen «Sophien-Ausgabe» von Goethes Werken aufgefordert. Seine Schrift *Grundlinien einer Erkenntnistheorie der Goetheschen Weltanschauung* (GA 2) erscheint.

1890 Steiner zieht nach Weimar. Dort ist er bis 1896 als Mitarbeiter im Goethe-Schiller-Archiv mit der Herausgabe von Goethes naturwissenschaftlichen Schriften (mit Ausnahme der Farbenlehre und der Schriften zur Osteologie) beschäftigt.

1891 Steiner wird an der Universität Rostock mit der schlechtesten

Note «rite» zum Doktor der Philosophie promoviert. Thema seiner Dissertation ist «Die Grundfrage der Erkenntnistheorie mit besonderer Rücksicht auf Fichtes Wissenschaftslehre». Die Schrift erscheint 1892 unter dem Titel *Wahrheit und Wissenschaft* (GA 3).

1893 Das frühe Hauptwerk *Die Philosophie der Freiheit. Beobachtungs-Resultate nach naturwissenschaftlicher Methode* (GA 4) erscheint.

1894–1896 Steiner steht mit Elisabeth Förster-Nietzsche wegen des Aufbaus eines Nietzsche-Archivs in Naumburg in Kontakt. 1895 erscheint sein Buch *Friedrich Nietzsche, ein Kämpfer gegen seine Zeit* (GA 5). Am 22. Januar 1896 besucht er den geistig verwirrten Nietzsche.

1897 Steiner zieht nach Berlin um, wo er zusammen mit Otto Erich Hartleben die Redaktion des *Magazins für Litteratur* übernimmt. Er verkehrt regelmäßig im «Giordano-Bruno-Bund» und im Kreis der «Kommenden».

1898–1899 Steiner pflegt eine freundschaftliche Beziehung zu John Henry Mackay, dem Herausgeber der Werke Max Stirners. Dessen individualistischer Anarchismus beeindruckte Steiner nach eigenen Angaben seit 1892 nachhaltig.

1899 Steiner heiratet Anna Eunicke.

1899–1904 Nebentätigkeit als Dozent an der von Wilhelm Liebknecht gegründeten Berliner «Arbeiter-Bildungsschule».

1900 Im September beginnt Steiner seine Vortragsreihe in der Theosophischen Bibliothek des Grafen Brockdorff. Er beendet die Redaktionstätigkeit für das *Magazin*.

1902 Steiner wird Mitglied und Generalsekretär der deutschen Sektion der Theosophischen Gesellschaft (Adyar). Damit beginnt eine permanente, über mehr als zwei Jahrzehnte anhaltende europaweite Vortragstätigkeit für die Theosophische Gesellschaft beziehungsweise ab 1913 für die Anthroposophische Gesellschaft. Marie von Sivers wird seine ständige Mitarbeiterin und Begleiterin.

1904 Das Werk *Theosophie. Einführung in übersinnliche Welterkenntnis und Menschenbestimmung* (GA 9) erscheint.

1905 Im August besucht Steiner das von dem Reformpädagogen Hermann Lietz gegründete Deutsche Landerziehungsheim Haubinda in Thüringen.

1910 *Die Geheimwissenschaft im Umriss* (GA 13) erscheint.

1910–1913 Bei den jährlichen Sommertagungen der Deutschen Sektion der Theosophischen Gesellschaft in München werden vier Mysteriendramen Steiners öffentlich aufgeführt. In diesem Kontext entwickelt Steiner ab 1912 die Eurythmie.

1913 Steiner trennt sich von der Theosophischen Gesellschaft nach ideologischen Konflikten mit deren Präsidentin Annie Besant und gründet die Anthroposophische Gesellschaft. Im gleichen Jahr erfolgt in Dornach (bei Basel) die Grundsteinlegung für das Goetheanum, bis heute «Freie Hochschule für Geisteswissenschaft».

1914 Steiner heiratet Marie von Sivers und siedelt nach Dornach in die Schweiz über.

1919 Steiner gründet die Bewegung für die Dreigliederung des sozialen Organismus. Im März veröffentlicht er einen Aufruf an das deutsche Volk und an die Kulturwelt. Im September wird die erste Freie Waldorfschule in Stuttgart gegründet, deren Leitung Steiner bis zu seinem Tode innehat.

1920–1924 Steiner gibt Kurse für Mediziner, Theologen, Landwirte und Lehrer. Im Zusammenhang damit werden die geisteswissenschaftliche Medizin, die Christengemeinschaft, die biologisch-dynamische Landwirtschaft und die anthroposophische Heilpädagogik begründet.

1922–1923 In der Silvesternacht 1922 brennt nach einer Brandstiftung das erste, in Holz erbaute Goetheanum bis auf die Fundamente nieder. Steiner entwirft das zweite, aus Beton gebaute Goetheanum, das erst nach Steiners Tod fertiggestellt wird.

1923–1925 Steiner schreibt zur Publikation in wöchentlichen Folgen seine unvollendet gebliebene Autobiographie *Mein Lebensgang* (GA 28), die im Jahr 1907 abbricht.

1925 Am 30. März stirbt Rudolf Steiner nach sechsmonatigem Krankenlager in seinem Atelier in Dornach.

Literatur

Werke Rudolf Steiners

Gesamtausgabe

GA 1: Einleitungen zu Goethes Naturwissenschaftlichen Schriften.
Dornach 1949.

GA 2: Grundlinien einer Erkenntnistheorie der Goetheschen Weltanschauung. Dornach 1960.

GA 3: Wahrheit und Wissenschaft. Dornach 1958.

GA 4: Die Philosophie der Freiheit. Beobachtungs-Resultate nach
naturwissenschaftlicher Methode. Berlin 1894.

GA 5: Friedrich Nietzsche, ein Kämpfer gegen seine Zeit. Dornach
2000.

GA 6: Goethes Weltanschauung. Dornach 1990.

GA 7: Die Mystik im Aufgange des neuzeitlichen Geisteslebens und ihr
Verhältnis zur modernen Weltanschauung. Dornach 1990.

GA 8: Das Christentum als mystische Tatsache und die Mysterien des
Altertums. Dornach 1989.

GA 9: Theosophie. Einführung in übersinnliche Welterkenntnis und
Menschenbestimmung. 2. Aufl. Leipzig 1908.

GA 13: Die Geheimwissenschaft im Umriß. Frankfurt a. M. 1985.

GA 24: Aufsätze über die Dreigliederung des sozialen Organismus und
zur Zeitlage (1915–1921). Dornach 1982.

GA 26: Anthroposophische Leitsätze. Dornach 1998.

GA 27: Grundlegendes für eine Erweiterung der Heilkunst nach
geisteswissenschaftlichen Erkenntnissen. Dornach 1984.

GA 28: Mein Lebensgang. Dornach 1983.

GA 31: Gesammelte Aufsätze zur Kultur- und Zeitgeschichte (1887–
1901). Dornach 1989.

GA 32: Gesammelte Aufsätze zur Literatur 1884–1902. Dornach 1971.

GA 34: Lucifer – Gnosis. Grundlegende Aufsätze zur Anthroposophie und Berichte aus den Zeitschriften «Luzifer» und «Lucifer – Gnosis» 1903–1908. Dornach 1971.

GA 38: Briefe Band I: 1881–1890. Dornach 1985.

GA 40: Wahrspruchworte (1906–1925). Dornach 1969.

GA 100: Menschheitsentwickelung und Christus-Erkenntnis. Dornach 2006.

GA 293: Allgemeine Menschenkunde als Grundlage der Pädagogik. Dornach 1992.

GA 294: Erziehungskunst. Methodisch-Didaktisches. Dornach 1990.

GA 295: Erziehungskunst. Seminarbesprechungen und Lehrplanvorträge. Dornach 1984.

GA 298: Ansprachen für die Kinder, Eltern und Lehrer (1919–1924). Stuttgart 1958.

GA 300 a–c: Konferenzen mit den Lehrern der Freien Waldorfschule 1919 bis 1924. Dornach 1995.

GA 305: Die seelisch-geistigen Grundkräfte der Erziehungskunst. Vortragszyklus gehalten in Oxford vom 16.–29. August 1922. Dornach 1956.

GA 317: Heilpädagogischer Kurs. Zwölf Vorträge, gehalten in Dornach vom 25. Juni–7. Juli 1924. Dornach 1990.

GA 349: Vom Leben des Menschen und der Erde. Über das Wesen des Christentums. Dornach 2006.

Einzelschriften

Die Erziehung des Kindes vom Gesichtspunkte der Geisteswissenschaft (1907). Berlin 1919.

Der innere Aspekt des sozialen Rätsels – Die soziale Frage als Wendepunkt der Menschheitsentwicklung (1919), hg. von Marie Steiner. Dornach 1945.

Aspekte der Waldorfpädagogik. Beiträge zur anthroposophischen Erziehungspraxis. München 1975.

Das Geheimnis der Temperamente (1908/1909). Basel 1980.

Weitere Literatur

Baader, Meike Sophia: Erziehung als Erlösung. Transformationen des Religiösen in der Reformpädagogik. Weinheim, München 2005.

Baarda, Ted A. van (Hg.): Anthroposophie und die Rassismus-Vorwürfe. Der Bericht der niederländischen Untersuchungskommission «Anthroposophie und die Frage der Rassen». Frankfurt a. M. 1998.

Bachelard, Gaston: Die Bildung des wissenschaftlichen Geistes. Beitrag zu einer Psychoanalyse der objektiven Erkenntnis. Frankfurt a. M. 1978.

Bader, Hans-Jürgen / Ravagli, Lorenzo: Rassenideale sind der Niedergang der Menschheit. Anthroposophie und der Rassismus-Vorwurf. Stuttgart 2002.

Bannach, Klaus: Anthroposophie und Christentum. Eine systematische Darstellung ihrer Beziehung im Blick auf neuzeitliche Naturerfahrung. Göttingen 1998.

Barz, Heiner / Randoll, Dirk (Hg.): Absolventen von Waldorfschulen. Eine empirische Studie zu Bildung und Lebensgestaltung. 2. Aufl. Wiesbaden 2007.

Bierl, Peter: Wurzelrassen, Erzengel und Volksgeister. Die Anthroposophie Rudolf Steiners und die Waldorfpädagogik. Hamburg 1999.

Böhme, Gernot: Für eine ökologische Naturästhetik. Frankfurt a. M. 1989.

Bott, Victor: Anthroposophische Medizin. Eine Möglichkeit, die Heilkunst zu erweitern. 2. Aufl. Heidelberg 1983.

Brücher, Gesine: Das Engelberger Mittelstufenmodell. Entstehung, Gestaltung, offene Fragen. In: Erziehungskunst 66 (2003), S. 408–415.

Brüll, Ramon / Heisterkamp, Jens: Rassismusvorwürfe gegen Rudolf Steiner. Frankfurt a. M. 2008.

Buddemeier, Heinz / Schneider, Peter (Hg.): Waldorfpädagogik und staatliche Schule. Grundlagen, Erfahrungen, Projekte. Stuttgart, Berlin 2005.

Cassirer, Ernst: Das Erkenntnisproblem in der Philosophie und Wissenschaft der neueren Zeit. Zweiter Band. 3. Aufl. 1922. Reprint: Darmstadt 1974.

Cassirer, Ernst : Philosophie der symbolischen Formen. Zweiter Teil: Das mythische Denken. 7. Aufl. Darmstadt 1977.

Dahlin, Bo: The Waldorf School – Cultivating Humanity? A report from an evaluation of Waldorf schools in Sweden. Karlstad 2007.

Fintelmann, Volker: Intuitive Medizin. Einführung in eine anthroposophisch ergänzte Medizin. 3. Aufl. Stuttgart 1995.

Goegelein, Christoph: Was sind die bestimmenden Grundlagen der Waldorfpädagogik und aus welchen Quellen schöpft sie? In: Bohnsack, Fritz / Kranich, Ernst-Michael (Hg.): Erziehungswissenschaft und Waldorfpädagogik. Der Beginn eines notwendigen Dialogs. 2. Aufl. Weinheim, Basel 1994, S. 185–204.

Goethe, Johann Wolfgang von: Schriften zur Kunst, Schriften zur Literatur, Maximen und Reflexionen (Goethe Werke: Hamburger Ausgabe, 12). München 1989.

Grom, Bernhard: Anthroposophie und Christentum. München 1989.

Hahn, Herbert: Vom Ernst des Spielens. Stuttgart 1929.

Harbsmeier, Götz: Anthroposophie – eine moderne Gnosis. München 1957.

Helsper, Werner / Ullrich, Heiner / Stelmaszyk, Bernd / Höblich, Davina / Graßhoff, Gunther / Jung, Dana: Autorität und Schule. Die empirische Rekonstruktion der Klassenlehrer-Schüler-Beziehung an Waldorfschulen. Wiesbaden 2007.

Hemleben, Johannes: Rudolf Steiner in Selbstzeugnissen und Bilddokumenten. Hamburg 1963.

Hübner, Edwin: Anthroposophische Medienerziehung: Grundlagen und Gesichtspunkte. Frankfurt a. M. 2005.

Kiene, Helmut: Grundlinien einer essentialen Wissenschaftstheorie. Die Erkenntnistheorie Rudolf Steiners im Spannungsfeld moderner Wissenschaftstheorie. Stuttgart 1984.

Kienle, Gunver S.: Wissenschaftliche Untersuchungen zur Misteltherapie. http://www.wissenschaft.mistel-therapie.de (9.7.2010)

Kiersch, Johannes: Die Waldorfpädagogik. Eine Einführung in die Pädagogik Rudolf Steiners. 11. Aufl. Stuttgart 2007.

Kleeberg, Ulrich R. u. a.: Final results of the EORTC 18871/DKG 80–1 randomised phase III trial: rIFN–a2b versus rIFN–y versus ISCADOR M versus observation after surgery in melanoma patients […]. In: European Journal of Cancer 40 (2004), S. 390–402.

Köberle, Adolf: Theosophie. In: Religion in Geschichte und Gegenwart. 3. Aufl. Tübingen 1986, Sp. 845–847.

König, Karl: Die drei Grundpfeiler von Camphill. In: Pietzner, Cornelius (Hg.): Camphill. 50 Jahre Leben und Arbeiten mit seelenpflegebedürftigen Menschen. Stuttgart 1991.

Koepf, Herbert H. / Plato, Bodo von: Die biologisch-dynamische Wirtschaftsweise im 20. Jahrhundert. Die Entwicklungsgeschichte der biologisch-dynamischen Landwirtschaft. Dornach 2001.

Koslowski, Peter (Hg.): Gnosis und Mystik in der Geschichte der Philosophie. Zürich, München 1988.

Kranich, Ernst-Michael: Morphologisches und physiologisches Verstehen von Pflanzen. In: Buck, Peter / Kranich, Ernst-Michael (Hg.): Auf der Suche nach dem erlebbaren Zusammenhang. Übersehene Dimensionen der Natur und ihre Bedeutung für die Schule. Weinheim, Basel 1995, S. 124–135.

Kügelgen, Helmut von (Hg.): Plan und Praxis des Waldorfkindergartens. Beiträge zur Erziehung des Kindes im ersten Jahrsiebt. 11. Aufl. Stuttgart 1991.

Kugler, Walter: Rudolf Steiner und die Anthroposophie. Wege zu einem neuen Menschenbild. Köln 1980.

Leber, Stefan (Hg.): Waldorfschule heute. Einführung in die Lebensformen einer Pädagogik. Neuausgabe. Stuttgart 2001.

Lindenberg, Christoph: Die Lebensbedingungen des Erziehens. Von Waldorfschulen lernen. Reinbek 1981.

Lindenberg, Christoph: Rudolf Steiner. Eine Biographie. 2 Bde. Stuttgart 1997.

Lindenberg, Christoph: Rudolf Steiner. Mit Selbstzeugnissen und Bilddokumenten dargestellt. 9. Aufl. Reinbek 2004.

Linse, Ulrich: Theosophische Gesellschaft. In: Theologische Realenzyklopädie. Bd. XXXIII. Berlin, New York 2002, S. 400 ff.

Lorenz, Friedrich: Den Mensch als Menschen sehen – Die Erweiterung des Heilwesens. In: Becker, Kurt E. / Schreiner, Hans-Peter (Hg.): Rudolf Steiner – Praktizierte Anthroposophie. Beiträge für ein humaneres Leben. Frankfurt a. M. 1983, S. 87–126.

Müller, Heinz: Von der heilenden Kraft des Wortes und der Rhythmen. Die Zeugnissprüche in der Erziehungskunst Rudolf Steiners. 2. Aufl. Stuttgart 1977.

Neukäter-Pieweck, Almut: Grundzüge anthroposophischer Heilpädagogik. In: Goetze, Herbert / Neukäter, Heinz (Hg.): Pädagogik bei Verhaltensstörungen. Berlin 1989, S. 436–449.

Literatur

Parr,Thomas: Eurythmie – Rudolf Steiners Bühnenkunst. Dornach 1993.

Prange, Klaus: Erziehung zur Anthroposophie. Darstellung und Kritik der Waldorfpädagogik. 3.Aufl. Bad Heilbrunn 2000.

Quenzer,Wilhelm: Freimaurer. In:Theologische Realenzyklopädie. Bd.XI. Berlin, NewYork 1983, S. 564–567.

Raab, Rex: Die Waldorfschule baut. Sechzig Jahre Architektur der Waldorfschulen. Schule als Entwicklungsraum menschengemäßer Baugestaltung. Bildredaktion:Arne Klingborg. Stuttgart 1982.

Reller, Hans / Kießig, Manfred (Hg.): Handbuch Religiöse Gemeinschaften. 3.Aufl. Gütersloh 1985.

Rittelmeyer, Christian: Der fremde Blick – Über den Umgang mit Rudolf SteinersVorträgen und Schriften, in: Bohnsack, Fritz/ Kranich, Ernst-Michael (Hg.): Erziehungswissenschaft und Waldorfpädagogik. Der Beginn eines notwendigen Dialogs.Weinheim, Basel 1990, S.64–74.

Schaumann,Wolfgang: Der Kurs für Landwirte – Bio-Dynamische Wirtschaftsweise. In: Becker, Kurt E. / Schreiner, Hans–Peter (Hg.): Rudolf Steiner – Praktizierte Anthroposophie. Beiträge für ein humaneres Leben. Frankfurt a.M. 1983.

Scheler, Max: Die Formen des Wissens und die Bildung. In: Ders.: Späte Schriften. 3.Aufl. Bonn 2008, S.75–84.

Schnädelbach, Herbert: Philosophie in Deutschland 1831–1933. Frankfurt a.M. 1983.

Schneider, Peter: Einführung in die Waldorfpädagogik. Stuttgart 1982.

Schneider,Wolfgang: Das Menschenbild der Waldorfpädagogik. Freiburg, Basel,Wien 1992.

Schulz,Walter: Philosophie in der verändertenWelt. 7.Aufl. Stuttgart 2001.

Skiera, Ehrenhard: Reformpädagogik in Geschichte und Gegenwart. Eine kritische Einführung. München,Wien 2003.

Sonnenberg, Ralf: «Keine Berechtigung innerhalb des modernen Völkerlebens». Judentum, Zionismus und Antisemitismus aus der Sicht Rudolf Steiners. In: Benz,Wolfgang (Hg.):Jahrbuch für Antisemitismusforschung. Bd. 12. Berlin 2003, S.185–209.

Stieglitz, Klaus von: Die Christosophie Rudolf Steiners.Voraussetzungen, Inhalt und Grenzen.Witten 1955.

Treichler, Rudolf: Die Entwicklung der Seele im Lebenslauf. Stufen, Störungen und Erkrankungen des Seelenlebens. Stuttgart 1981.

Anhang

Ulbricht, Justus H.: Religiosität und Spiritualität. In: Kerbs, Diethart/ Reulecke, Jürgen (Hg.): Handbuch der deutschen Reformbewegungen. Wuppertal 1998, S. 495–498.

Ullrich, Heiner: Waldorfpädagogik und okkulte Weltanschauung. 3. Aufl. Weinheim, München 1991.

Ullrich, Heiner: Zur Aktualität der klassischen Reformpädagogik. In: Breidenstein, Georg / Schütze, Fritz (Hg.): Paradoxien in der Reform der Schule. Wiesbaden 2008, S. 73–94.

Ullrich, Heiner: Das Konzept der Kindheit – ein aktuelles Problemfeld der Waldorfpädagogik. In: Paschen, Harm (Hg.): Erziehungswissenschaftliche Zugänge zur Waldorfpädagogik. Wiesbaden 2010, S. 101–123.

Ullrich, Heiner: Religiosität / Spiritualität. In: Keim, Wolfgang / Schwerdt, Ulrich (Hg.): Handbuch der Reformpädagogik. Frankfurt a. M. 2011, S. 225–258. (i. E.).

Wehr, Gerhard: Rudolf Steiner zur Einführung. Hamburg 1994.

Wehr, Gerhard: Friedrich Rittelmeyer. Sein Leben. Religiöse Erneuerung als Brückenschlag. Stuttgart 1998.

Werner, Uwe: Anthroposophen in der Zeit des Nationalsozialismus. München 1999.

Zander, Helmut: Anthroposophie in Deutschland. Theosophische Weltanschauung und gesellschaftliche Praxis 1884–1945. 2. Aufl. Göttingen 2007.

Zweig, Stefan: Die Welt von Gestern. Erinnerungen eines Europäers (1944). Frankfurt a. M. 1970.

Literatur

259

Bildnachweis

Seite 45: © IAM / akg / World History Archive

Seite 65: © Charlotte Fischer

Seite 129: © bpk

Seite 213: Aus: Heiner Ullrich, Waldorfpädagogik und okkulte Weltanschauung. Eine bildungsphilosophische und geistesgeschichtliche Auseinandersetzung mit der Anthropologie Rudolf Steiners, Weinheim / München 1986, S. 125

Seite 14, 15, 17, 27, 39, 42, 55, 69, 71, 81, 88: Aus: Christoph Lindenberg, Rudolf Steiner. Eine Biographie, Stuttgart 1997, S. 23, 57, 77, 209, 303, 327, 424, 553, 555, 570, 745

Seite 58, 67, 70, 73: Aus: Walter Kugler, Rudolf Steiner und die Anthroposophie. Wege zu einem neuen Menschenbild, Köln 1978, S. 13, 120, 101, 142, 101

Seite 72, 79: Aus: Christoph Lindenberg, Rudolf Steiner in Selbstzeugnissen und Bilddokumenten, Reinbek 1992, S. 142, 117

Seite 218, 219, 220: Aus: Rex Raab / Arne Klingberg, Die Waldorfschule baut. Sechzig Jahre Architektur der Waldorfschulen. Schulen als Entwicklungsraum menschengemäßer Baugestaltung, Stuttgart 1982, S. 131, 133

Register

Buchanzeigen

BIOGRAPHIEN BEI C.H. BECK

Kurt Flasch
Meister Eckhart
Philosoph des Christentums
2. Auflage. 2010. 365 Seiten mit 9 Abbildungen im Text. Gebunden

Olaf Jessen
Die Moltkes
Biographie einer Familie
2010. 477 Seiten mit 56 Abbildungen und einer Stammtafel. Gebunden

Manfred Kühn
Kant
Eine Biographie
Aus dem Englischen von Martin Pfeiffer
5. Auflage. 2004. 639 Seiten mit 27 Abbildungen. Leinen

Nils Ole Oermann
Albert Schweitzer
1875–1965
Eine Biographie
3. Auflage. 2010. 367 Seiten mit 49 Abbildungen. Gebunden

Ulrich Raulff
Kreis ohne Meister
Stefan Georges Nachleben
3. Auflage. 2010. 544 Seiten mit 92 Abbildungen. Leinen

Jürgen Peter Schmied
Sebastian Haffner
Eine Biographie
2010. 683 Seiten mit 49 Abbildungen. Gebunden

VERLAG C.H. BECK

PÄDAGOGIK BEI C.H. BECK

Elisabeth Badinter
Der Infant von Parma
oder Die Ohnmacht der Erziehung
Aus dem Französischen von Thomas Schultz
2010. 144 Seiten mit 7 Abbildungen. Gebunden

Eva Kessler
Von der Kunst, liebevoll zu erziehen
Sinnvoll Grenzen setzen und gute Laune bewahren
Mit zahlreichen Grafiken von Josefine Graf
2., überarbeitete und erweiterte Auflage. 2009. 287 Seiten.
Mit zahlreichen Abbildungen. Broschiert

Heinz-Elmar Tenorth (Hrsg.)
Klassiker der Pädagogik
Erster Band: Von Erasmus bis Helene Lange
2., durchgesehene Auflage. 2010. 252 Seiten. Paperback
Beck'sche Reihe Band 1521

Zweiter Band: Von John Dewey bis Paulo Freire
2003. 255 Seiten. Paperback
Beck'sche Reihe Band 1522

Winfried Böhm
Geschichte der Pädagogik
Von Platon bis zur Gegenwart
3., verbesserte Auflage. 2010. 128 Seiten. Paperback
C.H.Beck Wissen in der Beck'schen Reihe Band 2353

Ingeborg Waldschmidt
Maria Montessori
Leben und Werk
3., aktualisierte Auflage. 2010. 107 Seiten mit 2 Abbildungen. Paperback
C.H.Beck Wissen in der Beck'schen Reihe Band 2174

VERLAG C.H. BECK